中国石化好故事

（2024）

中国石化党组宣传部◎编

中国经济出版社
CEPH
CHINA ECONOMIC PUBLISHING HOUSE

中国石化出版社
HTTP://WWW.SINOPEC-PRESS.COM

图书在版编目（CIP）数据

中国石化好故事. 2024 / 中国石化党组宣传部编
. -- 北京 : 中国经济出版社 : 中国石化出版社,
2024.11

ISBN 978-7-5136-7659-5

Ⅰ. ①中… Ⅱ. ①中… Ⅲ. ①石油化工企业 - 先进事
迹 - 中国 Ⅳ. ① F426.22

中国国家版本馆 CIP 数据核字（2024）第 042666 号

策划编辑　崔姜薇
责任编辑　贾轶杰
责任印制　马小宾
封面设计　久品轩
　　　　　北京蔚蓝风行文化传播有限公司

出版发行　中国经济出版社
印 刷 者　北京艾普海德印刷有限公司
经 销 者　各地新华书店
开　　本　710mm × 1000mm　1/16
印　　张　21
字　　数　270 千字
版　　次　2024 年 11 月第 1 版
印　　次　2024 年 11 月第 1 次
定　　价　68.00 元
广告经营许可证　京西工商广字第 8179 号

中国经济出版社 **网址** www.economyph.com **社址** 北京市东城区安定门外大街 58 号 **邮编** 100011
本版图书如存在印装质量问题，请与本社销售中心联系调换（联系电话：010-57512564）

编委会

主　　编： 于永生

副主编： 杨守娟　王　涛　阎慧蓉　俞国明　宁　彬

编　　委： 曾四海　孟　乐　于　凡　奚　震　冯春艳　王　丽　郭梦洁　刘川德　张鹏志　楚学朋　胡燕芳　张　琪　王晓凤　曾　芬　张小凤　黄剑豪　钟流云

前言

PREFACE

在强国建设、民族复兴的新征程上，习近平总书记以坚定的文化自觉、宏阔的历史视野、深远的战略考量，引领中华文化创造性转化、创新性发展。习近平文化思想成为我们做好新时代宣传思想文化工作、担负起新的文化使命的强大思想武器和科学行动指南。

作为在中国式现代化全局中发挥重要作用的能源化工央企，中国石化必须更好地用党的创新理论凝心铸魂。这伟大的事业犹如骨架躯体，生动的故事就是心血和灵魂，其中蕴含着“国之大者”的探索与实践，就是中国石化在奏响“爱我中华、振兴石化”“为美好生活加油”时代强音过程中散发出来的具有独特气质的石油精神、石化传统。

100个故事，100首动人的旋律。

这里的故事，“沾泥土”“带露珠”“冒热气”。在编辑过程中，我们运用大视角、小切口的图文和视频形式，聚焦三大主题——强大战略支撑力、强大民生保障力、强大精神感召力；努力讲好“四彩”石化故事——讲好“石油战线这面旗帜继续在新时代高高飘扬”的红色基因故事，讲好“守护绿水青山”的绿色发展故事，讲好“担当国家战略科技力量”的蓝色科技故事，讲好“中国石化为人民而生、因人民而兴”的金色责任故事；竭力写好“三美”石化文章——写好“大国重器、责任担当”的壮美文章，写好“能源至净、生活至美”的秀美文章，写好“无私奉献，矢志报国”先进典型的俊美文章，充分彰显中国石化良好形象。

100个故事，100名鲜活的身影。

每个故事都是千千万万名石化人的日常再现。从深地极限探索到车水马龙的人间烟火，从一颗藜麦助力脱贫攻坚到直播带货服务乡村振兴，从精心呵护厂区初生的小白鹭到关停油库码头为江豚洄游“让路”……一幅幅鲜活生动的图景中，活跃着石化人担当作为的身影，标注着每一位参与者、亲历者、奉献者的坚持坚守，如同一颗颗璀璨的明珠，照亮了我们的过去，也指引着我们的未来，凝聚奋进新征程、建功新时代的正能量。

万千个故事，汇聚成一个伟大的梦想。

实现伟大复兴，是中华民族近代以来最伟大的梦想。现在，我们比历史上任何时期都更接近中华民族伟大复兴的目标。在跳跃鲜活故事、精神文化力量的感召下，只要我们积极投身谱写中国式现代化石化新篇章的生动实践，就一定会在若干年后的回首中，惊叹自己的披荆斩棘和踏梦而行，更会感慨中国石化在党的领导下，打造强大战略支撑力、强大民生保障力、强大精神感召力的发展奇迹。

今年是新中国成立75周年，是实现“十四五”规划目标任务的关键一年，梦想和得到之间，一定有两个字叫作“实干”，在翻阅本书的过程中，石化人一定会更加深刻地理解这两个字，以及其中的汗水、徘徊、艰难、欢笑。

你会发现，这种力量就来自我们自己。

本书编委会

目 录

CONTENTS

第一篇 向地球深部进军

第二篇 一束藜麦的故事

第三篇 摇响寻亲的风铃

第一篇

向地球深部进军

向地球深部进军

2023年5月2日，央视《新闻联播》首条播发《我国深地科学探索取得突破性进展》，全面介绍中国石化深地工程项目；当日，“深地一号取得新突破”登上新浪微博热搜，中国石化“深地工程”油气项目刷新亚洲深井纪录等新闻持续引爆网络，读者、观众纷纷为深地工程点赞、为中国石化点赞。

地球深部为人类生存发展提供了绝大部分的资源和能源。在我国油气勘探开发实践中，深层和超深层已成为油气勘探的主阵地。2016年5月，习近平总书记在全国科技创新大会上指出：“向地球深部进军是我们必须解决的战略科技问题。”

保障国家能源安全，揭开地下神秘面纱

我国陆地深层、超深层油气资源达671亿吨，占全国资源总量的34%。中国石化积极贯彻落实国家“深海、深地、深空”战略行动，接连攻克超深、超高温、超高压等世界级难题，成为我国深地油气领域的主力军。

2022年8月10日，中国石化命名顺北油气田为“深地工程”顺北油气田基地，这是我国第一个以“深地工程”命名的油气项目。顺北油气田基地被誉为“深地一号”，标志着这一全球埋藏最深的油气田成功勘探开发，为端牢能源饭碗贡献了重要力量。目前该基地已有52口超过8000米深的井，井深最深达到9300米，这些井堪称“地下珠峰”，刷新

亚洲最深纪录，落实 4 个亿吨级油气区带。

近年来，中国石化把推进深地工程与贯彻落实“四个革命、一个合作”能源安全新战略紧密结合，在深地油气领域研究及勘探开发上持续发力，接连取得油气突破丰硕成果，为端牢能源饭碗贡献重要力量，“深地工程推动超深层实现新突破”被国家能源局列入 2022 年全国油气勘探开发十大标志性成果。

2023 年 5 月 1 日，“深地一号”跃进 3-3XC 井开钻，该井设计井深 9472 米，将刷新亚洲最深井纪录。2023 年 5 月 2 日，“深地一号”新断裂带再获油气突破，部署在顺北油气田 10 号带的第一口探井——顺北 10 斜井点火成功。

在“地下珠峰”采油，到底有多难?

上天难，入地更难。事实上，向地下展开工程的难度丝毫不亚于太空工程。

“深地一号”是超深层油气开采项目，地处新疆塔克拉玛干沙漠腹地，是全球最深的陆地油气田之一，要开采这里的油气，犹如开采压在珠穆朗玛峰山底的宝藏，难度非同小可。

传统理论认为地下要有油气，一般都要有原生油藏和优质储盖组合，曾经有专家断言 8000 米以下深度是油气勘探的禁区。“通过不懈努力，我们率先突破了 8000 米超深层油气勘探壁垒，颠覆了传统认识，创新建立了超深层断控缝洞型油气成藏理论，丰富发展了海相油气成藏理论。”西北油田勘探开发研究院院长李宗杰说。同时，中国石化创新形成“超深层储层立体成像”技术和“缝洞体精细雕刻”技术，断裂识别精度从 30 米提高至 15 米，应用在 1.4 万平方千米的地震资料处理中。

“深地一号”油气储层所处的环境，温度最高超过 200 摄氏度，压力最高超过 120 兆帕。在这里钻井，好比要钻穿一个巨大而滚烫的高压锅。这口锅的内压力超高，相当于一头大象压在一枚硬币上。为克服地层深处高温高压环境，中国石化打造了一支钻井界的实力派天团——超高强度的钻完井工具、钻杆、钻井液、测控仪器，从而大大提高了超深钻井的速度和成功率。如果说以前的钻井是趟“慢车”，现在的钻井就是“高铁”。

探索深地，需要哪些技术？

近年来，中国石化积极“向地球深部进军”，打造“深地一号”示范项目。以技术突破挑战深地极限，实现了“从打不成到打得快、打得准”的跨越，为“地下珠峰”油气直达地面，架起了高速通道。

在“地下珠峰”找油过程中，中国石化形成了超深层角度域成像技术，可以实现为地球“CT”扫描，精准识别断裂带；超深层地震精细描述与断裂三维立体解析技术，可以实现断裂带的精细刻画，精准锁定有利区带；走滑断裂带断控储集体地质建模、缝洞体精细雕刻与三参数空间定位技术，可实现断裂带内部储集体结构解析，精准识别地下 8000

米断裂带内部的米级缝洞。简单来讲，有了这些技术，我们就能看穿曾经深不可测的“地下珠峰”，而且这套技术的精密程度，相当于一个人站在喜马拉雅山顶看清了一条雅鲁藏布江上的游船。

在“地下珠峰”采油，创新了集成硬地层高效破岩技术，实现了百天钻穿“地下珠峰”目标，创新研发了微纳米封堵与化学胶结固壁协同防塌技术，构建高等级的钻井液体系，能够把破碎地层黏结在一起，实现安全钻进。同时，自主研发了国内首套抗温200摄氏度、耐压207兆帕的高精度随钻测量仪器，成功打破国外技术垄断，做到了“指哪打哪”。

“深地工程”作为深层油气勘探开发的“大国重器”，前景广阔。事实上，中国石化的“深地工程”已经从新疆大漠拓展到渤海之滨与川渝地区。目前，中国石化拥有“深地工程·顺北油气田基地”“深地工程·济阳页岩油基地”和“深地工程·川渝天然气基地”，深层、超深层油气勘探开发佳绩频传，保障国家能源安全的实力持续增强。

（石化报社）

胜利答卷

扫码观看视频

黄蓝交汇的河海之岸，油井起伏跃动如诗。回望走过的路，那是一条始于初心、成于坚守的征途，一粒油砂见证了华北找油梦想的实现，见证了筚路蓝缕、一路跋涉的开拓者们扎根荒原，接续奋斗的岁月。2022 年 8 月 25 日，我国最大的碳捕集利用封存全产业链示范基地、国内首个百万吨级 CCUS 项目——“齐鲁石化—胜利油田百万吨级 CCUS 项目”正式投入运行。回望走过的路，胜利人的铿锵足音里，响彻着为国找油的荣光与梦想。时序更替，梦想前行，如今，历史的接力棒交到了我们手中。新时代更加明确的目标方向催生奋进力量，我们决心在确保国家能源安全、保障经济社会发展上再立新功、再创佳绩。踔厉奋发、笃行不怠，在百年胜利的宏伟征程上，勇毅前行！

（胜利油田）

4 2023.11.20 星期一 中国石化报 文化

为美好生活加油

“我们学校发生了翻天覆地的变化”

讲好胜利故事 砥砺奋进续华章

企业文化故事会

四代“驱油人”的接力跑

咱们的原油库中国制造

怒海勇士

文化短波

足球比赛 点燃激情

文化上墙 思想入心

以中国石化成立 40 周年为契机，《中国石化报》第 4 版“文化”推出《企业文化故事会》栏目。2023 年，该版共刊发 19 期《企业文化故事会》。本期讲述了胜利油田的奋斗故事，充分表达了胜利人“端牢能源饭碗”的灼灼丹心、“为美好生活加油”的坚定信念。

“绿电”制“绿氢”的秘密

2022年12月25日，国内最大质子交换膜（PEM）电解水制氢装置，中国石化2.5兆瓦级可再生电力电解水制氢示范项目顺利投产，产出了纯度为99.9995%的高纯“绿氢”。

“以该项目为起点，我们将强力推进新产业‘倍速升级’，积极融入河南省郑汴洛濮氢走廊产业布局，加强消纳市场的开发，加快打造中国石化豫北地区‘绿氢’供应中心，在奉献清洁能源上彰显中原担当！”油气加工技术服务中心党委书记魏忠昕满怀信心地表示。

“氢”风徐来，“绿氢”示范项目“落户”油田

项目投产当天，油田炼油工艺及技术专业专家周广文见证着这一重要时刻。

“2021年4月23日，项目获批立项。”周广文对这一天记忆深刻，“对油田氢能产业发展来说，这可能是万里长征迈出的一小步，但对于一个亟须转型的‘特困’企业来说，这是谋求新发展征程上的一次跨越式突破。”

对于能源企业而言，扛起保障能源安全、助力碳达峰碳中和，以及支撑经济社会高质量发展的责任义不容辞。而在此时，氢能站上市场风口，迎来新一轮发展热潮。

2020年，集团公司氢能产业的宏伟蓝图刚绘就，作为氢能产业整体布局中的一项内容，集团公司积极谋划氢能前瞻性技术攻关。“经过与

集团公司上级部门的多次沟通，最终我们将氢能发展的突破口选在了质子膜电解水制氢上。”周广文表示。

2021 年 4 月，完成了“兆瓦级可再生电力电解水制氢示范”申报立项，同年 8 月，该项目纳入中国石化氢能技术重大科技项目课题。该项目由中原油田牵头，大连石油化工研究院、广州工程有限公司、青岛安全工程研究院共同参与。

该项目研究期限为 3 年，2021 年至 2022 年为示范项目建设期，2023 年为成果总结提升期。项目通过研究并设计可再生电力（风电、光电）电解水制氢模块化工艺方案，建成 PEM 制氢、储运及加注多系统集中装置，打造中国石化可再生能源绿氢产业发展示范和科研创新平台，为集团绿氢产业发展提供技术保证。

“氢”装上阵，打造“绿氢”示范项目标杆

2022 年 4 月 6 日，兆瓦级可再生电力电解水制氢示范项目的开工仪式在油气加工技术服务中心举行，标志着该项目正式进入施工建设阶段。

“在集团公司、油田相关部室及单位的积极协调下，我们一方面督促生产厂商加快制造进度，另一方面多次与远洋运输商、航空运输商、陆上运输商视频连线协调解决设备的运输问题，以确保设备尽早进入现场。与此同时，设备运输情况每周要在濮阳市能力作风建设例会上进行汇报，地方政府对相关工作也给予了大力支持。”魏忠昕表示。

2022 年 8 月初，该项目的质子膜电解水制氢设备在比利时的乌佛尔工厂制造完毕，通过海运加陆运方式发往油田。项目建设也进入提速阶段。

2022 年 10 月底，质子交换膜电解水制氢装置完成吊装，标志着该项目正式转入设备安装调试阶段。

为了实现“绿电”制“绿氢”，全过程不排放二氧化碳，该项目配套建设了3.66兆瓦的光伏电站以及9兆瓦风电工程。在核心装置紧锣密鼓安装调试的同时，油气加工技术服务中心3.66兆瓦可再生电力电解水制氢光伏配套工程也在加紧施工。秉承“绿电”制“绿氢”思路，该中心利用原厂区闲置场地及供配电系统，打造“智能光伏+电站”配套工程。

“我们通过采用‘组串式逆变、集中升压并网’方案，确保‘绿电’入网服务‘绿氢’生产。”热力分公司新能源及地热开发专家张志英表示。9兆瓦的风电配套工程已完成工程施工，即将进行并网发电。

11月20日，经过7个多月的紧张施工建设，该项目在中原油田顺利实现中交，标志着该项目由施工阶段进入开车准备阶段。12月8日，装置经过调试，试生产出氢气。

“氢”启未来，打通氢能产业链

12 月 25 日上午 9 时，在距绿氢生产装置区一墙之隔的加氢站区，首辆装满 300 余公斤氢气的长管拖车驶出该厂区。

集成风光电、电解水制氢、氢气纯化、储运等多个系统，创建国内首个风光电耦合兆瓦级 PEM 电解制氢示范工程，是中国石化新能源建设发展的成果，也是油田绿氢产业发展的“桥头堡”。

作为示范项目，该项目建成投产后可作为多种可再生能源电力耦合、储能、制氢、储氢、运氢、氢气压缩、储罐等新技术、新材料、新设备的应用中试基地。“以此项目为契机，我们将围绕制氢技术、储运技术、应用技术、储氢安全及氢能标准体系建设等领域开展研究。特别是在推进绿氢商业化生产及应用中，探索并建立起相关标准体系，在绿氢生产上掌握更多‘话语权’。”魏忠昕表示。

“十四五”时期对于油田来说，是加快勘探开发传统能源再创辉煌的重要时期，也是加快老油田转型发展，推动各类新能源和可再生资源从单一、分散向综合、一体化应用的关键时期，更是推进油田绿色企业建设，推广应用新能源和可再生能源前所未有的发展机遇。

“十四五”期间，中原油田规划建设 6000 标方 / 小时规模电解水制氢工厂，总耗电量为 3 亿千瓦时，进而完成年产能 4500 吨的中国石化豫北地区“绿氢”供应中心建设，促进氢能产业规模化、效益化、产业化，助力油田“化石能源 + 绿色能源”双轮驱动发展新格局建设。

（中原油田）

“涪气”点亮山河

2022年12月，中国石化发布涪陵页岩气田勘探开发十周年社会责任报告。十年成就，令业界惊叹，吸引近600家海内外媒体竞相报道。

中国“涪气”点亮了山河，也惊艳了世界。

然而，十年前，对大多数国人来说，页岩气还是一个陌生的名词。当时的美国，已经在页岩气领域深耕了几十载，而我国才刚刚起步，几近空白，要实现大规模商业开发，犹如“蜀道之难”。

“洋老师”给我们的“非常待遇”

至今，我们仍清晰记得，中方专家前往美国学习时所受到的非常待遇：施工井场只能远看，现场装备不准靠近，核心技术只字不提……

至于谈判桌外的施工现场，更是屈辱至极。工程师胡尊敬回忆起当时的情景，内心仍有隐痛。

一天，公司聘请的外方技术员在现场进行带压作业施工操作指导。突然，他们把工具一扔，跑到井场外，态度极不友好。原来是中方技术员想了解施工细节，靠得太近，外方因此拒绝施工。

怎么说都不行，怎么劝都不理，胡尊敬只能忍耐，毕竟活还要靠人家干，技术还得向人家学。

憋屈的事，远不止这一件。

比如长水平段钻井和分段压裂，需要用到油基钻井液和桥塞，这些在国内找不到替代产品，只能找外方公司购买。油基钻井液2万元一方，桥塞15万元一支，外方公司根本不给你讨价还价的余地。

还有一次，胡尊敬陪指导员康超去签单，签外方当天的工作量确认单。

看到纸上密密麻麻地罗列着各种应得报酬，胡尊敬心头一颤：“我的天，怎么这么多‘0’？还是一天的？一天就要拿我们这么多钱？”

只见康超缓缓地接过单子，缓缓地掏出计算器，核算了好几遍，最终，缓缓地签下自己的名字。

“卡脖子”之痛，刻骨铭心。

奋起直追打造“中国样本”

“有条件要上，没有条件创造条件也要上。”

我们坚信，外方能做到的事，我们一样能够做到，并且做得更好！

我们组建合资型公司，开创国内上游板块企地合作的先河；实行油公司模式，200多人的公司管理着200多支参建队伍；推行市场化运作，以完全开放的姿态，面向全球市场，吸纳优质资源；实施项目化管理，以小甲方撬动大市场，让小团队释放大能量。

我们瞄准“建成示范、走在前列”目标，依托科研大兵团，关键装备和技术全面国产化；建立学习曲线，工程周期和成本不断降低；实施“井工厂”模式，工程效率和速度持续攀升。

“每天让我醒来的不是闹钟，而是梦想。”

坚定的理想信念，汇聚起一支支特别能吃苦、特别能战斗、特别能奉献的石化铁军。他们是勇敢的探路人，用滚石上山的拼搏精神，探寻出一条崭新的清洁能源发展之路；他们是勤劳的建设者，用忘我的奉献构筑起一座捍卫国家能源安全的粮仓。

创纪录，夺高产，气田处处捷报传。

2015年底，50亿方产能建成！2017年底，100亿方产能建成！

2020 年 4 月，气田圆满完成最大规模“井工厂”全电驱压裂，连创五项国内纪录。

气田飞速发展，“涪气”呼啸而出，气壮山河。

我们用宽广胸怀拥抱世界

不久前，来自美国的约翰逊等 7 位“洋学生”在涪陵“结业”了。

他们来涪陵的目的是学习我们的“标准教材”，考中国的证。

这个“标准教材”，正是气田组织编定的全国首套页岩气压裂试气作业指导书。

标准化场地、标准化流程、标准化操作，一周的培训和实战让这些“洋学生”口服心服：这里不是美国宾夕法尼亚州浅层页岩气开采，也不是西加拿大沉积盆地，这里是中国喀斯特地形，最难的考场。

结业会上，被评为优秀学员的约翰逊发言说：“感谢中国老师，有这张‘文凭’，我就可以走遍天下了。”

曾经，“洋老师”对我们极尽轻视和傲慢。

现在，我们以东方大国的宽广胸怀拥抱世界。

近几年，气田建立了页岩气开发六大核心技术体系和百余项行业标准，创造了令世人惊叹的页岩气开发“中国速度”，美国老牌石油公司康菲、世界第一大石油公司沙特阿美、荷兰壳牌、英国 BP 等国际石油巨头，纷纷派团来参观调研和交流学习。

从依靠“洋老师”搞开发，到吸引“洋学生”考文凭，中国“涪气”华丽转身，世界为之侧目。

十年成果丰硕令人骄傲

十年来，我们始终胸怀“国之大者”，扛牢保障国家能源安全核心职责，海陆并进，油气并举，全面建成涪陵国家级页岩气示范区和勘查开发示范基地，成为北美之外最大的页岩气田，入选新中国成立 70 周年“百项经典工程”。

十年来，我们致力打造“国之重器”，锚定页岩气原创技术策源地这一使命追求，敢为人先、大胆探索、持续攻关，页岩气勘探开发技术成果跻身世界领先行列，树立起我国能源开发史上新的里程碑。

十年来，我们矢志奉献“国之涪气”，秉承“能源至净、生活至美”品牌承诺，坚持在开发中保护、在保护中开发，累计产气超过 500 亿方，惠及长江经济带沿线 2 亿多居民，在巴山渝水展示了“党和人民好企业”形象。

如今，我们站在一个新起点上。

我们将始终牢记习近平总书记“端牢能源饭碗”的殷切嘱托，重整戎装再出发，矢志不渝为中华民族争气、为中国石化争先、为江汉油田争效，用源源不断的“涪气”夯实国家能源“底气”，以更加优异的成绩向中国石化成立四十周年献礼！

（江汉油田）

油品评定话当年

2023年7月1日起，我国全面实施国6排放标准6B阶段。油品排放标准离不开油品质量评定体系。这一体系的建立与发展，历经40余年。

“我们要有中国人自己的油品评定体系”

回首艰难创业历程，老一辈科研工作者吃苦耐劳、勤勉敬业，“没有条件创造条件也要上”，制定出符合中国实际的油品评定体系。该体系以其系统、严密、权威的特性位于国际先进标准行列。

20世纪80年代，由于我国的油品组分与国外的不同，自主生产的油品受到国内外的质疑。“我们要有中国人自己的油品评定体系，我们的油品质量要和国际接轨。”1980年，时任石油化工科学研究院副院长的卢成锹到美国考察润滑油、添加剂及油品评定，看到美国完整的油品评定体系，深有感触。

经过一段时间筹备，1983年，石科院成立油品评定中心，47岁的黄来勇勇挑重任，成为国内油品质量评定的先行者。黄来勇于1956年考入北京石油学院机械系炼油厂机械专业，1961年毕业后到石油工业部石油科学研究院（现石科院）工作，一直奋斗在科研岗位上，是石科院的教授级高级工程师。

“那时，我们什么都没有，没有技术，没有相关资料，甚至连具体的科研目标都没有。但是，我们有决心。”谈起当年的科研攻关，黄来勇如数家珍，精神矍铄、思路清晰。

其实，评定中心成立前后，一直有人质疑：既然向欧美学习，评定标准不可以直接引入欧美的标准吗？

答案是否定的。我国的油品组分与国外的不同，如果照搬欧美标准，就是全盘否定国内的炼油方法，所有炼厂要重新设计反应装置，至少需要投入1000亿元。而且，这不仅涉及资金问题，大规模改造无法在短时间内完成，国内的炼油装置便会停滞，技术水平与欧美的差距也会越来越大。

只有建立适合中国国情的评定体系，才能给炼油行业提供技术支持，证明我国的油品质量不输于进口油。

国内第一台试验性评定台架诞生

油品评定包含行车试验和台架试验。行车试验需要用行驶的车辆来评定油品质量，试验时间长、耗油量大，因此，一般先用台架试验模拟实际工况，筛选出合适的油品后再进行行车试验。

当时，国内仅有一台油容量很小的单缸机组成的台架，与实际车用发动机情况不符。因此，评定中心从美国引进了10台台架设备。

引进的台架设备自动变速箱使用的是国外控制系统，运行过程中经常会出现报错信号。试验初期，科研人员对台架状态不了解，也没有可参考的案例，而且每一次发现的问题都不一样，上一次的解决方案不能解决新的问题。大家只能一遍遍地检查硬件与软件，重新分析新问题、安装试验系统。

有一次，时任试验组长的宋海清临睡前，接到现场同事电话，说机器报警了。他起身穿衣赶到实验室，经过一番检查，终于排除了故障。当准备回家还没有走出单位大门时，又有电话过来，说是机器又报警了，于是他重新返回实验室。反复几次，天都快亮了。他索性不回家了，坐在办公室里打了个盹儿。

科学实验，就是在未知领域探索的过程。国内燃料油和美国燃料油的组分不一样，虽然理化指标相同，但是测试结果有差别。做实验需要参考油，为了找到合适的参考油，黄来勇和其他科研工作者前后调配了5批油，每批要用上百吨样品油进行测试。

油料不同、路况不同，这些差异为试验带来很大困难。只有建立自己的台架才能彻底解决问题。经过多次论证，黄来勇团队与一汽大众公司合作，利用国产发动机作为标准试验机，完成了对油品的初步筛选。经过8年奋战，1991年，国内第一台试验性评定台架诞生，使用的是我国自主生产的2.2立升多缸发动机。

行车试验考验体力更考验毅力

行车试验是在规定条件下，考察油品对车辆适应性的一种方法。台架试验还需要行车试验来考察试验结果的关联性，从而真实反馈油品的使用情况。

科学试验需要知识与勇气，更需要创新思想。之前，国内没有相关行车试验，所有操作都要靠自己摸索。汽油机油高温高速行车试验，要求汽车在不降温的情况下最高车速达到200公里／小时。黄来勇就和大

家想了个土办法：将试验车开到人少的郊区，在车辆冷却器上盖纸板，在高温状态进行试验。那时正是天气炎热的盛夏，试验场地地表温度高达60摄氏度。在高温路面高速行驶，不仅考验试验者的体力，更考验毅力。

为了达到高速行驶，试验场地的拐弯处都是外高内低的斜面。试验过程中，车队的间隔只有1公里，这对试验人员的驾驶技术和注意力提出了极高要求。除了危险，机械重复的试验过程也会让人产生较大的精神压力。面对这些困难，他们毫不畏惧。

陈义宝是当时的行车试验站长。他说："行车试验像'驴拉磨'，一开始不觉得，转几圈就晕了。"试验车辆行驶里程，是由驾驶员通过数圈计算。试验开始后，驾驶员要驾驶车辆沿着跑道不停转圈。两分钟一圈，一天要跑200圈左右。当时没有摄像头等辅助设备，驾驶员只能通过手写"正"字，记录自己开了多少圈。

为了模拟城市与郊区等各种场景的路况，试验程序中，他们还增加了加速、减速、紧急刹车、停车等设置。驾驶员一天要踩刹车、离合器踏板近4000次。一次行车试验，动辄要跑几十万公里的路程。试验期间，大家吃住在试验现场，几个月都不能回家。

艰辛探索，铸就辉煌。石科院科研人员十年磨一剑，牵头制定了14项国家标准，建立了完善的石油产品标准体系。尤其是党的十八大以来，石科院以标准为引领，助力汽柴油清洁化迭代技术升级方案实施落地，构建石油产品开发、应用及标准体系一体化平台，成功推动我国国3到国6清洁燃油质量升级，十年间走完了欧美国家二三十年时间才能走完的路，扭转了我国燃油质量落后的局面。

千淘万漉虽辛苦，吹尽狂沙始到金。新一代的石科院人将继续发扬新时代科学家精神，以智慧和力量，助推中国石油石化行业高质量发展。

（石油化工科学研究院）

5000 米高原上的地质科考队

在无数人心中，铁人王进喜冒着严寒跳进泥浆池的画面是永不磨灭的。在急难险重的紧要关头，一次果敢的行动胜过千万句苍白的言语。石油勘探开发研究院联合勘探分公司组建的羌塘盆地科考队秉承王进喜“宁肯少活二十年，拼命也要拿下大油田”的忘我拼搏作风，连续三年勇闯 5000 米羌塘高原无人区进行地质科学考察，用实际行动传承铁人精神。

说起青藏高原，很多人心驰神往，又心生恐惧，前者是因为它风景如画、文化独特，后者是因为它高寒缺氧、人烟稀少。对石油工作者而言，还有另一个向往原因，那就是坐落其中的羌塘盆地可能蕴藏着丰富的油气资源。“我为祖国献石油”，石油科研人责无旁贷、义无反顾踏上探寻的征程。

羌塘盆地科考队遇到的第一个拦路虎是路难行。“记得去麦多剖面时，那是 2021 年野外工作计划中的最后一个剖面任务了，本以为收官之战能顺当些，没想到老天爷‘戏弄’了我们一把。”科考队员庄新兵回忆。

出发前夜，气温骤降，下了雪。高原地区降温快，升温也快。太阳出来后，积雪很快融化，造成路基松软，车辆接连趴窝。遇到陷车情况，队员们虽然并不着慌，但挖车时体力快速消耗，每名队员挖不了十锹，就得换人。为补充体力，他们拿出早已没有热气的土豆，蘸着辣酱送进肚里，有时还得拿出氧气瓶吸两口。

幸运的是，那天夜幕降临前，他们赶到了剖面点，还找到一处没有窗户的废弃屋舍作为临时避风港，可以席地而睡，而不必蜷缩在狭小的车里。那晚，又下了雪，北风呼啸。

羌塘盆地科考队遇到的第二个拦路虎是过水寨。那是在江爱达日那剖面。“从我们的野外营地开车去这个剖面也就半个多钟头，但是观测点在山上，需要徒步爬一段路，由于积水较深，已两次无功而返了。”讲起这个剖面，科考队员马泽良记忆犹新。

该剖面山脚海拔 5000 米，目标层段海拔 5300 米。从沟口到观测点，队员们一路沿着沟谷前进，闯过了“三重门”。一重门是一段长 50 米高 5 米的山丘，滚石很多。二重门是一段长 100 米高 10 米的山丘，山石松垮，道路崎岖，队员们每走一段都气喘吁吁，不一会儿便大汗淋漓。差

不多走了两个小时，终于来到三重门“冰雪水门”，它长150米高20米，融化的雪水伴着薄冰冲泻而下，让人不寒而栗。

没有丝毫犹豫，队员们毅然脱下鞋袜，背上随身物品，将鞋挂在脖子上，下水过沟。蹚水时间约三分钟，前半分钟冰水刺骨，后两分半钟全无知觉。之后他们才发现，锋利的岩石在脚上留下了一道道划痕。

在科考的日子里，队员们要时刻面对睡不好觉、食之无味、半月无浴等日常，以及气温骤变、连续陷车、无功而返等考验。面对种种挑战，羌塘盆地科考队发扬铁人精神，迎难而上，全力完成既定科考目标任务。

“三年三上羌塘，很有一种大庆石油会战时的热血，还夹杂着红军长征时蜿蜒迂回的曲折，更有一种攀登珠峰时的无畏。这段经历是永不磨灭的。”马泽良动情地说。三年中，羌塘盆地科考队在羌塘高原驱车10万公里，采集的实验样品重达两吨，形成的成果资料百余份，为该地区油气勘探部署打下了坚实基础。

（石油勘探开发研究院）

一块来自雪域高原的可燃冰

“为国找油找气，征战高原，不畏严寒，不惧艰险，在皑皑白雪中点燃工衣红的热情，在茫茫荒野中竖起帆布绿的希望，他们是大家的标杆，更是我们的榜样！”2023年11月29日，经纬公司胜利地质录井公司新入职员工于延超翻开崭新的公司成立40周年纪念画册，被一组10年前胜利录井征战青海可燃冰项目的老照片吸引。

这些老照片，同样珍藏在胜利地质录井公司SL288队仪器操作员王滨的手机里，因为他就是故事中的主角，那是他在风雪交加的青海高原施工时的珍贵回忆。这份很“燃”的回忆，是关于一块埋藏在海拔4500米雪域高原的可燃冰的故事。

可燃冰是天然气水合物，是水和天然气在高压、低温条件下混合而成的一种固态物质，一遇到火种便会熊熊燃烧，形成“冰火交融”的自然奇观。可燃冰或埋藏于陆上永久冻土层中，或藏于深达千米的海底，被誉为“未来的能源”。

2013年，胜利地质录井公司中标中国地质调查局油气资源调查中心的青海可燃冰项目。那年夏天，SL288队出征青海高原，坚守在探寻可燃冰的一线。王滨作为技术骨干，成为其中一员。

他们施工的DK-12井场位于青海省海西蒙古族藏族自治州天峻县，地处祁连山南麓。这里蓝天如镜、雪山林立、景色秀美，但高寒缺氧、物资匮乏、地广人稀。“全年一场风，从春刮到冬；地上不长草，天上无飞鸟；风吹石头跑，氧气吸不饱；八月飞雪白，四季穿棉袄。”这一顺口溜道出了当地环境的恶劣。

在王滨和队友眼中，这里是战斗的沙场。

8 月正是盛夏，内陆天气炎热，这里却时常雪花漫天。开工后，井场上的钻机、设备都被裹上了厚厚的绿色帆布，在白茫茫的世界中格外醒目。到了 10 月、11 月，夜间气温会降到零下 20 摄氏度。

DK-12 井场地处高原沼泽，大型起重设备无法吊装野营房就位。王滨和队员们住在自己搭的简易帐篷里，经常在夜里被冻醒。因交通不便，很难吃上新鲜的蔬菜，每次上井时，他们就携带大量方便面、火腿肠等方便速食。有时饮用的水是山上冰盖融化流淌下来的雪水，夹杂着草叶、植物根茎等。当时的队长冯锐向王滨打趣："这喝的是天然山泉水，回家后想喝都喝不着呢。"

有一次，王滨提着水桶取水，回来路上，被积雪覆盖的土坑绊倒在

地，脸上划了一道3厘米的伤口。同事建议去150公里外的县城医院包扎，但他担心往返时间长影响工作，就毅然留在了井上，只用碘伏简单消毒处理，留下了一道伤疤。

入冬后的夜晚，气温零下20多摄氏度，录井仪在户外的色谱气路容易被冻住，干燥管需要反复更换，一夜下来，得来回跑二三十趟，这种情况在日常施工过程中是很罕见的。王滨踏着盖过脚脖子的积雪，小心翼翼前行。因为，积雪掩盖了地面的坑洼不平，一不小心就可能崴脚。早上交班时，王滨和队友常常累得腰酸腿痛。

越是艰苦，越要干好活。冯锐经常给队员们鼓劲："别人干不了的，我们能干！别人能干的，我们要干得更好！"大家听得热血沸腾。身处海拔4500米的高原，SL288队作出了"缺氧不缺斗志、艰苦不怕吃苦、海拔高标准更高"的承诺！

当钻探进入关键目的层开始取芯的时候，王滨和冯锐以及甲方主管一直坚守现场，随时关注取芯动态。

"岩芯马上出筒了！"

"这一筒岩芯的气测数值很高，很可能有可燃冰。"

"快看，出来了，出来了，你看岩芯顶上那块白的，很像。"

"快拿酒精灯点点，可燃吗？"

看着淡蓝色火苗在高原的寒风中"跳舞"，王滨和队友十分激动。他小心翼翼地把可燃冰从岩芯裂缝中敲下来，轻轻放入采样袋，郑重标上记号："井号：DK-12井；井深：388.12米；见白色冰状晶体，沿裂隙分布，不透明，点火可燃。"

SL288队在可燃冰的勘探中，采用绳索取芯工艺，在钻进一定深度后，下入绳索将内置的岩芯筒提出。录井的主要任务就是检测取芯钻进过程中泥浆气体含量的变化。在DK-11井完井后的资料整理中，甲方对于岩芯是否含有油气无法判定，仅凭眼睛观察，难以分清是油气还是泥浆残留。他们主动向甲方推荐荧光录井检测，判断岩石含油性，进一步研究可燃冰的油气源。甲方很感兴趣，在DK-12井之后追加了荧光录井项目，SL288队检测到8块样品有荧光显示，为甲方研究提供了宝贵的第一手资料。

在现场钻探中，钻遇煤层气、可燃冰都会引发气测录井值的异常升高，分辨这两种气测值，对现场的钻探工作有十分重要的意义。王滨和冯锐根据掌握的实钻数据，结合可燃冰形成的原理分析，综合钻时、组分比例、异常幅度，设计了一个计算公式，可计算出一个数值，准确区分出两种气测值，他们称之为“可燃冰指数”。

2013年至2014年，王滨和队友征战高原，先后录取整理了青海可燃冰项目4口探井的资料。2014年施工结束后，甲方的区块项目负责人评价：胜利录井员工认真负责，敬业奉献，积极探索创新，为可燃冰的成功钻探提供了优质服务。

（经纬公司）

东方欲晓

1985年，在地球的西方，美国率先实现了对页岩油气的工业开采；2009年，在中国的西部，四川省威远县，随着威201井的投产，中国页岩油气的开发就此启程，也让一群苏北盆地的探索者看到了东方欲晓的曙光。

2010年前后，苏北盆地主力探区进入勘探中后期，油田产量直线下滑！老井无接替，新区少发现，严峻的形势，迫使油田决策者将目光投向页岩油。2012年的寒冬，是这一年最冷的日子，也是油田勘探最冷的时期。段宏亮博士站了出来，牵头成立页岩油攻关项目组，跟在他身后的还有刘世丽、刘成杰、罗义。一个组，四个人，十个年头，开始了向页岩油进发的艰难跋涉。

评价初期，我们油田在页岩油领域举步维艰，地质资料空白、理论基础空白、技术手段空白。样品测试出的页岩油关键指标数值偏低，“含油性”“可动性”甚至达不到中国石化起评标准。曾有专家当面对段宏亮说：“你们这儿的页岩油资源就是个穷人，靠不进富人区，别白费力了！”

可段宏亮认准了，要敢于走世界上最难的路。他连续65天扎进冰冷的邵伯岩心库，对全部76口泥页岩取心井，1840余米岩心，开展细致的观察和取样。他们打来一桶桶凉水擦拭岩心，厚工服挡不住苏北冷硬的风，手指僵硬得字都写得歪歪扭扭。在空寂的岩心库里，他们完成了地化、储层、岩矿等各类实验，分析测试16000余项次。这些海量的数据，在别人眼里是枯燥，可在他们的眼里，却蕴藏着无限生机。

花儿，总是静静地绽放。在这样的点滴积累中，高邮、金湖、海

安、盐城，到整个苏北盆地，一个个页岩油资源“铁柱子”孕育而生，查明了苏北盆地至少具有5.05亿吨页岩油资源，提交了苏北第一口页岩油专探井——花页1井。

2019年，代表油田在集团公司页岩油风险论证会上汇报的是刘世丽，花页1井论证通过后的那天晚上，她兴奋得久久难以入睡，多年的梦想越来越近了……为了这个梦想，他们已经交出了蓝图；为了这个梦想，他们还要做的，就是让页岩油喷涌而出！

2021年5月28日，花页1井正式开钻。在油田专门成立的“页岩油地质工程一体化工作组”里，刘世丽等地质人员工作的重点，也从前期的评估转向了打井过程中的地层引导。为准确完成花页1井关键层取心重任，刘世丽投入了全部身心。6月28日傍晚，刚参加完油田优秀党员表彰大会的她，来不及换下领奖服，就匆匆赶回去精细分析卡层，当下达完取心指令，已是凌晨3点，回家的路上只有满天的繁星默默陪伴。

水平井地质导向就像是给钻头装上“眼睛”，这双“眼睛”属于“夜班小王子”周进峰。钻井一旦开始，24小时导向就同步启动。周进峰主动请缨，担任夜班地质导向的负责人。从晚上8点到早上9点，每隔1小时要对随钻数据进行分析对比。他先后承担了花页1HF、花2侧HF等4口井的夜班地质导向，累计值守夜班125天，靶窗钻遇率高达95%以上。长期的夜班，导致周进峰的血压偏高，他却玩笑着说：“咱页岩油就得有高压，有高压才能有高产。”

有高压就有高产！2022年2月，完成压裂和焖井的花页1HF井顺利放喷，日产油最高达 29.7 吨，实现了江苏油田页岩油勘探的历史性突破。如果说页岩油是“磨刀石”，那苏北页岩油就是“磨刀石”中的“磨刀石”。怎么把油从石头缝里找出来？在室主任仇永峰身上，时刻透着股一磨到底的劲儿。他每天都在“较劲”，“废寝忘食”成为他的常态，为完成一个“过得了自己这关”的报告，前后改了十多稿；为了一张层位构造图，在地震剖面上一盯就是几小时。前年他爱人临产在即，正值油井向目的段钻进的关键时期，仇永峰一直坚守在现场，直到双胞胎女儿出生后，他才出现在病房，看着妻女满是愧疚与心疼。后来，大家给他的两个女儿起了“花花”“叶叶”的小名，这“花”“叶”是井，也是收获，更是期望。

仇永峰在家有花儿一样的双胞胎，在单位他还亲手带出了两朵小花。一个提交的论文获江苏省地球物理学会特等奖，创立了“刘志敏青年创新工作室”；一个连续 7 周天天加班，连资料室的师傅见到她都感叹：“你又来了啊！”她走过了万条数据路，用自己的名字命名了“付茜页岩油小层划分与甜点评价技术”。

所有的付出，终将铸就骄傲。2022 年 7 月 19 日，央视新闻频道报道，苏北探明 11 亿吨页岩油；页岩油累计生产 3.5 万吨。在投身东方页岩油革命的行列里，不仅有段宏亮、刘世丽这样的先行者，还有在乡村泥泞小路上走了 58 天、在井场度过 40 岁生日的杨艳，有衣服后背浸染了一层层盐霜的邢玉洁，有一次包了一周饺子只为争取更多工作时间的谌师傅，有每次都主动承担驻井任务的老黄……他们迎接过最热的酷暑，他们走过最长的夜路，他们喊出了最强的时代音，他们用行动告诉了我们——

东方欲晓，数风流人物还看今朝！

东方欲晓，苏北页岩油开发春来早！

（江苏油田）

“金山精神”孕育出百座“金山”

上海石化建设的初心，是解决全国人民穿衣难问题。

51 年来，在“金山精神”引领下，上海石化通过六次工程建设的大跨越，从单一的化纤产品，到实现油、化、纤、塑四大类产品并举的格局，并进军碳纤维、氢能等新材料、新能源领域，大踏步朝着建设“国内领先、世界一流”能源化工及新材料公司目标前进。

栉风沐雨，艰苦创业，在六大工程建设中孕育了“金山精神”无穷力量，曾经的滩涂上崛起了百余座“金山”

1972 年 2 月，由毛主席亲自圈阅，经周总理批准，我国计划引进了四套化纤、化肥技术设备。其中的一套化纤设备，落户上海金山。同年 6 月 18 日，中共上海市委召开扩大会议，决定建设上海石油化工总厂。建设者们亲切地把它叫作“金山工程”“金山石化”。

按照“基本不占用农田”的建厂方针，从 1972 年 12 月 25 日至 1973 年 7 月 15 日，上海市金山县和浙江省平湖县的 5 万多名民工，脚踩烂泥沙，顶着冷风阴雨，在沙滩上挑土运石，硬是用双手、双脚、双肩筑起了一道宏大的堤坝，围出 706 公顷建设用地。

为了能够靠前指挥、靠前施工，筹建指挥部龚兆源、徐以俊等领导和一批机关干部住进了整修后的养猪场，豪迈地将它称为“猪公馆”；上海隧道公司把破旧的铁皮车厢拉到工地连成一体，骄傲地将它称作“隧道新村”。简陋的“猪公馆”和“隧道新村”，见证了创业初期的艰辛，这是“金山精神”的发源地。

1977年7月，由国家拨款21.87亿元的上海石化一期工程建成投产，成为我国当时最大的现代化石油化纤生产基地，可每年向全国人民提供人均1米的化纤织物原料。

由于当时设备和技术的局限性，一期工程对原油的利用率只有30%左右。面对这种令人心痛的浪费，上海石化指挥者们顶着二期工程建设资金由国家拨款改为银行贷款的风险，迎难而上。1985年2月工程建成投产，原油利用率提升至43%，每年向全国人民提供的化纤织物原料增加到人均3米，成为我国化纤织物生产名副其实的“龙头老大”，为终结“布票时代”作出了重要贡献。

伟大劳动，创造伟大精神。经过一期、二期工程建设的艰苦创业，“金山精神”雏形初现。1986年，上海石化总厂召开第一次党代会，正式确立“金山精神”的16个大字：艰苦创业、科学求实、团结进取、忘我献身。

为了改变国内乙烯原料严重短缺的状况，上海石化又不畏艰险，于1987年5月开工建设以30万吨/年乙烯为主体的三期工程。因当时国家财力有限，53亿元的投资全部由上海石化自行向国内外筹集，并自借自还，自担风险。这在我国基本建设历史上是首次。

1989年2月，工程建设资金迎来“寒冬”，账户里最低时只有7800元。为了“给母鸡喂把米”，上海石化发起“爱我石化总厂，支援三期工程建设专项储蓄”，爱心款从四面八方汇聚而来，短短20多天，全厂6万职工和家属筹集了1100多万元。其中，仅上海石化职工子女就读的石化第四小学的1000名少先队员，就拿出了503.85元零用钱、压岁钱。筹集资金的热情，汇聚起建设的磅礴力量。1990年4月，30万吨乙烯装置提前41天打通全流程。

进入新世纪，上海石化外延发展与内涵发展同步推进，相继开展四期、五期、六期工程建设。从2002年4月四期工程建成投产，到2012

年底以炼油改造为主体的六期工程收官，上海石化跻身1600万吨级炼油基地行列。截至2022年，上海石化累计实现利税2605多亿元，是一期工程投资的119倍，相当于再造了百余座金山工程。

半个世纪，“金山精神”孕育出了百座“金山”，巍峨耸立在美丽的杭州湾北岸，熠熠生辉。

胸怀祖国，服务大局，在新时代伟大征程中赋予“金山精神”新的内涵，进一步凸显央企使命担当

51年来，上海石化坚定不移传承“金山精神”，并将“艰苦创业、科学求实、团结进取、忘我献身”的初心使命，与时俱进深化成“丰衣天下、产业报国的家国情怀；敢为天下先、善打硬仗的责任担当；向先进水平挑战、向最高标准看看齐的工作理念；精细严谨、苦干实干的作风本色；产城融合、基业长青的共同追求”的丰富内涵，引领全体干部员工走上创新发展之路。

2007年，上海石化承担起PAN（聚丙烯腈）基碳纤维的研发和产业化攻关工作，并把碳纤维的研发生产，作为“在经济领域为党工作”的具体实践和为国家作贡献的重大使命。2012年9月，一阶段项目500吨/年小丝束碳纤维装置投产。为改变小丝束产能低、成本高的局面，让国内企业能够用得起碳纤维，上海石化又把目标锚定48K大丝束碳纤维，再次吹响攻关号角。2018年，国内真正意义的48K大丝束碳纤维诞生，打破了国外对大丝束碳纤维的技术垄断，我们终于掌握了属于自己的独门绝技。

在不断攻克大丝束碳纤维技术堡垒的同时，上海石化还和国内制造企业一起开展碳纤维关键设备攻关，解决关键设备依赖进口的“卡脖子”问题。令人自豪的是，上海石化目前已经建成投产的48K大丝束碳纤维国产线上，氧化炉、碳化炉等部分关键设备已经全部实现国产化。

“敢为天下先”，上海石化碳纤维不断向先进水平挑战，为国争光。2022年冬奥会、冬残奥会上，由上海石化牵头研发制造的“飞扬”火炬，以轻、固、美的“黑科技”之光，赢得世界喝彩，充分展示了国家科技实力。上海石化火炬团队也因此被授予北京冬奥会、冬残奥会突出贡献集体荣誉称号，受到党中央、国务院的隆重表彰。

上海石化始终把“金山精神”与央企作为国民经济“压舱石”“稳定器”的政治担当紧紧联系在一起。

2020年2月，在国内新冠疫情暴发之际，上海石化立即组织旗下的单位转产研发口罩熔喷布的专用料，短短12天时间，就每天新增普通一次性医用口罩600万片。

2022年上半年上海新冠疫情封控期间，上海石化为428名援沪医疗队员提供驻点接待和后勤保障工作，并腾出仓库和办公楼，改建成设置有5000个床位的方舱医院，有力支持了上海疫情防控工作。

上海石化还启动干部员工驻厂模式，全力保生产保供应，并在疫情封控结束之后第一时间全面复工复产，有力支援了上海经济复苏，受到上海市经信委和上海市政府的高度肯定。

目前，上海石化明确了建设“国内领先、世界一流”能源化工及新材料公司愿景目标。“十四五”期间，进一步确立并实施“炼油向化工转、化工向材料转、材料向高端转、园区向生态转”发展战略，打造“上海基地”，推进产城融合，服务社会发展。

（上海石化）

敢为人先走好为国为民“洁净”之路

衣服脏了要洗。为了让全国人民洗好衣裳，有一群人琢磨了 40 多年。

“一定要搞上去，关系到广大人民的需要。”1973 年 1 月，时任国务院副总理李先念在轻工业部烷基苯建设批复文件上，这样批示。

这个烷基苯，是洗涤用品的关键原料，有了它去污才有活力，衣服才能洗干净，才能甩掉祖辈洗衣用的棒槌，才能最终摆脱洗涤原料完全依赖进口的局面。

1976 年，国家为了生产它，勒紧裤腰带，花了 2.68 亿元人民币，从国外引进了全套的工艺和设备。1980 年，在南京东郊，经过 4 年建设，国内首个烷基苯工厂，也就是现在的金陵石化烷基苯厂建成投产。从此，工厂走出了一条不平凡的“洁净之路”。

3 个月与 8 年

2013 年，一家与烷基苯厂同类型的合资工厂建成。合资工厂得知烷基苯厂使用国产氢氟酸泵，思来想去还是选购了英国货，7 台。开工 3 个月，7 台酸泵陆续出现问题。前后折腾两年，全部换成了烷基苯厂使用的同类型酸泵，之后使用了 8 年。

合资工厂百思不得其解。

其实，合资工厂老板有所不知。烷基苯厂的技术积累早在 40 年前

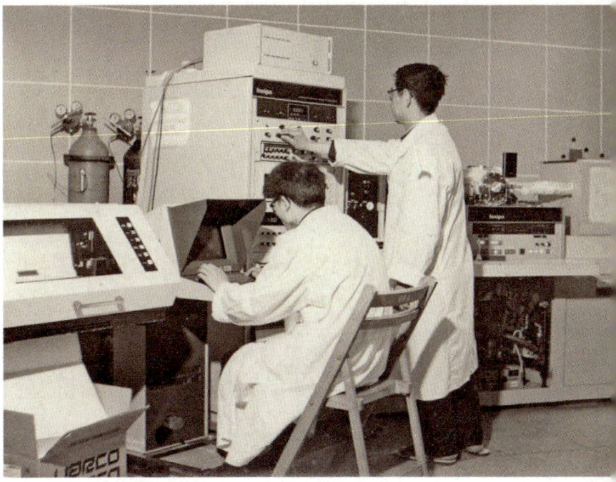

就已经敢为人先，先行一步。

20 世纪 80 年代初，烷基苯厂所在地南京栖霞尧化门的老街上，一位金发碧眼的西方女士，时常会光顾当地的菜市场。她住当地最好的宾馆，骑着一辆女式“二六”红色自行车，挎着菜篮子，全用手势比画买菜。这位洋女士接地气的举动，成为当地老百姓茶余饭后谈论的新鲜事。只是，老百姓有所不知，这位洋女士的丈夫以及他的同事，是来烷基苯厂提供技术服务的，他们一住就是大半年，一切费用都是工厂“买单”。

老外的催化剂 3 个月一换，得买。关键设备配件更换，得买。开停工技术服务，得买。要花钱的地方实在太多。在装置的煤油脱蜡系统，有个叫分子筛的东西，里面的一个回转阀铁片一年需要更换一次，每个一万美元。

一个叫樊天培的设备技术骨干，带领工厂技术团队与上海一家设备厂商合作，一年时间搞成了一个新型的回转阀，打破国外垄断，价格只有国外的 30%。业界第一个实现分子筛国产化。现今，工厂 4 套国产分子筛回转阀实际运用 30 多年，节约外汇以亿计。

当合资公司老板得知烷基苯厂有很多业界第一后，方才恍然大悟。

酸泵国产化由一个叫杨旭的设备技术骨干带领团队与一家泵厂合作开发。烷基苯厂提出需求导向、性能参数、关键部件材质等关键制造单元，完全符合工艺技术要求，使用时间当然长。

消失的订单

不用愁的订单一夜之间消失了，让主营烷基苯厂换热器清洗的承包商来不及想象到底发生了什么。

这事，发生在16年前。

国外的工艺在精制加氢系统，有个除氧单元，一般运行不到3个月，就要切出系统进行焦质清洗。清洗承包商利用100公斤高压水枪清洗，特殊装备、全身铠甲、雾气缭绕、场面壮观，清洗面积按照平方厘米收费。为此，工厂3个月要切出一次系统，付费清洗。

工厂做了两手准备。

一路人马，由江闽、徐宏祥、顾文忠等人，搞了一个预分馏塔进料切换清洗流程。当时有6台换热器，5台在用，1台切换单独清洗，把结焦的焦质通过人工的方式清洗出来。这样运行，除氧分馏塔基本可以达到1年的运行周期。工厂对流程进行了革新，但即使这样，每个礼拜还是要清洗一台换热器，承包商订单饱满。

2008年，清洗承包商订单消失了，就在一夜之间。原因是工厂的另一路科研人员，研发部许艺、王玉、刘冬等人用时3年，完成了除氧催化剂的运用，进料氧含量与出料的氧含量消除了80%～90%，使装置能够达到3年一清洗长周期运行。

现如今，在烷一车间的墙上，有张几个人围着一个小圆铁桶的照片。就是从2005年开始，团队进行除氧中试试验，这个形状怪异的小铁桶里面装着的东西，就是除氧用的催化剂。这个催化剂，又一次打破国外垄断，完全自主研发，业界第一。

幸福的“烦恼”

国外同类型催化剂寿命90天，烷基苯厂出口到国外的催化剂用了234天。

2018年3月，如果不是在国外考察亲眼看到，工厂时任副厂长蔡吉乡也不敢相信自己的产品性能如此之好。那年，除了国内同类装置、合资公司使用这个催化剂，老外订单也纷至沓来，工厂开足马力都应接不暇，老外“疯狂”备货，让工厂产生幸福的“烦恼”。直到2023年，这个催化剂还在与国外同类型催化剂分庭抗礼。这个催化剂是NDC系列脱氢催化剂，早在1984年就打破国外垄断，当年获得国家科技发明三等奖。经过多年的技术积累，已在业内享有盛誉。

工厂另一颗催化剂“明珠”是在愚人节献上的一份真实的礼物。2000年4月1日，工厂自主研发的双烯选择加氢工艺及催化剂成功实现工业运用。原先，国外同类型装置，一要买它的专利，二要买它的催化剂，要花费大量的资金。同时，还有工艺复杂、催化注硫、催化剂寿命短等缺陷。工厂研发部吴佩成、许艺、王玉、刘冬等科研人员不等不靠，自主研发。工业运用后，烷基苯产量增加5%以上，质量得到明显提升，单位能耗下降，副产品焦油、重烷基苯产量大幅下降。国内同类企业采用国外工艺设备，烷基苯厂的效果明显好于他们。目前，这套专利及催化剂先后运用于国内外5套装置，彻底打破国外垄断。

现今，双烯选择加氢工艺、脱氢系列催化剂等一大批拥有自主知识产权的科研开发成果，成功运用于生产实践，工厂申请国外专利8项，注册国内发明专利27项、实用新型专利30项，长期保持技术优势。

2009年，中国科学院高能物理研究所在大亚湾核电站中微子监测项目中，采购了383吨的烷基苯产品，作为光衰监测媒介。之前他们选用国内其他几家厂商生产的烷基苯作为媒介，光衰减长度不到10米，采用烷基苯厂的产品达到15米以上。

40多年来，金陵石化烷基苯厂凭借着敢为人先的拼劲、锐意创新的勇气和追求卓越的进取精神，为国家洗化产业发展推波助澜，为人民幸福美好生活加油助力。踏上新征程，将继续创造更具竞争力的新技术、新产品，沿着“洁净”梦想奋力前行。

（金陵石化）

支前保供的红色基因

100 多年前，英国亚细亚火油公司看上了位于珠江江畔的一处荒芜土地，在这里建设油料仓库。当时，它叫作“龙唛仓”，这个音译的名字带着“洋味”，也昭示着那个特殊的时代，是一个石油被西方列强垄断的时代。

1949 年 10 月 1 日，新中国成立。然而，在海南岛等南方海域还活跃着国民党残余势力，共和国的旗帜仍未在这些区域上空飘扬。当时驻守广东的四野部队担负着解放两广及南海岛屿的重任。

然而在与内陆隔海相望的海南岛，解放军面临着渡海作战、岛屿瘴气及后勤补给的重重困难。广东石油临危受命，1950 年 4 月公司成立后第一项任务就是，保供四野后勤。

然而，油从哪来？彼时的广东成品油市场被亚细亚、美孚、德士古三大西方石油公司垄断，就连老百姓点灯用的火油，都要到西方油商或者是沦为西方油商傀儡的民营油商那购买。

为了尽快筹集到油料，广东石油曾经抱着对外商的一丝幻想，多次寻找当时垄断广东市场的英国亚细亚火油公司洽谈，但“均无结果”，而美孚、德士古则“奉英帝令禁售油料输入中国”。可见当时西方帝国主义对新中国的封锁、压制。

有条件要上，没有条件创造条件也要上！利用广东海岸线长、毗邻港澳、华侨众多的优势，广东石油想到了从港澳地区、海外采购油品。当时的广东石油人突破西方特务到处造谣扰乱市场、破坏收购工作的重重障碍，在深圳、广州、湛江、汕头、石岐（也就是今天的中山）等地设置收购点，一点一滴收购珍贵的油料，再用甲板小艇运往琼州海峡，全力支持海南岛、万山群岛的解放。

《中国石油公司广州分公司 1950 年工作总结》中记载，“该项油料百分之九十八强，仍系供应四野后勤部作支前之用”。在《三年来商品流转统计》档案中，更是明确了该项“支前用油”的具体去向——“50 年第一、第二季度华南更有最迫切的军事任务，如解放海南岛、万山群岛等，因此我公司的销售重点放在支前方面，以最大的努力供应军需油料”。

短短数语，字字铿锵，揭开了一段广东石油支前保供的红色历史。1951 年，时任中国人民解放军广州军事管理委员会主任的叶剑英亲笔签发了一则命令，令王旭为军管代表接管英国亚细亚火油公司广州分公司资产，王旭后来被任命为广东石油第一任总经理，从此结束了西方垄断广东成品油市场上百年的耻辱历史。

习近平总书记说过：一切向前走，都不能忘记走过的路；走得再远、走到再光辉的未来，也不能忘记走过的过去，不能忘记为什么出发。2020 年，广东石油以拯救历史的使命感和紧迫感，寻访了 80 多位当年的经历者、见证者及其后人，揭开了这段红色历史，还原那个时代广东石油人不畏艰险，排除万难，誓达目标的勇气与精神。

铭记历史，是为了更好地前行！如今的广东石油人，不忘初心，将石油石化优良传统化为推动企业高质量发展的动力，奔跑在加快打造“油气氢电服”综合能源服务商道路上。

从率先开启国内油品对外贸易，成立系统内首个仓储物流专业公司，开启互联网转型发展，先行先试打造招商平台，到拥抱变革，推广数智化应用系统，构建综合加能网络，广东石油以先行先试、敢为人先的精神与魄力走在前列。

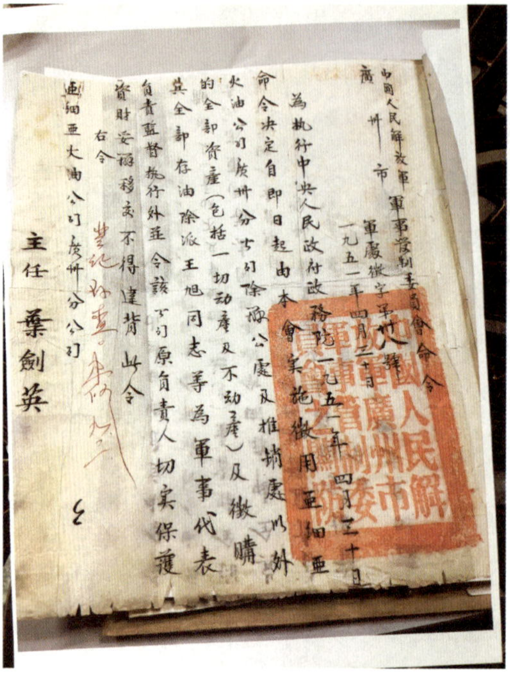
中國人民解放軍廣州市軍事管制委員會命令
軍處徵字第廿八號
一九五一年四月三十日
為執行中央人民政府政務院一九五一年四月三十日命令決定自即日起由本會實施徵用亞細亞火油公司廣州分公司除該公處及推銷處以外的全部資產（包括一切動產及不動產）及徵購其全部存油除派王旭同志等為軍事代表負責監督執行外並令該公司原負責人切實保護資財妥爲移交不得違背此令
右令
亞細亞火油公司廣州分公司
主任 葉劍英

2019 年 7 月，广东石油建成了全国首座油氢合建站——佛山樟坑油氢合建站，并率先摸索出加氢业务商业化盈利模式。樟坑经验，不仅带动了大批氢能运营、管理和技术人才的培养和储备，还为下一步制度建设和产业链完善奠定了坚实基础。

在新能源转型的道路上步履不停！2020 年底建成华南地区首座氢气检测实验室；2022 年打通制氢—运输—检测—存储—销售全产业链，率先实现系统内供氢；2023 年初主编和参编的《加氢运输及配送安全技术规范》，以及《加氢站建站安全规范》两个团体标准正式发布。

目前，广东石油已在全省建成 9 座油氢合建站，初步构建起环大湾区氢能续航网络。从第一座油氢合建站建成起，中国石化在广东累计向社会供应氢气 730 吨，按照碳排放折算，这些氢燃料电池车的应用替代超过 3300 吨的成品油，仅交通领域就折合减少近 8500 吨二氧化碳排放，相当于植树 47 万棵。

现在，中国石化的加油员不再是“加油员”了，他们被称为“加能员”。在广东，超过 200 座分布式发电站年发电量超 600 万千瓦时，300 多座充换电站日均满足 2500 辆新能源汽车充换电需求。

（广东石油）

迁建赢未来

金秋十月，胜利油田迎来了收获的季节。

历经 10 个多月的紧张施工，2022 年 10 月 26 日，一座崭新的东营原油库顺利建成投产。秋日的阳光下，10 座储油罐宛如一座座钢铁城堡，熠熠生辉。

东营原油库的搬迁，事关黄河三角洲生态保护和高质量发展，事关胜利油田平稳生产，更是贯彻落实习近平总书记视察胜利油田时的重要指示精神。

这是一项利在千秋的工程，老油库“搬家”，为高质量发展让路。

东营原油库要“搬迁”了！

听到这个消息，57 岁的王清特别高兴，他曾在这里工作过 17 年，对东营原油库有着特殊的情感。

“一开窗就能看到整个罐区！”在他的记忆里，20 世纪 80 年代的原油库周边一片荒凉，放眼望去满是芦苇荡。

老东营原油库 1986 年建成投产，担负着油田 70% 的原油输销任务，累计转销原油 8.6 亿吨。但随着时间的推移，老库的库容规模和技术标准难以满足油田高质量发展需要。

2021 年 12 月 16 日，中国石化集团公司董事长、党组书记马永生通过“云直播”宣布东营原油库迁建项目正式启动。

新址坐落在牛庄镇，距离主城 12.5 公里，库容规模 68 万立方米。与原油库一同迁出的，还有国家管网集团东营输油站、国家石油天然气大流量计量站和146公里输油管线。

其实，早在2019年东营市政府就曾在《关于加强规划引领提升城市建设品质的实施意见》中提到“要逐步实施东营原油库搬迁”。

“既惊讶又激动，没想到行动这么快。”油田发展规划部副经理任维利如是说。

上千人的建设队伍，满怀建功立业壮志，迅速集结，汇聚成了一片海洋，轰鸣机械声、豪迈劳动号子，成为这片荒原最动听的声音……

这是一次前所未有的挑战，大兵团作战，上演速度与激情。

正值隆冬时节，几座直径86米的“蒙古包”拔地而起，从高空鸟瞰蔚为壮观。

“这是我们首创的‘天幕保温系统’，解决了冬季混凝土施工难以凝固的业界难题。”迁建项目执行经理袁志彬骄傲地说。

自项目启动以来，疫情、工期、冬季施工像拦路虎一样挡在面前。油田成立了临时党工委，建设方、设计方、施工方、监理、检测单位拧成一股绳，采取“项目管理部+BEPC联合体项目部”一体化管理模式，

把不可能变成了可能。

疫情多点散发，储罐钢板、管线运输一度濒临“中断”，物料急单像雪花一样铺满了袁志彬的办公桌。

紧急关头，当地政府特事特办，及时办理绿色通行证，上万吨钢板、6406 批次物资有序进场。

库内工期焦灼，库外惊心动魄。2022 年 9 月 24 日清晨，迁建工程 110 千伏高压线，横跨黄大、德大两条铁路，27 米高空上架起一道“天网”。

“这是最难啃的骨头……”谈及这场跨越，项目执行经理邢量难以忘怀。

在这场与时间的赛跑中，各方仅用 287 天顺利完工、连续安全人工时超 400 万……一项项纪录被刷新。

这是一项百年大计的事业，为质量负责一辈子，每一条焊缝都是履诺。

9 月 10 日，中秋佳节。晚上 10 点半，魏特和他的同伴陆续入场，开始了一天的工作。

“我们给焊口做质量检测，就像医生给病人做胸透。”监理项目部员工魏特说。

百年大计，质量为本。作为油田最大的原油储备库和原油输销中心，担负着胜利油田 70% 的原油输销任务，被誉为胜利油田的“心脏”。这颗“心脏”直接关乎整个胜利油田的安全平稳生产。

油库建设刚刚开工不久，质疑声便不断：这么短时间建成大油库，质量能有保障吗？

“90 后”焊接工程师黄娇和 140 余名金牌焊工在这里遇到了新挑战：焊接的电流、电压实时采集，全部纳入智能管控平台。这让他们觉得“吹毛求疵”。

走进智能管控中心，大屏幕上实时滚动更新数据，人员定位、高风险作业监督、焊接监控等功能被嵌入系统，为迁建工程装上了“智慧大脑”。

“大罐全部采用全自动焊机，一旦偏离标准参数，自动报警停止焊接。”技术质量部副经理车荣杰说。

整个项目共检测3万道管道焊口、12万张底片，一次焊接合格率大于99%，各项指标远超国家优质工程标准。

这是一座面向未来的油库，绿色、低碳、智能是它鲜明的特色。

随着孤永东线来油阀门的远程开启，海洋厂、桩西厂的黑金缓缓流入203 #罐，标志着新东营原油库正式投油。

“一键开启，几个人就能运转一座大型油库。”坐在新原油库管控中心，东营原油库油气储运主任师张惠目不转睛地盯着大屏，这种像科幻电影一样的场景如今已变成现实。

梦想的实现，得益于“智能油库”的新定位。新油库具备全面感知、共享协同、安全预警、绿色低碳的智能化能力，操作人员由原来的189人减少到20人。不仅如此，油库还可以自动识别不同油品、自动分质分储分输，每吨原油经过特定的“VIP通道”，年增效6亿元。

“绿色”成为新油库最亮眼的底气。太阳能、蒸汽等绿色低碳能源替代了传统加热炉，通过热能三级梯级回收，较老油库减排1351吨。

党的十八大以来，以习近平同志为核心的党中央将黄河流域生态保护和高质量发展作为事关中华民族伟大复兴的千秋大计，多次深入实地考察沿黄省区，为黄河流域生态保护和高质量发展指明方向。

“原油库迁建工程是油地共同践行习近平总书记以人民为中心的发展思想的具体体现，更是顺应员工群众追求美好生活的现实需要。”时任胜利石油管理局有限公司执行董事、党委书记，胜利油田分公司代表牛栓文说。

（胜利油田）

长河里的微晶

——中国石化催化剂科研工作者群像

问渠那得清如许，为有源头活水来。传承是宣扬企业文化的重要目的，在漫长的岁月中，一代又一代科研工作者将个人的事业与催化剂的发展紧密相连，引领催化剂事业走向世界领先。让我们共同探寻留在时间长河里闪耀的微晶。

石油化工催化剂大多是加速反应进程的微小晶体，在反应装置中，无论是体积上还是重量上，在整个石油工业中都显得非常渺小。但就是这样一些小小的晶体，决定着近乎 90% 工业产品的生产。从催化剂公司发展的历史中，可以追溯中国石化催化剂技术的成长历程。

璀璨群星

第一章开头写着“为了到达这里，人们从很久以前就出发了”。

1961 年，石油部提出尽快掌握流化催化裂化、催化重整、延迟焦化、尿素脱蜡和有关的催化剂、添加剂技术，这 5 项技术被称为石油化工领域“五朵金花”。在新中国成立后的三十年，从五朵金花到裂化剂建设，从加氢会战到化工剂起步，中国石油化工催化剂埋下了无数种子，等待着改革的春风。1983 年，中国石油化工总公司成立，石油化工技术研发进入新时代。尤为重要的是，20 世纪 90 年代起，单项技术开发转向成套技术开发。在这一时期，石科院 MIP、DCC 技术，抚顺院

加氢裂化和降凝技术，上海院丙烯腈成套技术，北化院 BCS、BCE 等聚乙烯技术相继涌现，技术成果不仅能满足国内需要，还成功走向国际市场。闵恩泽、毛炳权、关兴亚、胡永康等老一辈科研工作者，在发黄的书卷中书写了中国石化催化剂事业的光辉业绩。

中坚力量

带着前辈的荣耀，时间来到了新世纪。在这里，是一次汇流，也是一次新的出发。2004 年 12 月 29 日，中国石油化工股份有限公司催化剂分公司揭牌成立，肩负着建设具有国际竞争力的催化剂生产商、供应商、服务商的责任与使命，催化剂公司开启逐梦之旅。在首届年度工作会议上，“科研成果转化、生产组织优化、产品技术服务”确定为催化剂分公司的定位，公司朝着催化剂生产大型化、模块化、连续化、自动化、清洁化方向发展。在此期间，齐鲁、长岭 5 万吨 / 年 FCC 装置相继建成，我国裂化剂生产迈进世界领先。同期，长岭、上海、南京、大连新基地建设相继完工，立得基地顺利搬迁扩能，仅 10 年间，公司催化剂产能就增加了130%。曹光伟、石勤智、朱华元、殷喜平、梁维军、杜宏斌、马坚这些至今仍奋斗在催化剂公司一线的科研领军力量，带领着催化剂公司不断走向新的高度。

激扬青春

近十年，在深化改革的背景下，催化剂公司迎来创新发展新阶段，十年间先后入选国家高新技术企业、中国石化首批创新型企业、科改示范行动企业，研发投入持续增加，专利水平连年攀升，专利数量长期在中国石化非研发单位名列前茅。生逢其时、重任在肩。习近平总书记说，青年一代用臂膀扛起如山的责任，一切有志青年都应将追求小我价值融入实现大我梦想之中。刚刚加入催化剂公司的青年人，已经在催化剂的舞台上崭露头角。催化剂生产朝着智能化方向迈进。

掩上书卷，催化剂老中青三代科研人员的身影浮现在眼前，正如催化剂这般微小的晶体一样，他们在漫长的岁月中贡献着无限的热情，在光辉的时代里闪耀着永恒的璀璨。方向不明就集思广益，设备不足就广寻来源，人员不够就加班加点。调动一切资源，应对一切挑战，为中国石化的大厦夯基垒台、立柱架梁、加瓦添砖。

（催化剂公司）

十年打造页岩气中国样板

乌江河畔，细雨蒙蒙。

6月初夏，拥有涪陵页岩气田最多井数的焦页12号井组掩映在群山之中。远处不时泛起缕缕炊烟，绿色的“榨菜”梯田与黄色的采气树相互映衬，一派美丽和谐景象。

“很多人看到‘榨’这个字，第一反应是榨菜，而我们气田人的第一反应是‘吃干榨净’。我们的任务就是要把地下可利用的资源‘吃干榨净’。”该平台采气工张卫泉边记录生产数据边打趣地说，“这口井是焦页12-Z1井，它刚刚投产，是我们三层立体开发的又一代表。”

何为三层立体开发？记者在江汉油田涪陵页岩气公司技术中心找到了答案。

页岩气，能源革命的象征。2012年11月，中国石化在涪陵焦石坝实现页岩气勘探重大突破，拉开了我国页岩气商业开发的序幕。我国也由此成为世界上第三个实现页岩气商业开发的国家。然而，2017年，焦石坝区块在稳产了三年之后，产量开始逐渐下降。

这是页岩气最富集的区域，还有没有进一步挖潜的可能？石化人开始新一轮攻坚。

“之前我们把焦石坝老区89米厚的巨厚页岩作为一套气层对待，认为通过对最优质的下部进行大型水力压裂，能一次‘撕’开这巨厚的岩层，蕴藏在页岩中的气体就会通过裂缝源源不断地跑上来。”江汉油田勘探开发研究院天然气开发所所长刘莉告诉记者。

然而，通过调研国外页岩气开采技术、部署分层开发评价井之后，研究人员认识到：虽然89米厚的页岩是同一岩性，但纵向应力的差异会一定程度地抑制人工裂缝扩展高度，横向上井和井之间也有裂缝没有延伸到的地方，人工缝网改造到的地方气体能够流动，没有改造到的地方就还有资源剩下来。

“这就好比一楼房间开采了，一楼的过道和二楼三楼还有很多资源留在了那里。”刘莉说。

于是，相当于把地下井网由“一层楼”变成“三层楼”的三层立体开发技术应运而生，有效提高了气田采收率和动用率。截至目前，涪陵页岩气田已投产263口上部气层井和下部加密井、6口中部气层井。在新技术的加持下，涪陵页岩气田新建产能48.1亿立方米，三层立体开发区采收率进一步提高，预测采收率最高可达50%。

“井工厂”是记者在采访中听到的另一个高频词。三层立体开发的施工过程中采用了“井工厂”钻井压裂，以确保过程高效快捷。

“‘井工厂’技术就是在同一地区集中布置大批相似井，使用大量标准化的装备或服务进行钻完井和压裂的一种作业模式，就像流水线工厂一样，高效且成本较低。”涪陵页岩气公司钻井工程项目部林安国说。

在涪陵页岩气田开发之初，专家发现，虽然北美已经有“井工厂”的概念，但是涪陵的储层埋深和储层复杂程度与北美相比有很大不同，勘探开发难度更大，不能简单照搬北美页岩气开发模式，急需形成适合我国页岩气特点的“井工厂”技术体系。走“中国特色井工厂”之路成为必然，一切只能摸着石头过河。

那么，“石头”在哪里？涪陵页岩气田从规划入手，与石油工程技术研究院等单位一道，对气田地质、工程实行一体化设计。最终，中国石化研究形成的山地“井工厂”技术达到国内领先水平，一次次改写施工纪录，创造了令人惊叹的“涪陵速度”。

2022 年 3 月，焦页 12 扩平台完成了最大规模的“井工厂”电驱压裂施工，创 5 项施工纪录，标志着涪陵页岩气田全电驱压裂技术达世界领先水平；也证明涪陵页岩气田始终用科技创新推动我国页岩气高效开发进程，创造了“涪陵样本”“中国样本”。

创新形成海相页岩气“二元富集”理论认识、页岩气勘探开发评价技术、长水平井分段压裂试气、绿色勘探开发配套等技术体系，建立 100 多项技术标准，自主研发了国内首台步进式大功率 3000 型压裂机组等大型装备……十年来，中国石化一次次敢为人先，打造页岩气产业发展的强大核心动能。

2021 年底，喜讯再次传来：白马区块页岩气探明储量新增报告通过自然资源部评审，经认定，该区块新增探明储量 1048.83 亿立方米。至此，涪陵页岩气田累计探明储量近 9000 亿立方米，占全国页岩气探明

储量的 34%。

白马区块属于典型的常压深层气藏，具有地表结构、地下构造“双复杂”的特点。涪陵页岩气田历经 6 年，终于突破深层常压页岩气效益开发技术瓶颈，单井测试页岩气产量从每天 4 万至 6 万立方米提升至每天 10 万至 13 万立方米。

如今，走在白马区块焦页 155 号平台，作业现场一片火热。涪陵页岩气公司采气工程管理部技术员薛正春告诉记者，截至目前，涪陵页岩气田白马区块单井最高累产超 3000 万立方米，在国内常压页岩气井中处于较高水平。不难想象，不久后这里又将是一片“黄”与“绿”和谐共生的场景，源源不断的绿色能源将从此出发，点亮万家灯火。

采访的最后，记者把现场标语记在笔记本上：“为中华民族争气、为中国石化争先、为江汉油田争效”。这句标语，胜万语。

（江汉油田）

光阴的故事

扫码观看视频

时间的长河，见证了加油站和支付方式的变迁，也见证了加油站与客户的深厚友谊。从凭票购买到现金支付，再到加油卡和移动支付并存，技术进步极大地改善了客户的消费体验。视频以中国石化员工李明与客户马胜利之间的故事为主线，通过加油站支付方式的变化展现江苏石油四十年发展历程。

（江苏石油）

（获“第六届中央企业优秀故事三等奖”）

聆听大地深处的回声
——智能节点采集系统诞生成长记

能挖掘到地球最深处的秘密，能让地下世界的一切都无所遁形，能为物探科研工作者进行地下勘探提供极大的助力，这就是5G智能节点仪！它与地震采集系统有关，它的应用是一项革命性的技术进步。

但是，时光倒退到四年前，一切却是另一个样子……

话说在物探行业，采集数据就像寻找宝藏，但是传统的盲采节点仪却“只收不传，只感不听”，就像在玩捉迷藏，让技术人员心里对施工过程和数据质量都特别没底。

“工欲善其事，必先利其器”。物探院的研发团队最终决定挑战不可能，打造一个能实时回传数据的全节点采集系统。

那是2020年的一个寒冬，在山东济南商河勘探现场，环境恶劣，科研人员呵气成霜，但他们仍在雪地中布点测试毫不松懈；面对仪器深埋等问题，一次次调整策略，经历了无数次高低温、耐腐蚀性、电磁干扰等滚动测试。失败，重来，再失败，再重来……终于在半年后的8月1日，首台5G智能节点仪Smart Point华丽诞生了。

有了5G智能节点仪Smart Point，科研人员就开始构建“地下高速公路”了。

那是2022年立秋之后，山西沁水，山林中荆棘丛生，山中局部地表温度高达72摄氏度，但首次转换到野外工作的科研人员毅然钻进大山深处，将橙色的5G智能节点仪一排排地布设于山林间。

一名工程师站在一辆酷似房车的车顶上，仔细检查通信车情况，之后启动电源、架设基站、检查天线、启动核心网、打开服务器……他动作熟练，神情却小心翼翼。

最终，在深夜的炮声中，通过构建好的“地下高速公路”，5G智能节点仪成功地传回了大地的“心跳声”，那一刻，科研团队队长激动地说：“我们的设备终于成功地剪掉了有线系统的辫子，把地震仪从‘固定电话’时代推向了‘智能手机’时代！”

是的，人类跨入了“智能手机”时代，而5G智能节点仪进一步华丽变身“地下小超人”！

在“地下小超人”的超强帮助下，科研队员像长了翅膀，他们的实战范围和探索能力大大增强！

三年多来，他们带着智能节点仪深入野外施工现场，翻山越岭，在西南、华东、华北、东北等20多个探区进行了实际的生产应用，足迹遍布平原水域、悬崖险壁、崇山峻岭，全面系统地了解和掌握在不同地质环境因素影响下，智能节点采集系统的综合适应能力和性能指标状况，为系统的快速推进与发展积累了宝贵的经验，

2023年深秋的一天，夜晚8点，贵州赤水项目中，科研人员利用

5G 智能节点仪实时推送数据，让现场的噪声控制变成可能，填补了全节点盲采没有质控手段的技术空白，赢得了现场专家们的“疯狂点赞”。

2024 年 7 月，中国石化科技部对“智能节点采集系统研发及应用”成果的鉴定结果为整体技术达到国际领先水平。这个结果让科研人员感到无比骄傲自豪——5G 智能节点仪俨然成为“超级英雄”！

5G 智能节点仪是科技与梦想的结合体，有了它的“千里眼”“顺风耳”，大地深处的回声可以被聆听，地下的油气层也能够被“看见”。所以，现在每到勘探季，无数科研人员就会带着 5G 智能节点仪，奔赴祖国各地去大显身手，寻找宝藏。

通过 5G 智能节点仪，无数人看到了油气数字化转型的未来！

回首往昔，是无数科研人员用智慧和汗水造就了 5G 智能节点仪。无数次在施工现场，他们不舍昼夜加班加点地测试时，会不时接到家里人思念的电话，每当那个时刻，他们的心中都会涌起愧疚之情。

是无数的科研人员，尤其是长年驻扎在野外的科研人员 默默无闻，远离繁华，忍受孤独和艰辛，舍小家为大家，才有了如今的 5G 智能节点仪！

也是因为家人的支持和理解，他们才能专心工作，5G 智能节点仪才能不断完善、完美、强大！

“军功章上，有科研工作者的一半，也有他们家人的一半！”

智能节点采集系统一路的诞生成长，就是这样伴随着无数幕后科研英雄的奉献和付出。如今，它和创造出它的科研人员一起，时时都在进行地下冒险之旅，刻刻都在探索地球能源宝藏。

最后，让我们一起期待，未来他们能探索更多的地球奥秘，连接更加精彩的世界，创造更多的奇迹！

（地球物理软件研究所）

打造中国人自己的“拳头产品”

“我手里这瓶液体，就是 mPAO 产品，它是新一代具有超高粘度指数的高级润滑油，是重型卡车、高速列车、航天、航海、国防等领域的必用油。这款由茂名石化自主研发生产的 mPAO，可以媲美国际先进产品。”2023 年 5 月 8 日，茂名石化红色宣讲员正在讲述李禄建博士团队攻克 mPAO 产品技术壁垒的故事。

这个故事，听得大家热血沸腾，而这条“七年磨一剑”走过的路，让大家感慨万分。

2015 年底，茂名石化研究院会议室，一场学术研讨进行得异常激烈。

“mPAO 关系国计民生，研发成功，我们就是国之功臣！公司有要求，作为央企科研人员，我们更要有这份担当和勇气！”茂名石化研究院负责人发出动员令。

2016 年 2 月，刚到茂名石化公司博士后工作站报到的中山大学无机化学博士李禄建被委以重任，成为这个项目带头人。

当时 mPAO 技术被少数西方国家垄断，国际上连公开报道都极少，在国内更是一片空白。没有借鉴参考，从零研发，寸步难行。

李禄建深知，这样的项目，从立项到工业化，至少需要十年时间，接下这个任务，无疑就是坐上了“冷板凳”！何况自己学的是“无机化学”，却要挑战“有机化学”的“无人区”！

憨厚的李禄建想起导师的告诫：“搞科研，就要有一颗坐‘冷板凳’的心！”

“国家有需要，我就全力以赴！”他下定决心，果断签下项目立项书，挂帅出征。

现实比预想要困难得多！项目初期，研究院实验室并不具备相应的实验操作条件，只能去千里之外的合作单位开展实验。

李禄建带着简单的生活用品，孤身出发，开始了漫长而艰苦的求索之路。

一个人在外，他满脑子都是这个项目，除了吃饭睡觉，其他时间都待在实验室里，深夜回到宿舍依然挑灯整理当天的情况。

闯入“无人区”，更多的苦恼是难以辨别方向。他想方设法与合作单位的专家交流，和专家们一起查资料，每当艰难地获取到一丁点信息，他都兴奋不已，赶紧记录下来。

没有数据参考，怎么办？他反复摸索，一个个参数调整、记录、比对。经过一段时间摸索，终于把实验模型搭建起来了。但是出来的油品质量却很不稳定。

“有油出来，就证明方向是对的！”从不服输的李禄建暗暗给自己打气。

功夫不负有心人，经过数以万次计的试验，他终于合成了晶莹剔透的产品。经过分析，指标符合要求！

异地驻守近 2 年，李禄建终于攻下了第一道隘口！

“我们的成果只有变成实实在在的产品，才能够称得上是成功的科研。”李禄建此刻头脑异常冷静。他开始调整工作思路：必须尽快解决“工业化应用”这个问题。

2018 年，在公司支持下，李禄建带着团队成员在研究院搭建起放大装置。

为了确保质量，也为了后续发现问题可以及时处理，他从水、电、气到成套设备都自己动手安装。

试验条件改善后，可以更方便地开展实验，也可以合成更多的小试产品。他带领攻坚组成员盯在现场。实验过程中，他经常要手提 40 公斤原料爬上 10 多米高的反应平台，连续实验以考察催化剂的稳定性。

经过几个月的反复试验，终于突破了成套制备基础油全流程技术，可控制合成不同粘度等级油品。

2019 年 3 月，李禄建到总部参加小试和中试工艺包评审。为了争取项目落地，他连续多日奋战到凌晨，不断修改和完善项目细节，最终顺利通过审查，获准批复建设中试装置。

有了总部的支持，李禄建团队干劲更足了！他们又一头扎进实验室，一边苦苦钻研，逐个攻克技术瓶颈，一边挤时间编制中试以及工业化生产的方案，指导质检中心建立测试评价方法，组织装置操作人员开展开车前期的培训。

在化工分部、工程管理部、科技发展部等单位的通力合作下，中试装置于 2021 年 11 月底建成。装置开车期间，许多在小试中没有出现的问题，在中试放大后逐渐暴露出来。李禄建带领研发团队和苯乙烯车间技术人员通力合作，将开车过程中遇到的难题一一破解。

2022 年 1 月 1 日，茂名石化精细化工翻开崭新篇章——国内首套完全自主知识产权 mPAO 技术，茂名石化首个博士领衔的核心自主知识产权项目、mPAO 中试装置实现连续运行！

“只有产品性能达到并优于进口产品，我们才算成功！”还没来得及参与任何庆祝，李禄建就带领团队成员恢复了超常工作模式。他白天在装置中指导操作人员调节参数，晚上根据现场问题编写第二天的实验方案。

2022 年 10 月 31 日，经过无数次的生产工艺及操作参数调整，李禄建团队研发出来的产品，各项指标媲美甚至优于进口产品。

七年磨一剑！这群勇闯“无人区”的科研骨干，用青春和汗水，打破了国际技术壁垒，创造了属于中国人自己的 mPAO！

（茂名石化）

4 2023.5.22 星期一 中国石化报 文化

8年坚持 从"一件好事"做起

爱心帮扶 相伴苗家娃四季

为美好生活加油

庆祝中国石化成立四十周年

走进时光机 倾听石化人的奋进故事

茂名石化举办企业文化故事会

让每一名员工都成为一股"活水"

创造中国人自己的"拳头产品"

以中国石化成立40周年为契机，《中国石化报》第4版"文化"推出《企业文化故事会》栏目。2023年，该版共刊发19期《企业文化故事会》。本期讲述了茂名石化的奋斗故事，展现了茂名石化人在强执行抓落实、强"三基"保安全、"智慧+实干"增效益谋发展等方面所做的努力。

科技路漫漫 携手攀高峰

在中原油田物探研究院有这样一个家庭，他们夫妻二人都是博士，他们的科研成果奖、授权专利数量不相伯仲，他们各自领衔一个高技能人才创新工作室，他们既是同事，又是“甲乙方”，他们就是在科研路上携手并进的李娜、李庆洋家庭。

初相识，渐相知

李庆洋和李娜相识于中国石油大学（华东），两人在同一个课题组，由于研究方向相近两人又被导师安排在了一个办公室，最初李庆洋经常向师姐李娜请教问题，师姐觉得这个师弟很刻苦，晚上、周末经常看到他一个瘦瘦的背影在电脑前调代码。慢慢的，李娜被李庆洋对科研的纯粹性吸引，李庆洋被李娜对研究的热情和拼劲触动，彼此的认同感让他们走到了一起。

李娜先进入中原油田博士后流动站，从她口中，李庆洋大概了解了中原油田当时面临的勘探技术瓶颈，而这些难题正是李庆洋博士课题的研究方向，一个个真实存在的勘探难题激起了他的斗志和挑战欲。2017年毕业在即，他拒绝了到高校任职和其他高薪岗位的聘请来到中原油田，拥抱了他的理想，也拥抱了他们的未来。

并肩作战的战友

李庆洋是处理方向，李娜是解释方向，两人的工作内容是有承接性的，业务流程上就是李庆洋处理出来的数据提供给李娜开展储层预测并进一步确定圈闭和井位目标，通俗来讲，就是李庆洋给地下做CT，李娜根据出来的片子做出诊断，哪里是储层，哪里有油气。

然而，“地球CT技术”并不像医学的X光、CT、核磁技术那么成熟。中原油田普光探区地层结构异常复杂，现有技术无法进行高精度成像。李庆洋了解到，一种新的最小二乘偏移技术对改善此类成像效果很有帮助，相当于给模糊的双眼带上了眼镜。但该技术属于高端成像领域，核心技术不对外开放。如何破局？

李庆洋主动接过这个担子，开始了漫长的自主研发，借助为数不多的资料开始了技术攻关。但是国外的油田一般是海上，即使是陆上也基本是水平地表，都没有考虑普光这种剧烈的山地情形，所以好不容易将国外的技术实现了还是不起作用，也就是说直接照搬是行不通的。他又带领团队改进理论，重新搭建技术框架，终于研发出了一套针对普光探区的最小二乘偏移技术系列，实现了该项技术从无到有的突破，显著提

高了成像质量，取得中国石化为数不多的软件著作授权，申请了 3 项国家专利。

给地下做 CT 难，根据出来的片子做出诊断更难，中原油田面临的勘探目标越来越隐蔽，储层薄、响应弱，在这种环境下找油气无异于海底捞针。现实与理想的差距可以磨平一个人的锐气，却一次次激起了李娜的斗志。储层条件差，她带领团队攻方法；没有技术支持，她自己写算法；无数个日日夜夜的翻资料、查书籍，方法重试、算法调试，最终形成裂缝型气藏地震描述方法技术系列，成功实现微小尺度裂缝地震识别，形成 5 项创新成果，提交 3 项发明专利。

付出总有回报。李庆洋带领团队创新改进了多项成像理论技术，完成普光通南巴 1254 平方千米的三维地震资料处理，为普光致密气和页岩气的勘探开发提供了高品质资料。他带领团队研发基于国产处理器海光 DCU 的深度偏移成像技术，在国家超算中心通过测试，标志着中原油田自主研发的以国产硬件为载体的地震资料处理软件实现了从 0 到 1 的突破。与此同时，李娜带领团队先后攻关，形成高分辨率烃类检测技术、致密砂岩储层预测技术、东濮页岩油甜点地震预测技术等多项成果，为普光页岩气、通南巴致密气和东濮页岩油的勘探突破提供技术支撑，支撑 10 余口井位部署，提交圈闭 116 平方千米，预测资源量 2741 万吨。

“看似寻常最奇崛，成如容易却艰辛。”这就是一个温馨的博士家庭，更是无数个积极奋进油田职工家庭的缩影。他们踏实工作，潜心科研，为勘探开发提供有力的技术支撑，为油田高水平可持续发展做出应有的贡献。

（中原油田）

手到病除的设备“良医”

“朱平，自动包装设备不能正常运转了，请赶紧来处理一下吧。”2023年10月20日早上，炼油三部朱平正在吃早饭，突然接到了“出诊”电话。

“你来我们就放心了。”随后，包装线在短时间内恢复正常，未影响装置正常生产。

今年51岁的朱平是沧州炼化炼油三部聚丙烯装置维保协调员，1993年参加工作，在小本体聚丙烯装置当过班长、干过主操。2004年，朱平开始负责聚丙烯产品包装设备的维护保养工作。从那一刻起，他就与设备维保结下不解之缘。

产品包装是聚丙烯生产线的最后一道工序，承担着一系列流水线作业，一旦出现差错，就会导致聚丙烯装置降量生产甚至中断生产，影响生产任务完成。

从手动到半自动，再到全自动，聚丙烯包装设备经历了5次更新换代。

“新设备没修过，新技术没掌握，那就从零开始。”面对每一次设备更新换代，只有高中文凭的朱平认真查阅资料，一遍遍研究聚丙烯包装设备工作原理，学技术、练本领，解决了一个又一个难题。

“快叫朱平过来。”7月10日，其中一条包装线码垛输送电机损坏，给装置放料工作造成一定影响。

从分析故障、确定方案，到现场处理，朱平不慌不忙，技术娴熟。

虽有些许波折，但快速解决了问题。

一波刚平，一波又起。7月18日凌晨，当班班组又反映全自动包装线缝包机突然“罢工”，无法正常操作。

朱平立即赶往现场，经过一番排查后，判定原因是切刀气缸活塞杆断裂。但在更换处理开机试运时，还是启动不起来。

经过反复测试，朱平迟迟找不到故障具体位置。以往没遇到过这样的问题，怎么办？

为尽快解决问题，朱平立即通过视频电话远程求助厂家技术人员，描述设备症状和判断思路。最终，经过几天的共同努力，问题得以解决，朱平疲惫的脸上才露出笑容。

只要一个电话，不论何时，朱平总是第一时间赶到现场，解决了很多“疑难杂症”，最快一次解决问题不过15分钟。同事们常常赞叹：“只要朱平出马，就没有解决不了的包装故障！”

“过日子要精打细算，干工作也一样。一台设备，少则几百几千，多则几万，甚至十几万，我们通过修旧利废，节约设备换新费用，助力公司实现降本增效。”他坚定地说。

每次维修换下来的滚轴、垫片、电磁阀等，朱平都会将它们收在自己的工具箱内。他经常说：“关键时刻，这些‘宝贝’肯定能起到大作用呢。”

朱平心中有一本“节约经”。他将原本“报废”的零部件经过“妙手”维修，让它们重新走上工作“岗位”，每年为单位节省了不少维修费用。

2023年以来，朱平带头对聚丙烯包装线进行攻关，主动研究易损件修复方法，修复喷码机喷头、辊轴、电磁阀、气缸等数十个，利用旧电器元件修复喷码机、自购原件修复触摸屏等部件，节约费用约10万元。他创新采用预防性维护这一策略，使气缸、电磁阀的损坏频次大大减少，使用寿命延长了2～3倍。

有付出就有收获。近年来，他不仅多次被评为公司“优秀共产党员”“先进工作者”，还获得公司“十佳劳动之星”“劳动模范”等荣誉。

在不断钻研和实践中，朱平还总结编写了《包装岗位基础操作规程》，把自己多年来的维修经验和故障案例梳理成册，帮助班组人员弄通聚丙烯产品包装线的原理和排除故障的简单技巧。

“要想练就维修绝活，就得靠平时多看、多干、多积累。”今年3月，赵力从班组转到维保协调岗位，朱平总是耐心地讲解基础知识。尤其是在遇到问题时，指导赵力实际操作，想方设法让他搞清楚、弄明白。

几个月下来，赵力的操作能力有了明显提升，朱平对专业技术也有了更深的研究，用他的话说：“带徒弟也是督促我进一步学习，给人家讲不明白，这不让徒弟笑话嘛。”

在朱平的办公桌上，始终摆放着一些设备维修专业书，他说：“要想成为一名优秀的技术人才，还得继续努力学习，把设备再摸透一点，技术再练精一些。”

（沧州炼化）

海棠压枝头

扫码观看视频

视频围绕西上海发展油氢合建站站长周锦芳与加氢站的故事展开。2019 年 11 月 28 日，上海石油首座加氢站西上海发展油氢合建站正式建成。从建站到正式投营，再到氢气安全管理领域的不断规范完善，周锦芳作为油氢合建站的第一位站长，是参与者更是见证者，她见证了加氢站的从无到有，见证了氢燃料电池车辆应用场景的不断丰富，更见证了上海石油在氢能源领域的改革先锋作用。在担任油氢合建站站长的同时，周锦芳还是轮岗大学生与青年站长的带教师傅，她始终秉持“宽严相济，因材施教”的原则，用心带教每一个徒弟，教会他们专业知识技能与油站管理方式，让石化精神代代相传。周锦芳作为上海石油氢能源领域的代表人物，她的故事既有典型性也有代表性，真实反映了五年来上海石油在氢能源领域的改革发展。

（上海石油）

我姓田，油田的“田”

扫码观看视频

田明，仅有初中学历，却在近四十年的时间里，获得技术创新成果100余项，获得国家专利30余项，解决了一个又一个生产难题，多项发明创新成果国际领先，为企业创造经济效益数亿元。四十年光阴，见证了他一步一步成长为中国石化技能大师、全国科协委员，登上国家科学技术最高殿堂的荣耀历程。要做就做一名有技术的石油工人，在田明的成长道路上，这是他不断创新实践的原动力。女儿田雨从最初对父亲的不理解，到后来被父亲的事迹和成就深深感动。受父亲的影响，也实现了自己的人生蜕变，将石油人勇攀高峰的精神传承发扬。短片深刻反映了田明几十年如一日，牢记找油报国初心使命，扎根油田，奉献企业，以实际行动践行习近平总书记“端牢能源饭碗”的殷殷嘱托，为油田高质量二次创业发挥了榜样示范作用。

（江苏油田）

物探事业的“特种兵”

38 年来，他一直行走在科研一线，站在时代前沿，瞄准油田生产难题，借力电子和计算机技术的进步，提升了中国石化高端物探技术在行业的影响力，引领了中国石化物探技术的发展。他就是在技术无人区大胆探索、勇敢前行，攻克关键核心技术的“特种兵”，中国石化集团公司油气勘探领域（地球物理勘探）首席专家王延光。

看穿地层的“千里眼”

“地震”这两个字足够令人闻之色变，王延光却痴迷地震资料 38 年。在很多人眼里，王延光的工作总是带有一份神秘色彩。“我们研究的不是天然地震，而是利用地震找石油。”每当这时，王延光总是耐心地解释给别人听。

1983 年本科毕业后，王延光没有选择回归家乡，而是留在了东营这片热土，投身油气勘探一线，用科研成果助力油田效益开发。2021 年，是东营建市 38 周年，也是王延光奉献东营、扎根东营的 38 年，用王延光的话说就是：东营伴我成长，我伴东营成长。

都说物探是地质工作者的眼睛，王延光就拥有一双能够看穿地层的“千里眼”。“老油田地下看不清，无法获取地下高精度信息。”为了解决勘探开发难题，给地层拍出更加清晰的“CT 图像”，他带领团队深扎野外，风餐露宿。在野外工作，到底有多苦多累，恐怕旁人无法感受，只有亲身经历的人才真正有所体会，但恶劣的客观环境从来都不是科研工作者精益求精路上的绊脚石。有一次中国石化在新疆奎屯收集地震资料时，受客观因素影响，直到工期结束，项目组也没有采集到让他满意的资料。“一次采不好，就采两次，两次不行就三次，只要肯下功夫，一定会有成果的。”他带领团队通宵达旦，反复研究对策，调整方案，把工期整整延长了两个月，“三进三出”奎屯，终于获得了一份精准的资料。

采集、处理和解释是物探工作三部曲。“采集没有后悔药，采集的成本太高，一个区块就要上亿元投资。”在王延光眼里，采集工作是基础，就算付出再大的辛苦，也要确保数据的精准性。

星光不问赶路人，王延光的科研创新之路可用“十年磨一剑”来形容，历经十年的潜心钻研，默默坚守，王延光和他的团队终于创新形成了国内外具有影响力的中国石化品牌——单点高密度地震技术。2016 年以来，该技术先后在胜利油田、江苏油田等 12 个区块使用，发现圈闭资源量 5.34 亿吨，保障了油田储产量的稳定，也为团队的集智攻关交上了一份满意的答卷。

牵住自主创新这个“牛鼻子”

经过多年发展的胜利油田，开发进入高含水期，但采收率却不到30%，这意味着还有很大的采收潜力，亟须探索开发新路径。难题又一次交到了王延光手里。影响地下剩余油开采的因素是什么？如何提高采收率？问题的突破口在哪里……这些问题经常萦绕在王延光的脑海里。为了更好地发现问题、解决问题，他始终坚持躬行实践，无论是出差还是加班熬夜……这些都是他这段时间的工作常态。“石油是一种战略资源，咱们自己采不出来，就得靠进口。找到更多还没被发现的石油就意味着可以让祖国在国际竞争中占据主动地位。”王延光说。“为国找油”或许听起来有点高调，但对于勘探人员来讲，却是工作的全部。

“成千上万次的试验只是构建理论模型，技术能不能落地还得靠实

践。”他带领课题组奔波于全国各地，探真探实，终于在高精度井地联合采集、井中地震、多波地震等单项地球物理技术突破的基础上，创新发展形成了油藏地球物理技术，能在复杂的油气区寻找剩余油，提高采收率。该技术先后在胜利油田多个区块大放异彩，增加经济可采储量6847万吨，建成产能642万吨，后又推广应用到大庆油田、江苏油田、西北油田等7个大中型油田，为油田稳产提供了技术支撑。

“关键核心技术直接决定了一个企业的技术话语权，看到咱们多半的原油要靠进口，我感到担忧，必须把科技创新独立重视起来，敢于异想天开、勇闯无人区！”王延光以“科技自立自强”为己任，自主开发了勘探决策支持、软硬件资源共享、STseis地震成像、科技管理、油藏地球物理等多套软件系统，打破了技术垄断，做出了超越前人的原创性成果，推进了地震技术进步，提升了中国石化的核心竞争力，也充分彰显了一位石油老党员的“硬核精神”。

我只是一个“符号”

参加工作38年来，王延光一刻也没有停下过前行的脚步，年年有立项，岁岁有成果。博士出站后不久便先后承担两期国家“863”重大科研项目、四个国家重大专项与研发计划以及多个中国石化“十条龙”、重大科研与先导项目，取得了丰硕的科研成果，解决了物探工作部分“卡脖子”难题；在学术成果上，他曾获国家科技进步奖二等奖3项，省部级科技进步奖28项，局级科技进步奖22项，申报国家专利25项，登记软件著作权9项，发表代表性论文60多篇，出版专著3部；而加诸他身上的荣誉一样很多，2009年荣获山东省首届杰出工程师、中国石化突出贡献技术专家、勘探开发领域（物探）中青年领军后备人才等荣誉，2020年获得中国石化集团公司最高科技奖——科技创新功勋奖。

当被问到获得这些奖项有何感受时，王延光脱口而出："靠的是团队，我只是一个符号。"王延光觉得，自己取得这些成就离不开集团公司对物探工作的重视和支持，离不开胜利油田这片沃土，更离不开一支优秀上进的团队。"希望有一天，物探技术能发展到把地下看得一清二楚，这是物探永恒的追求。"相信这也是王延光以及更多找油人前进的动力。

回首三十八载，他的足迹遍布祖国各地，却始终未离开我国石油勘探开发的轨迹，他用自己的勤劳和智慧攻克了一个又一个石油物探界的难题，在中国石化物探事业上空划出一道道优美的"上行线"。

（胜利油田）

飞机岭上出“传奇”

2004年12月，在集团公司和地方政府大力支持下，茂名石化公司百万吨乙烯改扩建项目顺利开建。

这是我国拥有自主知识产权的大型乙烯成套技术的首次工业化应用，设备国产化率达87.6%，核心设备均为我国自主制造。

但是，受气候、设计、设备制造、施工力量等多重因素影响，建设初期，进展异常缓慢，到2005年上半年，工程进度比总体统筹滞后3个多月。集团公司组织业内专家现场会诊后，一致认为，2006年9月28日按期投产已经成为不可能的事情。

“茂名石化有着敢于攻坚啃硬、善于创造奇迹的光荣传统，我们要发扬‘智慧+实干’精神，把不可能变为可能、把可能变成现实！‘9·28’投产目标决不能有丝毫动摇！”在动员大会上，公司领导发出了奋力打赢乙烯扩建攻坚战的动员令。

“梦想不是空想！实业必须实干！”经过调整的项目建设领导小组，马上组织骨干全面分析、研究，提出并实施了一系列超常推进工程建设的重要举措：找准影响工程建设与投产的关键因素，列出所有困难，逐个立项攻关；按照按期投产的目标，倒排工程统筹，明确关键节点，细化每一天任务；组织“百日会战”、重点任务攻坚战役，激励参战人员超常苦干实干。

一场注定载入茂名石化光辉发展史的工程建设攻坚战全面打响！

施工力量投入不足，是影响工程进度的重要因素之一。公司领导马上约谈负责某重点项目的承包商主要负责人："在集团公司党组交给的任务面前，在关系国家石化发展大局的大是大非面前，没有任何情面可讲！要么全力以赴干，要么退出！三天后，如果施工力量仍然不足，就核减你们的工程量，交给有能力的承包商！"

这一招"釜底抽薪"，使这家承包商感受到了巨大压力，马上连夜从全国各地的建设基地抽调骨干，租用专机空运增援，短短两三天时间就增加了 1000 多人！

一石激起千层浪。茂名石化的"铁腕"治理，在承包商中产生了强烈反响，各施工单位不待扬鞭自奋蹄，纷纷想方设法调集精兵，工地上迅速掀起了施工高潮。

为了发挥建设单位的主观能动性，公司对承包商进行关键节点的安全、质量、进度三大指标考核，安全、优质、按时完成的，给予奖励；安全优质提前完成的，给予重奖；安全、质量出问题，或者未能按期完成任务的，给予考核扣罚。

这一措施调动了承包商的创造性和积极性。各承包商内部也建立了相应的激励机制，建设工地呈现出了前所未有的创新、实干热潮。

主力承包商们创新方式方法，大胆采用大件设备一体化总装、交叉平台作业、工厂化预制、模块化安装等施工新方法新技术，既确保了施工安全质量，又大幅提高了施工效率。

为争取作业时间，高处作业人员用绳子把盒饭吊上去吃；作业期间不喝水，为的是把上厕所的时间省下来多干点活。

在地下管网施工中，土质松软易塌方、地下水涌大、台风暴雨等给施工作业造成了很大困扰。参战人员一身泥水一身汗，每天奋战近 20 小时，硬是将被大雨延误的工期抢了回来。

由于不适应南方湿热气候和连日加班挥汗奋战，五建项目郭经理和不少员工患上"烂裆"皮肤病，大腿两侧红肿疼痛。为了不耽误施工，

他们谁也不吭声。每天一大早，当人们看到这群自称为“企鹅突击队”的西北汉子一瘸一拐走向工地时，无不为之动容。

关键设备首次由国内生产厂家制造，困难很多。于是，公司物资供应中心领导带领业务骨干，分头驻厂盯守，协调解决问题，督促厂家按期保质供货。

2006 年元旦、春节假期，所有施工单位不停工。公司协调外地参战单位，邀请员工家属来茂名陪建设者们过年，还给参建单位送去了丰厚的慰问品，让所有参战人员感受到了如在家过年一般的温暖。

节日期间，工地上热火朝天。红烧肉、香油鸡、海鲜等茂名特色菜暖了施工人员的胃，暖了参战人员的心。

“试车和开车，一字之差，但两者之间的效益与效率差距却是天壤之别！”装置建设如火如荼之际，开车准备工作已经全面启动。经过综合分析研究，公司决定改变传统的新装置“试车”模式，装置建设好后直接进入开车环节，而且要保证开得起、稳得住、有效益。

经过反复研讨、论证、优化，一个前所未有的项目开车方案出炉了！利用第一系列生产装置的资源，采取“倒开车”的方式，从下游开始，建成一套、中交一套、投产一套，以最大限度压缩开车时间、减少物料损耗！

与国外成熟的乙烯装备技术相比，国产设备技术的首次工业化应用，无疑是对茂名石化的一次严峻考验。但在公司领导班子带领下，公司参战骨干经受住了考验，2006 年 9 月 17 日上午 10 点，新建裂解装置稳定生产出合格产品，茂名乙烯改扩建项目比计划提前 11 天建成投用！

为了这一天，许许多多参战人员付出了艰苦的努力。有的青年婚期延了再延，有的员工把孩子送回老家，或者送邻居托管。在装置心脏设备裂解气压缩机试运期间，技术骨干们连续五天五夜坚守现场，精心调试，一丝不苟，成功驾驭了这颗“中国心”。

17 年前，茂名石化人用“智慧 + 实干”创造了我国乙烯工业建设史上的“传奇”。新一代茂名石化人，必须传承好石油精神石化传统，用“智慧 + 实干”这把金钥匙，开启高质量发展的新征程。

（茂名石化）

不走的红军

扫码观看视频

该视频以情景剧的方式，讲述了普光气田的安全高效开发历程和成就，通过跨越时空的对话，展示了中原石油人奋战巴山蜀水、为祖国找油找气，攻克了一系列世界级难题，在川陕革命根据地的主战场——达州，打造了高含硫气田开发“中国样本”——普光气田的壮举。普光气田是我国首个成功开发的百亿方级高含硫整装海相气田，是国家“十一五”重大工程——“川气东送”工程的气源地。自 2009 年投产以来，累产天然气突破 1100 亿立方米、硫黄 2200 万吨，为长江沿线 6 省 2 市 80 多个大中型城市的上千家企业、2 亿多居民提供源源不断的清洁能源。普光气田已成为保障国家能源安全的重要助力，为长江经济带绿色发展，为美丽中国建设做出了积极贡献。

（中原油田）

翻越下一座高山

杜国爱好不多，长年坚持下来的爱好中，登山是其中一个。他喜欢那种翻越重重险阻后的收获与畅快，就像工作中克服重重困难一样。对杜国来说，入职沧炼以来的每一次技改，都如同翻越过一座座从未攀登过的高山。从基层技术员到企业管理者，跨越阻碍，克服困难，一个个不眠之夜，是他抵达山巅的每一步。

已是深夜，生产技术部办公室的灯依然亮着。45 岁的部门经理杜国，头深深地埋在办公桌上那摞高高的技改资料中，直到一两个小时之后，他才抬起头，揉了揉僵住的脖颈，起身来到位于办公楼顶层的生产调度指挥中心。站在窗前向外望去，可以看到厂区灯光通明，这是杜国最喜欢的放松方式。

遇见高山

一晃，杜国在沧炼工作已经 20 年了。20 年里，他组织了焦化装置年加工能力 120 万吨扩能改造工程，参与了 5 次全厂大检修，由他处理解决的各种生产难题数不胜数。他是同事们眼中的高山——对厂区内的每一套装置、每一个流程、每一项重要参数都了然于心，先后获得过集团公司青年岗位能手、集团公司节能先进个人、公司劳动模范等称号。而在杜国看来，这一切都与他心中的高山——第一任师父陈树春息息相关。

陈树春是集团公司的劳动模范，也是出了名的严师、名师，对徒弟要求极高。

比如，陈树春要求杜国每天都要擦拭一遍设备，还不能占用工作时间。那时候，杜国负责的机泵有20多台，全擦一遍得一两个小时。这不光是为了干净，也是为了熟悉设备，并在擦拭的过程中及时发现问题，确保安全生产。根据公司要求，技术员每两小时就要巡检一次设备，而工作时间外的擦拭工作，相当于又增加了一次巡检。陈树春语重心长地对杜国说："别小看这份付出。我当技术员时，好几次机泵运行异常都是在擦拭过程中发现的。"如今，20年过去了，杜国早已从基层技术员成长为企业生产管理者，但每天上班前擦一遍设备的习惯，他依然保留着。不光师父要求严格，杜国对自己的要求也毫不逊色。"焦炭塔试压的压力是多少？""新塔预热目的是什么？"类似这样的问题，杜国每天都有十几个。就这样，仅半年时间，杜国就熟练掌握了焦化装置焦炭塔、分馏岗位的操作，连师父也对他刮目相看。

独挑大梁

2010年，已经是炼油三部工艺主任的杜国，迎来了一次大考——焦化装置120万吨/年扩能改造工程，他任总指挥。那一次，杜国面对的是炼油三部历史上前所未有的设备大改造。要将装置加工能力从50万吨/年改至120万吨/年，除保留一台加热炉、两座焦炭塔外，其他设备、管线全部拆除重建。为了确保工程顺利完工，杜国连续6天6夜没离开单位，无论白天黑夜，他总是出现在装置现场，拿着图纸反复比对设备、管线安装位置、流程走向。扩能改造工程，时间紧、任务重、难度高，队员们难免会遇到解决不了的难题，焦虑和挫败感像乌云一样笼罩在大家心头。每到这个时候，杜国都是团队中最“放松”的一个，不断为队员们缓解压力、提振士气，一起解决问题。大伙儿都说，他是团队的定盘星，有他在，什么困难都能迎刃而解。

其实，杜国也承受着巨大压力。虽然他的业务能力足以应对种种难题，但那毕竟是他第一次独挑大梁。为了不让自己分心，他甚至跟家人约法三章——没有极特殊情况，不要给他打电话，尤其是两三岁的女儿。女儿是杜国的心头肉，平时怎么亲近都不够，但为了工作，他需要有所取舍。可即便如此，紧张的情绪依旧存在，6 天 6 夜里，他吃不下、睡不着，瘦了五六公斤。新的焦化装置首次运行那天，从不迷信的杜国在心里默念起了“老天保佑”，直到耳边传来了人群的欢呼声，他才如释重负。

挑战山峰

20 年来，杜国不断挑战自己，走到哪儿学到哪儿，从操作工、技术员、安全工程师，到炼油三部工艺主任、储运部经理、生产技术部经理，无论在哪个岗位，他都能成为行家里手。

安全生产无小事，半点儿都不能懈怠。

在生产技术部，作为公司核心部门负责人，杜国要负责公司所有生产装置的正常运行，以及安全生产、节能降碳、生产调度、原料进厂、产品出厂等一系列工作。如果把公司比作一口不断进水、出水且要始终保持盛满状态的水缸，生产技术部就是那台全天候工作的水泵。为此，杜国这些年动不动就住在单位里，时间最长的一次，有一个多月。平日里，即便回家休息，他也是手机不离身、24 小时开机。“干我们这行的，时间越久，胆子越小。”这些年，杜国越发害怕手机在夜里突然响起。好几次，职工因有急事打电话请假，睡梦中的杜国总会被惊出一身冷汗。放下电话，却怎么也睡不着了。

说是“胆小”，其实更多的是责任和担当。2022 年，公司研究生产低硫船用燃料油，杜国再次被委以重任。这一次的难度不仅仅体现在新产品的研发上，为了保证能够按时完成生产任务，公司采取了边生产边施工的方案，这无疑增大了施工的难度。制定流程、协调原料罐、成品罐、装置改造……一个个难题接踵而至，杜国被埋在了问题堆里。那段时间，对杜国来说，熬通宵是常有的事。每个人都能看出他满身疲惫，但只要来到工作现场，他立马神采飞扬，和团队一起研究每一个方案，逐一分析优缺点，直到制定出最佳解决方案。不单单是研究生产低硫船用燃料油，2022 年，杜国组织修订工艺参数报警值，将报警合格率提升至 99.99%；加强装置平稳率管控，全厂平稳率达到 99.64%。

“人生就像爬山，只有努力攀登，才能领略山顶的美景。有梦想的人，永远不惧怕下一座高山！”杜国说。

（沧州炼化）

家　国

扫码观看视频

江汉石油工程公司钻井二公司 70635JH 钻井队有三个亲兄弟，他们来自甘肃武威同一个家庭。老大胡文科，老二胡文学，老三胡文斌，他们把江汉钻井作为共同事业，三个人比着学、比着干、比着奉献，都成长为该队的骨干。但是随着父母慢慢变老，哥儿仨坐在一起，决定让老大回家照顾二老，在家里尽孝，老二、老三继续留在井队，为端牢能源饭碗奋斗，也算为国家尽忠，这样就有了“家国”的故事。

（江汉石油工程公司）

征服死亡之海

扫码观看视频

我国新疆地区的塔克拉玛干沙漠，被称为恐怖的“死亡之海”。塔克拉玛干大沙漠是我国最大的沙漠，它是世界上最大的流动沙漠，在它的中心地带有多种复杂形状的沙丘，长年累月的风吹日晒让这里变成了生命的死亡之地。

在这片号称“死亡之海”的大沙漠中，有一条非常独特的贯穿大漠南北的公路——塔克拉玛干沙漠公路。这是世界最长的贯穿流动沙漠的等级公路，也是中国最早的沙漠公路，由四条公路组成，其中的第一条公路是轮台—民丰沙漠公路（1995 年贯通，2014 年编入 216 国道），中国石化石油工程建设公司中原建工公司承揽的是塔中—民丰段。本片讲述的是石油人当年征服沙漠，创造人类奇迹，成功修筑沙漠公路的铁军故事。

（石油工程建设公司）

点石成金

聚丁烯-1供暖管材，耐腐蚀、不结垢，抗压性能优异且具有很好的静音效果。中国国家大剧院和迪拜帆船酒店的地暖系统都是它铺就的。

如此优异的性能，使得聚丁烯-1成为国际公认的高端聚烯烃材料之一。每吨3000～4000美元的高昂价格，使它赢得了“塑料黄金”的美誉。

然而很长一段时间内，全球只有两家企业掌握其生产技术，并不对外许可，使高性能聚丁烯-1产品长期被国外垄断。近二十年来，中国乙烯工业快速发展，大量丁烯-1单体资源亟待利用，如何进一步提高装置的经济效益，扩展下游产品链，是石化行业面临的严峻问题。

面对此问题，北京化工研究院坚持面向国家重大需求，充分发挥新材料领域大兵团作战优势，汇集了来自四个研究所的科研人员，组建成联合攻关团队，决心做点“石”成“金”的魔术师。

习近平总书记在中共中央政治局第三次集体学习时强调：“要强化基础研究前瞻性、战略性、系统性布局。”4000多个日夜里，北化院的科研人员立足丁烯-1单体和聚合物性能的多项基础研究成果，提出了均相本体法丁烯-1聚合技术的研究思路。从第一次在小试上成功验证该方案的可行性，到第一次实验得到高等规度样品，第一套聚丁烯-1深度脱挥装置以及第一套连续聚合模式装置的建成投用……每一个环节中的技术突破，都是北化院科研人员怀壮志以奋发，在创新中前行的真实写照。

科研团队中，既有高瞻远瞩的“70后”集团公司高级专家，也有经验丰富的“80后”院专家，还有“90后”青年成员。老一辈科研工作者传授给青年科研人员的不仅是仔细严谨的科研态度，更是无悔奉献的石化精神。装置运行期间，有的老专家纵然腰伤在身，依然坚持走遍装置的每一个角落，核对每一个数据，思考每一个改动的合理性。在前辈身上，青年科研人员看到的是不畏艰难的勇气、一路前行的笃定和科研工作者勇担国家战略科技力量的责任与担当。

2022年2月8日，是每一位参与聚丁烯项目攻关的科研人员都难以忘怀的一天。由5家单位联合开发，共同推进完成的3000吨/年聚丁烯-1工业示范装置开车成功，实现72小时满负荷连续稳定运行。此次开车成功，标志着中国石化在高端合成新材料领域取得了重大突破，成为全球第四家、国内第一家具备连续、稳定生产高性能聚丁烯-1产品的领军者。团队现已开发生产9种不同牌号产品，累计申请国家发明专利25件，8项专有技术通过中国石化科技部认定。

下一步，北京化工研究院将锚定高水平科技自立自强的战略目标，勇担国家战略科技力量重任，持续加大高端材料研发投入，开发更多高端聚丁烯-1新牌号，拓展聚丁烯-1产品的应用领域，为管材、医疗卫生、食品包装等行业关键材料自主可控、提升市场竞争力提供强有力的支撑。

（北京化工研究院）

特油引领 未来可期

这三年受疫情影响，特油面对的挑战前所未有。

从外部环境看，市场竞争空前激烈、客户需求持续低迷、交通运输经常中断、外贸出口严重受阻。从内部环境看，企业转型发展迫在眉睫。

公司领导多次到特油部调研，要求特油破局先行：化危机、辟新路、拓新品、推高端、创品牌。面对公司的重托和期望，特油团队坚信：只要思想不滑坡，办法总比困难多。

特油销售团队经理崔洪明身先士卒、“挂图作战”，及时跟踪市场，拓市促销。下面三个销售小组你追我赶，互帮互助，展开擂台赛。高档白油经理陈辉头脑活、点子多，排除万难，身体力行，外号“拼命三郎”；轻质白油经理刘定峰，网络技术高、拓市能力强，是新产品推介的“发言官”；工业白油经理李刚懂业务、会沟通，营销业绩突出，人称“抢单大师”。

公路中断，那就想办法开通公铁联运。2020 年疫情暴发初期，部分产品只有汽车装车流程，产品出不了厂，销售陷入困境。陈辉大胆提议：利用空闲的火车轨道，通过汽车短倒一装火车，公铁联运的办法，解决铁路发运最后一公里难题。他与相关单位反复协调车皮计划、采样时间、火车铅封、安全监护等具体问题。3 月 8 日第一次短倒，偏逢天公不作美，下起了大雨。“不能让雨水从倒装口漏入，影响白油质量！”陈辉和同事们为倒装口绑上防雨布，冒着大雨，一直在倒装现场看护到

夜晚 12 点半才结束。3 月的雨水打在身上散发透骨的凉意，但是我的同事们只有一个念头：保出厂、保质量、保信誉、保效益。

疫情肆虐，不能拜访客户，那就想办法视频电话联系。疫情严重期间，销售人员每天使用电话都在 5 小时以上，反复与客户沟通产品质量、使用性能、发运方式。陈辉白天忙于发货，晚上回到家也是电话不断，为了不影响女儿的高考，他住到了父母家，孩子冲刺阶段的缺席，成为他心底最深的遗憾。

商机就是迅速。2021 年 5 月底，高档白油组敏锐地捕捉到 100 号高档白油的国际需求信息，销售团队立即行动起来，全力攻坚。7 天内就完成了产品技术标准确定、生产方案制定；30 天内完成了第三方检验、商检、货物运输鉴定、海关备案、报关出口等复杂工作。6 月 29 日，由荆门石化定制的高档白油完成装车，发往德国某公司马来西亚分公司，敲开了国际市场的大门。

客户就是上帝。2021 年 12 月初，镇海炼化、燕山石化白油库存告急。销售团队经过昼夜努力协调，连夜紧急安排发运，并合理规划路线，克服运输途中宁波、天津发生疫情的困难，将产品顺利送达，镇海炼化、燕山石化均来函致谢。2022 年我们独家供应系统内白油 3.75 万吨，得到 39 家企业一致认可，并得到总部高度肯定，2023 年再次拿到中国石化内供白油独家供应权。

市场就是调度令。荆门石化地处内陆，地域条件差、加工规模小、生产成本高。为充分用好盘活特油资产和资源，市场需要什么，我们就研发生产什么，从初级到高端，从跟跑到领跑，一切跟着市场指挥棒走。目前白油系列、导热油系列、再生剂系列产品的产量、品种、市场占有率均位列全国前三名，68/100 号Ⅱ型白油、页岩气钻井专用白油、玻璃胶专用白油、彩色油墨专用白油已成为国内第一品牌。

抓机遇就是抢效益。2020 年 4 月原油暴跌至负数，我们抢抓高黏度白油因进口油的船期不确定的机会，白油销量创历史新高，高档白油销量至 9000 吨同步创历史新高，同时将其价格推高至原油 65 美元水平，较好实现高档白油量价齐升。

2022 年，国际原油跌宕起伏，特油系列产品全面推涨 30%，白油系列、导热油系列、再生剂系列产品价格均创历史新高。“五一”小长假白油首次尝试节前推价，取得较好效益；6 月在原油价格最高点果断将白油产品清空；8 月抓住台海危机，尽管原油价格一路阴跌，但白油价格平均推涨每吨 500 元；9 月原油价格再次下跌 15%，白油价格再次平均推涨每吨 400 元；10 月公司全厂大检修，白油销售采取饥饿销售模式，白油平均价格超每吨 9000 元，68/100 号高档白油首次突破每吨 1 万元大关。

超常决心、超常举措、超常力度，克难奋进，每个人都是践行者。

2020—2022 这三年，荆门石化特油部开疆拓土，第一次集装箱运输、第一次公铁联运、第一次白油内供、第一次线上销售、第一次春节国庆长假推价、第一次大数据精准开发新客户、第一次获评总部标杆基层单位、第一次替代进口产品、第一次走向国外、第一次领跑进口品牌、第一次与全球最大化纤企业合作，整整 11 个第一次。

此外，他们灵活营销，调整价格 1000 余次，白油产销量翻番；践行专家营销，实现了 4 个第一品牌；化天灾为机遇，高档白油市场占有率翻番，替代进口，并打入国际市场；创新销售模式，实现白油内供、石化 e 贸、智能提货等全新销售模式；产品创新，开发出 15 个特油新品种，白油团队被评为总部优秀创新团队，特油成功入选总部“十条龙”攻关项目；管理创新，特油管理成果获国家二等奖、湖北省一等奖。

这些成绩的背后不仅有总部领导和职能部门的关切、荆门石化领导的重托、各处室的大力支持，还凝聚了特油部 311 名全体员工敢于创新的智慧，敢于吃苦、敢于胜利的战斗力。

特色化、规模化、高端化、品牌化，荆门石化特色转型发展蓝图需要全体员工共同绘就。

（荆门石化）

铁军“1”字号井 天地见精神

——中原石油工程铁军鏖战“1”字号井的故事

1 字号井，代表着顶天立地的钻塔，代表着从无到有的突破，孕育着一个新油气田的希望。无论黄河两岸群雄逐鹿，还是大江南北纵横驰骋，中原石油工程人坚守“我为祖国献石油”的初心使命，用满腔热血与奉献精神书写着 500 多口 1 字井开山力作，展示着“中原铁军”坚韧不拔的形象，诉说着可歌可泣的动人故事。

山路再弯再难，挡不住挺进巴山的脚步

2001 年 9 月，位于四川省达州市的普光 1 井即将开钻。中原石油工程 70128 钻井队的铁军将士，从中原大地千里挺进大巴山。

蜀道难，难于上青天。这里层峦叠嶂、峭壁林立、路窄沟深，夏秋细雨绵绵、冬天阴冷潮湿，在这样的环境中施工，困难重重。最先考验他们的是设备搬迁。钻井架、泥浆罐、柴油机等，轻则几吨、重则几十吨。光是看着头顶的峭壁、脚下的悬崖，都不免心有余悸，更别说把这些超重、超宽、超长的设备转运到山上。

为了提前开钻，大家“有条件要上，没有条件创造条件也要上”，艰苦奋斗，千方百计克服困难。

上山时，为防止翻车，用拖拉机前面拖，铲车后面推；下山时，为防止车辆打滑，就把枕木、稻草塞到车轮下，再用铲车在后面拉。特别

是遇到U形急转弯，车辆几乎没有转弯半径，就用50吨的吊车直接将车尾吊过去。从210国道普光出口到井场，短短20公里，就有50多个U形弯。他们一弯一弯地绕，一步一步地挪，一车一车地倒，经过10天奋战，120多车设备终于抵达现场。虽然大家的脸庞晒黑了、膀子磨肿了、双手磨破了，但是提前5天完成搬迁任务，为早日开钻赢得了主动。

在决战决胜普光1井的艰辛日子里，“中原铁军”逢山开路、遇水架桥、集智攻关、群策群力，攻克了世界钻井难度顶级的复杂地质构造，战胜了井斜、垮塌、喷漏和高含硫气田开采的世界级技术难题。普光气田华丽诞生，向世人证明，钻井再难，难不倒敢打硬仗的“中原铁军”。

从此，“中原铁军”威名响彻巴山蜀水。

雪域高原“生命禁区”，缺氧不缺精神

在西藏，流传着这样一句话：到了昆仑山，如进鬼门关；上了唐古拉，死神把手抓。但是，中原石油工程的 70867 钻井队，在藏北羌塘盆地无人区施工羌科 1 井，创造了世界钻井史上的奇迹。

他们刚翻过海拔 5394 米的念青唐古拉山口时，全队人员出现了不同程度的高原反应，大家呼吸困难、头快要炸了似的。在这里，即便是普通感冒，也可能导致肺水肿、脑水肿，危及生命。但当时已经是深夜 12 点多了，路上没有食宿地，更没有医院。大家只能轮流使用应急氧气包，服用红景天，靠着坚定的信念熬过了人生最为漫长的一个夜晚。

羌塘的天，如同小孩子的脸，说变就变。进入雨季，连续三个月，每天狂风暴雨夹杂着冰雹席卷而来，通往井场的道路多处被冲毁，物资运输全面瘫痪，车辆深陷泥潭最长达 15 天之久。

如果油料不能及时补充，施工就无法运行；如果生活物资不能及时到井，员工就得忍饥挨饿。关键时刻，“中原铁军”抽调人员把守在各个关键点，大家扛沙袋、填沼泽、修涵洞、疏河道，一边抢修道路，一边保证正常生产，奋战 70 多天。

艰苦不怕吃苦，缺氧不缺精神。一口井下来，人均瘦了 20 多斤。该队平台经理激动地说：“这口井是我们 60 多名兄弟用 1200 斤肉换来的！”这是多么朴实沉重的语言，又是如此滚烫而扎心！

地可动山可摇，施工的探井像命一样重要

2008 年“5·12”汶川大地震时，中原石油工程 70117 钻井队的网电钻机突然停电。带队施工的平台经理李忠寿意识到，取心井段上方有 400 米的盐膏层，地震造成盐膏层蠕动，极有可能导致卡钻、套管变形，

一旦套管错断，这口井将彻底报废！必须尽快起钻，回灌泥浆！柴油机工马上发电，不到两分钟，动力恢复，钻机重新运转。

钻井队党员骨干自发组成突击队，将一袋袋加重剂扛到泥浆罐旁，迅速添加到搅拌罐里。大家不顾泥泞路滑，跌倒了爬起来继续扛，终于，泥浆顺利回灌井筒。经过 5 个小时连续奋战，他们成功取出整筒岩心，排除了一起重大井下隐患，避免了千万元的经济损失。

40 多年来，中原石油工程队伍相继发现元坝气田、涪陵页岩气田等 23 个油气田，在国家科学钻探、中国石化“深地工程”建设领域，先后施工大陆科探 1 井、红参 1 井、元深 1 井等 500 多口“1”字号井，数量之多全国独有。中原石油工程“铁军”是披荆斩棘的先锋队，是勇于担当的探路者，是勘探开发的主力军，被誉为国内陆上钻井的旗帜和标杆。

铁军“1”字号井，天地见精神。以“1”字号为代表的数万口施工井，是中原石油工程“千军万马”决战决胜的战场，是千难万险干事创业的舞台，是千锤百炼淬火成钢的熔炉。他们深知，选择了石油，就选择了责任和担当；选择了钻井，就选择了奉献和坚守。这就是以身许国的“中原铁军”！这就是传承石油精神、弘扬石化传统的“中原铁军”！

（中原石油工程公司）

4 2023.6.19 星期一 中国石化报 文化

河南油田围绕支部建设、产业兴旺、生态宜居、文明幸福等工作，开展精准帮扶，努力把河南省邓州市腰店镇燕店村建设成新时代的"明星村"

河南有个"明星村"

我们的40年

企业文化故事会

"铁军"1字号井 天地见精神

——中原石油工程公司鏖战1字号井

1字号井，代表着顶天立地的钻塔，代表着从无到有的突破，孕育着一个新油气田的希望。无论黄河两岸群雄逐鹿，还是大江南北纵横驰骋，中原石油工程人坚守"我为祖国献石油"的初心使命，用满腔热血与奉献精神书写着500多口1字井开山力作，展示着"中原铁军"坚韧不拔的形象，诉说着可歌可泣的动人故事。

中原石油工程70128钻井队在四川省达州市打的普光1井。

海拔高千丈更高，中原石油工程70867钻井队在藏北羌塘盆地无人区施工羌科1井，创造了世界钻井史上的奇迹。

中原石油工程70117钻井队经过5个小时的连续奋战，成功取出整筒岩芯，排除了重大井下隐患，避免了千万元的经济损失。

山路再弯再难 挡不住挺进巴山的脚步

雪域高原"生命禁区"缺氧不缺精神

地可动山可摇 施工的探井像命一样重要

油嫂撑起一片天

中原石油工程钻井二公司的油嫂上井场开展志愿服务活动，帮员工缝衣服、理发。

文化短波

北化院邀请中学生开展科普实践

以中国石化成立40周年为契机，《中国石化报》第4版"文化"推出《企业文化故事会》栏目。2023年，该版共刊发19期《企业文化故事会》。本期讲述了中原石油工程公司的奋斗故事，展示了"中原铁军"坚韧不拔的形象，传递出中原石油工程人百折不挠、勇于担当的奉献精神。

火车头当锅炉

20世纪60年代初，正是“高天滚滚寒流急”的艰难时期，国家经济困难，苏联专家撤走，开矿炼油成本过高，石油系统要集中人、财、物投入大庆油田会战，茂名页岩油厂面临“下马危机”。

冯耀宗：“大庆出来以后，把茂名的设备，主要设备都拿走，把苏联给我们的整套设备都拿走了。”

面对现状，茂名石化第一代领导人作出了“又让又上”的决策，一边支援大庆油田会战，一边组织生产自救，确保矿山主体建设不停步的同时，集中力量筹建100万吨/年的常减压蒸馏装置，准备接炼天然石油。

当时阿尔巴尼亚有意向我国输出原油，就近接炼阿油，是为广东乃至全国经济发展“加油”不可多得的良机！

60年前的4月，茂名石化第一套常减压蒸馏装置成功投产，使公司实现了从石头里榨油向加工天然油的历史性大转折，为公司不断做强做优做大奠定了基础。

在那个物资匮乏、技术落后的年代，建成投用这样一套装置，需要解决的困难之多、之难可以想象。今天，我要讲述的，就是冯耀宗等老一代技术人员强执行，奋力解决影响装置开汽“拦路虎”的故事。

1960年12月，公司第一套常减压蒸馏装置动工建设，第一代建设者克服重重困难，于1962年基本完成装置建设。

1962年底，阿尔巴尼亚有意愿向新中国输出原油。这是成立不久的新中国在能源领域突破西方“包围圈”的一个良机。

由茂名接炼这第一船原油，既是党和国家赋予的重任，更是茂名石化自身生存发展的机遇。

公司马上全面投入各项准备工作。

装置建设的收尾、检查，加工方案制定，湛江港原油库建设等各项准备工作迅速以超常效率铺开。但由于资金、技术等多方面原因，配套的锅炉无法按期建成投用。万事俱备，只欠蒸汽！

众所周知，炼油装置开工必须依靠蒸汽传递热能和动力，没有“汽”，何谈“开汽”？

蒸汽问题成了绕不过去的“拦路虎”！

公司下达指令，要求技术组全力以赴攻克这个难关！

技术组开了一次又一次诸葛亮会，反复分析、推演，不论采用什么办法，原油到港前，锅炉都没办法投入使用。

此时，从阿尔巴尼亚运出的第一船原油已经在驶往我国南海的途中，百废待兴的新中国能否高效接炼这船原油，成为国际社会关注的焦点。一旦原油运抵湛江港，而茂名的炼油装置却迟迟无法接炼，势必严重影响新中国的国际形象，势必给新中国的国际合作带来负面影响！

怎么办？！大家一筹莫展，心急如焚！

“我们能不能跳出传统思维，换个角度想这件事？”在大家苦思冥想了几天后，技术干部冯耀宗突然灵光一闪，想出了一个主意：通过火车头烧煤来产出蒸汽、驱动机车运行，一个火车头不就是一台小锅炉吗？我们能不能用多个火车头串成一个大锅炉，输出蒸汽供装置生产？

听到这个匪夷所思的主意，会场沉默了片刻，很快大家就反应过来，纷纷拍案叫绝！

这个办法也得到了公司领导班子的认可。

公司收集了现有的几台旧机车，加上各地支援，以 13 台旧机车组成的“蒸汽车间”，很快在厂区内开始了夜以继日的改造试验。

试验过程中，问题层出不穷，冯耀宗带领一批锅炉工昼夜不停地进行改造与测试。对其中 5 台比利时机车实地试烧，开始是烧煤，但煤的热值低，如果按每小时出 50 吨蒸汽、每吨蒸汽需要 1 吨煤来计算，一天就得消耗 24 车皮的煤，如此大的消耗量，临时的场地无法周转。他们又尝试由烧煤改为烧油，但难题又一个个蹦了出来，烧油需要拆除自动送煤器、铺设输油管线等，甚至炉膛也得调整改动。

这些都难不倒大家，心灵手巧的工人师傅们硬是一一破解了这些难题。

当蒸汽管网和配套工程完工后，火车头供汽正式开始了。只见 13 台火车头在铁轨上排成阵势，一齐大声吼叫着。

200 多名司炉工、给水工、检修工日夜坚守现场，师傅们手推肩扛，一车一车、一锹一锹地为机车上煤供油，给水出灰，汗水湿透衣背，全身都被煤尘染得乌黑，但没有一个人退却，所有人豪情满怀，所有人斗志昂扬！

13 台机车输出的蒸汽汇集一起，源源不断地输往装置，高峰时每小时供汽量近 100 吨！

1963 年 4 月 28 日，这是一个值得铭记的日子。这一天，油厂沸腾了，第一套常减压装置安全开汽一次成功，中国茂名成功加工第一船阿尔巴尼亚原油，开启了新中国能源发展新篇章，开创了公司加工天然石油的新纪元！

装置投用后的第一年，公司就实现了首次盈利 139 万元，开始了阔步向前的炼油发展新征程。

用火车头替代锅炉产汽、供汽的壮举，不但保证了这套装置的投产成功，还担负了后续的热裂化装置、洗涤装置、卸油台以及原油车间的供汽。这种供汽方式一直延续到 1972 年，整整坚持了 10 年时间。直到催化裂化两台小锅炉投用，火车头供汽才完成了它的历史使命。

斯人已逝，风范长存。60 年过去了，参与这一壮举的大多数建设者已经离去，但这套装置依然在发挥着重要作用。以冯耀宗为代表的第一代创业者敢创新、强执行、真落实，“没有条件，创造条件也要上”的精神，也代代相传，成为公司战胜各种艰难险阻、一步步发展壮大、创造一个又一个辉煌的重要动力，成为茂名石化企业文化的厚重底色。

（茂名石化）

三张照片映初心

初心，是一个人、一个单位最初的心愿、誓言和梦想。合纤一部是仪征化纤主体工程最早投产地，是仪征化纤建厂46年来筚路蓝缕、砥砺前行的一个缩影。这里有许许多多令人难忘的“第一次”，是见证仪化人初心和使命的地方，是名副其实的仪征化纤红色教育基地。这里有三张特殊的照片，背后的故事耐人寻味。

第一张照片：“红领巾阀”的故事

这是聚酯三单元仍在用的三通阀，中间的“红领巾阀”四个字表明了它的不平凡。故事要从1984年3月说起。当时的江苏省800万名少先队员，积极响应团省委“关心四化建设，支援重点工程”的号召，当从广播、电视中获悉仪征化纤工程建成投产一年的产量能为全国人民每人增添一身“的确良”新衣后，他们捡废圆珠笔尖、废电池帽等废铜，集资18500多元支援重点工程建设。同时，还精心制作了书画、笔筒，缝制了不少针线包等，以表示对重点工程建设者的亲切慰问。

1984年5月30日，江苏省少先队在仪征化纤举行了隆重的捐献仪式。少先队员代表在发言时说：“我们知道对于整个工程，这点钱是微不足道的，但这笔分分厘厘积攒起来的钱，饱含着全省800万名少先队员的爱国深情；表达了少先队员关心‘四化’，愿为‘六五’计划做贡献的强烈心声。奉献这笔钱的同时，我们打心底盼望仪征化纤厂——这一祖国最大的化纤工业基地能早日建成。”

面对全省800万名少先队员滚烫的心，仪征化纤党委研究后决定，用这笔宝贵的资金先后购买了聚酯用的三通阀和纺丝用的抽油嘴机，并挂牌命名，以此激励干部职工。

大家知道，仪征化纤是运用国家拨款和国内外贷款才起死回生、恢复建设的，开创了国有企业“借债建厂、负债经营”的先河。当时，仪化的建设者心中时刻装着两笔账：“工程早投产一天，可为国家创效110万元；晚投产一天，每天需多支付利息32万元。”“32 ∶ 110”，当年仪化人个个怀揣着这两个数字，变压力为动力，与时间赛跑，与效率争先。

1984年12月30日，仪化涤纶一厂第一条聚酯生产线全线打通，生产出合格的聚酯切片，广大建设者欢呼雀跃，现场一片欢腾！

信物是最好的历史，传承是最好的纪念。40年过去了，公司用全省800万名少先队员爱心捐款购买并命名的这只“红领巾阀”仍然坚守在现场、发挥着效用。“红领巾阀”，是江苏省人民关心重点工程建设的一个见证，是激励仪化人敢为人先、奋勇拼搏的一个见证，更是仪化人艰苦奋斗、精细管理的一个见证！

第二张照片：聚酯十一单元建成开车

这是一个令人难忘的时刻。2000年12月9日，国家经贸委“九五”重大科技攻关项目、中国石化“十条龙”科技攻关项目——国内首套年产10万吨的国产化聚酯装置在仪征化纤建成投产，一举打破了国外技术垄断，开创了中国聚酯装置建设国产化的道路。

只有真正了解我国化纤工业发展的人，才明白此事的重大意义。

20 世纪 70 年代至 90 年代，中国的聚酯工业快速发展，但国内聚酯企业的工艺设备、技术成了“洋设备”的“博览会”，这种长期受制于人的状况与我国聚酯工业的持续发展是极不相称的。向国外垄断技术挑战，走消化吸收、创新之路，涉及产、学、研和设备制造等多个环节，这个头谁来挑？ 1992 年 7 月，仪化人勇担历史重任，拿出一条聚酯生产线，联合华东理工大学、纺织部工业设计院和南化集团化机厂进行 30% 增容改造。当时，压力是相当大的。干不成，引进的聚酯装置将彻底报废，损失巨大！但仪化创业初期就流行这样一句话：“压力并不可怕，各种分子只有在一定的压力下才能聚合成新的物质，才有飞跃。”历时三年奋战，八单元改造一次成功，实际增容达到 50%。

1997 年，以蒋士成为代表的攻关团队，开始了我国第一套年产 10 万吨国产化聚酯成套设备和技术的攻关。历经一千多个日日夜夜，2000 年 12 月 8 日，该项目在仪化一次投料开车成功，彻底打破了国外技术垄断。

仪化年产 10 万吨国产化聚酯装置，结束了我国聚酯工业技术、装备成套引进的历史，带动了我国聚酯工业的跨越式发展，彰显了仪化人高擎自主创新旗帜、振兴民族化纤工业的担当和奉献，同时也深刻地警示仪化人——“保护知识产权就是保护企业的命根子”！

第三张照片：仪征化纤建厂 40 周年大合影

这是 2018 年 5 月，中央电视台大型纪录片《我们一起走过——致敬改革开放 40 周年》专题摄制组，在仪化原涤纶一厂门口留下的精彩一瞬。纪录片讲述了仪化建厂 40 年来为解决人民穿衣难，进而解决穿衣好所做出的历史性贡献。

照片讲述的是，原涤纶一厂的行政办公楼及附属建筑物就要拆除了，这里将建设年产 20 万吨熔体直纺环保型短纤项目。该项目建成投产后，仪化涤纶短纤维年产能将突破百万吨。曾在这里战斗过的新老职工闻讯后，自发聚集到这里，集体合影留念。他们身着不同年代、不同布料、不同款式、不同色彩的工装，定格了仪化人对峥嵘岁月的记忆。

这是一场告别，更是一个全新的开始。

仪征化纤的多位老书记都来了。参与最初筹建、第一个到仪征报到的龚伦兴老书记也赶来了。他回忆说，他刚来时这里还是一片农田。在来仪征的途中，他还写了《别故乡》这首小诗："回首遥望古梁溪，依依难离病中妻。志在'四化'创大业，新征途上步重起。"

看到仪化四十年沧桑变化，老书记们嘱咐大家：在新的赶考路上，改革创新再出发。仪化人牢记老书记们的殷殷嘱托，两年后，年产20万吨的熔体直纺环保型短纤项目建成投产，该装置生产的水刺无纺布短纤、原生抗菌中空纤维等产品，迅速驰援湖北、浙江、天津、山东等地抗疫急需，成为战疫"明星产品"。

不忘初心，方得始终。四十多年来，一代代仪化人坚持以满足国家和人民需求为使命，敢为人先，艰苦创业，改革创新，砥砺奋进，用智慧和汗水、用忠诚和奉献，为解决人民穿衣难，进而解决穿衣好、穿衣美作出了不懈的努力和不可磨灭的贡献。初心映射的精神品质，是企业最宝贵的财富，必将激励新一代奋进新征程、建设新仪化、再作新贡献！

（仪征化纤）

非洲雨林的“联通者”

加蓬位于非洲中西部，横跨赤道、西临大西洋，海岸线长800公里。独特的地理位置和并不便捷的交通条件，使位于加蓬热带雨林中的中国石化国勘加蓬公司油田生产现场与后勤基地让蒂尔港之间，只能通过水运或空运完成物资设备运输和人员倒换。

然而，油田生产是一分钟都耽误不得的。为了保证在确定的时间拿到油田生产所需设备、物资及人员，加蓬公司物流部如同雨林油田世界里物流网络的指挥家，从原产地拖车、动力保障、路线规划、港口优化，到海运和空运，将这些环环相扣的小音符串联起来，以最合理、高效的方式组合成油田生产的美妙合奏。

我们的团队，我的家

国勘加蓬公司物流部有3个关键词：敬业、活力、高效。此外因工作中常与人打交道，团队成员还普遍具有诚实守信和擅长沟通的特点。“整个部门在工作中上下同心、密切配合，在生活中如同家人一样亲密。”现任部门经理吕黎涛评价，“一个好的团队就是要团结带动周边所有人，并发自内心地尊重对方、关心对方，让大家一起快乐地成长。”吕黎涛自2016年到加蓬公司物流部工作后，结识了许多当地朋友，还曾以主教练身份带领加蓬公司篮球队连续两年获得省际比赛冠军。他会为部门里盖新房的当地员工出谋划策，也会在某位员工过生日或部门获得荣誉时，为大家精心准备集体早餐和香槟酒。作为部门中唯一的中国人，他一点都不觉得孤单。就像物流部Max Ngadi先生所说，“团队就像一个大家庭，虽然每个人的分工不同，但大家目标一致，都以能够为公司创造价值而努力和自豪”。大家的协作和友爱使团队始终像钟表一样精准地运行，每位员工都努力学习更多技能，每个岗位都能实现无缝衔接。

技术优化，促进安全效率“双提升”

“安全、效率、质量、服务、成本、整合”是油田物流工作的关键。物流部紧紧抓住这些要素，将每项工作细化再细化，持续优化运营计划，提前研判可能出现的各类风险和问题。为解决规范承包商行为的问题，他们采取了改进专用机器、控制人员数量、明确设备操作规范、制订检查规则等一系列措施，并定期检测检查，从而从制度和行为层面保障了承包商完全遵守运输安全、起重配送、环境管理和应急管理等方面的规定。为提高效率，他们采用了新技术，对运输车辆的地理定位和速度限制进行远程监测以降低安全风险，如在轻型和重型车辆上安装了MALAMBI系统，在污水处理车上安装了CANOPE系统，运输船只上安装了THEMIS和SKY TRACK系统，这样坐在办公室里就可以实时监控到车辆和行船的位置、行驶路线及速度，从而判断车辆设备是否保持正常运行。一旦车辆行驶超速，系统会发出警报并记录，当再次超速时就会导致车辆被撤回，甚至将违规车辆逐出作业现场。

“在具体物流工作中，我们会综合考虑运营、安全等因素，并通过持续的技术和管理优化，提升效率，改善安全工作的质量。”Max Ngadi说。

精心维护，实现风险成本“双降低”

为保证油田作业现场和运输过程安全高效，物流部定期根据系统大数据的分析结果，对车辆和设备进行更新和维护。近期购置的3台新叉

车和 1 台新起重机为部门注入了新活力。有一次，ZX 汽车制造商访问公司，原计划 30 分钟的拜访在物流部团队的“打破砂锅问到底”下，硬是持续了 7 个多小时，ZX 公司为团队的“严细实”工作作风深深打动，回去后立即根据新的工作环境、作业部门需求及用户反馈结果，对下一年更新车辆的型号和数量进行了调整，并主动将更新车辆送到作业现场进行安全测试。

对起重设备、船、驳船、推土机和污水处理车等重型设备，物流部更是高度关注，为其逐一制定详尽的维护保养计划，并协调运行时间，及时进行整修和维护保养。近期整修一新的克里斯蒂娜船重新焕发了光彩，一些污水处理卡车也在 Ortec Port-Gentil 车间完成了“洗澡”。他们还为 Tsiengui 油田柴油分配站配备了新的柴油和汽油综合罐，使柴油储存容量从 50 立方米提高到 150 立方米。

成本始终是物流管理中的重中之重。物流部将成本管理纳入日常管理活动，与财务、法律合同和运营部门共同制定战略，将运营和成本管理深度融合，极大减少和优化了不必要的成本支出，并随着内外环境变化动态进行预算调整，再通过资源整合实现以最惠价格为油田提供最佳服务的目标。即使近年油田受到疫情和经济危机的严重影响，物流部仍实现了优化降低成本 400 万美元。

文化融合，促进团队和谐“知行合一”

物流部始终践行“一个团队，一个目标”理念，将该理念张贴在办公室墙上，置放于办公桌前，并通过多种方式不断强化这一理念。打铁还需自身硬。为做“硬”内部实力，部门定期组织空中作业、物流合同、成本管理等专业培训，并鼓励大家分享彼此的工作感受。在一次成本管理培训中，一位员工表示：“我非常喜欢这种内部培训的氛围，它一方面帮助我了解其他同事的工作内容，不断拓展自己的业务知识；另一方面我也愿意无保留地与大家分享合同控制、战略规划、预算管理等方面的经验，良好的团队氛围使物流部整个团队能力不断提升，工作效率越来越高。”

在每周召开的部门HSSE会议上，各方代表会根据活动背景和项目实施情况选择分享主题，包括如何核实驾驶执照和G许可证的有效性，如何更好地准备起重设备认证活动，及如何高效应对车辆和机械保险、技术检查的行政文件等。通常在培训的最后，大家会互相提醒工作中有关卫生、健康、安全和环境的事项。

面对市场风险、现场生产维护和降本增效的三重压力，物流部将继续践行“一个团队、一个目标”理念，不畏困难、敢于担当，用实际行动为油田生产保驾护航，奏响雨林油田生产更美丽的交响乐。

（国勘公司）

用“心”炼油

“看来发展石油工业还得革命加拼命！”1967 年的夏天，毛主席的号召在北京西南郊区的一个小山坳里唱响，来自祖国四面八方的建设者们会聚一堂，开山凿石，展开了一场大会战。在不到两年的时间里，原本“乱石滚滚满山坡，吃喝都用毛驴驮”的荒山秃岭间，一座座炼塔拔地而起，一排排管道盘山蜿蜒，东方红炼油厂诞生了！

难忘记，工地上你追我赶、昼夜奋战，建设者们“一不怕苦、二不怕死”的誓言震撼群山。数九寒天，一起抡大锤、扛炸药，用小车和担子搬走成千上万吨岩石。骄阳盛夏，在 40 多摄氏度高温的炼塔中，如豆的汗水浇出数十层塔盘。大雨倾盆，用雨伞遮住焊枪，躺在泥沟里抢焊输油管道。无论条件多么艰苦，他们始终秉持着“骄阳炼红心，雨天比干劲，为了早出油，革命加拼命”的坚定信念。

难忘记，1969 年 10 月 1 日，“东方红炼油厂”的模型彩车缓缓驶过天安门广场，接受党中央和毛主席的检阅，向国庆 20 周年献礼。因为我们的油品源源不断地运往祖国各地，填补了北京地区没有炼油厂的空白，为首都的燃料供应注入强劲动力。

战天斗地，引领首都北京石油工业发展！创业一代的炼油人克服恶劣的环境、落后的生产力，用“没有条件创造条件也要上”的精神点燃了油品保供的红色引擎，激活了“用心炼油”的奋斗基因。

1997 年，我们率先在国内实现汽油无铅化，拉开了引领国内油品质量升级的大幕。2001 年，北京申奥成功，新时期的炼油人向“生产清洁油品，奉献绿色奥运”这个目标发起冲刺。从清洁汽油到京标A汽油、柴油再到京标B汽油、柴油，几乎每隔一年油品质量便实现一次突破。2007年奥运前夕，我们生产出相当于欧Ⅳ标准的京标Ⅳ油品，提前兑现了中国向国际奥委会的郑重承诺。

难忘记，汽油、柴油质量要在奥运会到来之前达到欧Ⅲ排放标准，接到这项任务时，中国刚刚取消无铅汽油，油品质量连欧Ⅰ水平都没达到。2006年，当我们实现欧Ⅲ排放标准还不到一年时，又要达到更清洁的欧Ⅳ排放标准。此时距离北京奥运会开幕仅有2年时间，时间紧、任务重，怎么办？经过认真分析研究，决定创新采用S-Zorb技术。当时，S-Zorb技术在全球只有4套工业化装置，但2007年，我们成功建成了国内第一套S-Zorb装置。此后，联合攻关突破了重要技术，解决了制约装置长周期运行的短板，并在全系统内广泛推广，使S-Zorb技术成为我国清洁汽油生产的一柄利器。

难忘记，在突破汽油脱硫技术这道坎的同时，我们还突破了千万吨

级生产能力的大关。2007 年，经过近两年的建设，1000 万吨 / 年炼油系统改造工程新建六套装置全部实现一次开车成功，生产出合格产品。燕山石化成为国内第一家生产符合欧Ⅳ排放标准成品油的千万吨级炼油基地。

后来居上，引领国内清洁油品质量升级！新时期的炼油人，战胜先天不足、技术落后的困难，用十几年时间走完了发达国家二三十年的油品升级路，让“用心炼油”的奋斗基因不断创造新价值、焕发新活力。

成绩没有牵绊我们油品质量升级的步伐，2021 年 11 月 20 日，我们又成功生产出处于世界领先位置的京标Ⅵ B 油品，确保北京冬奥会举行期间，首都的空气质量再上新台阶。

难忘记，我们克服了无外请专家指导开工、间壁塔等新技术无可借鉴经验的挑战，让北京市 2019 年“100 个高精尖产业项目”重点工程——2# 连续重整装置在一片废弃的装置中孕育而生，成为今天的“钢铁巨人”，在调整炼油系统产品结构、生产清洁能源、推动油品质量升级等方面，发挥着不可替代的重要作用。

难忘记，2021 年，历时 70 余天，我们对二催化装置实施了 MIP 重大技术改造。面对设备拆除和技术改造作业量巨大、设备采购周期长等诸多困难，我们倒排工期，将进度细化到小时，成功将汽油组分中的烯烃平均体积含量由之前的 34% 降至 19% 左右，为促进油品质量升级提供了关键支撑。

自我超越，向着引领世界清洁油品质量升级的目标奋勇前进！新时代的炼油人，全力以赴把能源的饭碗牢牢端在自己手里，为保障首都的能源安全再立新功、再创佳绩！

（燕山石化）

第二篇

一束藜麦的故事

一束藜麦的故事

扫码观看视频

为完成消费扶贫、精准扶贫闭环，东乡藜麦在中国石化易捷完成它的完美蝶变，加工好的成品，通过中国石化全国 2.8 万余座易捷便利店，走向全国各地。

中国石化当地石油公司负责东乡藜麦的全流程管理，包括统计产量、收购、包装设计等工作，并按照便利店消费者的消费习惯，特别推出最适合销售的 500 克小包装产品。

在易捷便利店完成铺货后，中国石化易捷组织专业团队，通过易捷商城、线上线下组合营销等方式，打通扶贫产品到消费者的最后一公里。

仅 2020 年，东乡县藜麦种植面积就从最初的 20 亩发展到突破 1 万亩，帮助布楞沟流域 2000 多户群众增收。

（易捷公司）

榨菜保卫战

老张决定打一场榨菜保卫战！

老张大名张远怀，家住重庆涪陵区焦石镇楠木村。楠木村坐落在焦石镇的山沟里，终年不见太阳，只有一条乡道通往外界，村里的人们日复一日地过着悠闲的生活。

焦石镇这个名字是有讲究的，这儿的山石黝黑如铁，漫山遍野犹如火烧，故名焦石。因地貌奇特，有人断言此处有宝，也曾有过寻宝的人前来探寻，终究一无所获。

张远怀老人在这生活了一辈子，他觉得这穷乡僻壤的，怎么可能有宝？如果硬说有的话，那只可能是村里的榨菜。

涪陵山高地偏，榨菜却闻名全国。楠木村是涪陵榨菜的中心产区。这儿气候阴湿多雨、光照时间极短。土质贫瘠，大多数农作物都不宜种植，偏偏适合榨菜生长。每年国庆过后，漫山遍野的榨菜青翠一片。

涪陵榨菜是中国国家地理标志产品，制作工艺被列入国家非物质文化遗产名录，2006 年还被核准注册为国家地理标志证明商标，同时还被国家质检总局实施原产地域产品保护。

涪陵榨菜肉质肥厚脆嫩可口，和法国的酸黄瓜、德国的甜酸甘蓝并称世界三大名腌菜。中国种榨菜的地方多了去了，可都比不上涪陵榨菜。

前段时间有个“名嘴”说咱们吃不起榨菜，一家榨菜公司就给他寄了两箱过去，寄的榨菜就是涪陵所产。

榨菜虽好，种起来却特别困难，因为土层薄、流失严重，榨菜只能长在石头“缝”里。所以要种菜先造田，山路崎岖，没法行车，得靠人把土一筐一筐挑到山腰。一亩好田，要用几年的时间才能养好，榨菜田就是村民的命根子。

张远怀只有一个孩子，在城里工作，他舍不得自己这二亩地。

而且山里空气多好啊，所以他就和老伴留守在老屋。这两亩田每年能产榨菜 4000 多斤，家里的油盐柴米日常支出都得靠这个。老张没事就在田里面转悠，拔拔草、看看墒情，就跟看自己的孩子一样。

可有人要“抢”老张的“心头肉”。2012 年，山里面来了一群红工衣，他们到处布线钻孔，把村民搅得好不安生。一个个钻塔又立了起来，最近的钻塔离老张家不到 200 米。

这群红工衣特别和气，有时间还到老张家讨口水喝，和他聊聊天。可老张心里就是不踏实，总觉得要发生点啥事，不久之后老张的担心应验了。

2012 年 11 月 28 日，焦页 1HF 井放喷测试，获得高产工业气流。这个中国第一口商业开发的页岩气井，拉开了中国页岩气开发的序幕。

中国的第一个百亿方页岩气产能示范区，中国第一个商业开发的页岩气田，开始为世人瞩目。

而焦页 1HF 井的管线就要从老张的田里面穿过。为了确保安全，要挖两米深的管沟，听说附近还要建平台、建集气站。都说石油天然气开发污染大，老张心里空落落的，只怕自己这两亩好地要“完了”。

张远怀当过兵，曾经是楠木村的党支部书记，觉悟高。区里、镇上配合油田的来征地时，他二话没说。支援国家气田建设没啥条件可讲，可这地要是毁了他实在是舍不得啊。

老张就在这样激烈的心理斗争中度过了一个个不眠之夜，没事就蹲到地头上，看着自己的地被挖了老长一道沟。这道沟，就像一道伤，伤

得老张心里疼。

很快，老张发现自己的担心是多余的。管沟挖好之后，这群红工衣一锹一锹，把地又恢复了原貌，根本看不出曾经开挖过，施工过程中的垃圾、废料也收拾得干干净净不见踪影。老张的榨菜田还是那么绿。

负责涪陵页岩气开发的江汉油田，始终把“绿水青山就是金山银山”记在心里。2012 年他们进驻涪陵，讨论开发方案的第一件事就是环境保护，“我们不仅要打造页岩气田开发的样板，也要打造绿色环保的样板”。

环保，从源头开始。水基钻井泥浆，24 小时不间断环境监测，每一道流程都经得起检验。在涪陵页岩气田开发规范中，从勘探到钻井、从测试到投产、从日常管理到环境监督，环保始终放在第一位。就连平台的员工也自觉参与到环保中，站上的生活污水、废弃垃圾，他们都一样一样集中回收。他们还经常到田里，查看老乡榨菜的生长情况。

在焦页 1HF 平台边上，青翠的榨菜长势良好。生产中的页岩气平台，不仅没有废气废水，就连声音都没有，静悄悄的……

眼见为实，老张彻底放下了心，也能睡个好觉了。农闲了老张还去给油田打个“小工”，挣点家用补贴一下。想起以前的担心，老张还挺不好意思的。

因为气田的开发，村民们都用上了清洁的天然气，有的在镇上开起了小餐馆、小旅店，提前进入了小康，油地亲如一家。

在涪陵还有这样一个故事，有个村民家里的几亩山田土层太薄，榨菜长得不好，因而长期在重庆城里打工。油田征地还耕以后，从外面买土覆盖，把它的几亩地变成了“肥田”。这个村民工也不打了，高高兴兴地回来种榨菜。

老乡们支持气田建设，不能让他们吃亏！十年过去了，涪陵页岩气累计产量超过了 270 亿方，成为全球除北美之外最大的商业页岩气田，涪陵榨菜依旧清脆可口……

（江汉油田）

（获“第六届中央企业优秀故事二等奖”）

把长江保护好

“不让一滴油和超标污水流入长江”是九江石化对母亲河的郑重承诺，也是公司作为绿色企业的必然要求。

“雨越来越大了，麻烦大家加强外排雨水监控，绝不能让一滴污水外排。”今年国庆期间，晴好的天气突然狂风大作，九江石化水务操作室里传来安全环保部环保管理员熟悉的声音。只见他们穿着雨衣，冒着大雨推门而入。

下雨时如果清污分流不到位，被污染的雨水就有可能被排出去。所以，不管是周末还是节假日，安全环保部环保管理室的员工们总会第一时间赶到厂里，检查清污分流，指导雨水分洪。

“师傅，这围油栏拦截了不少上游漂来的垃圾，麻烦您抓紧安排清理下。虽然不是我们产生的，但漂到我们的区域，守土有责，就要清理。”来到九江石化码头，安全环保部环保管理室主任米鹏涛和他的环保管理团队“碎碎念”着。九江石化码头有 1.9 千米的长江岸线，是九江石化长江大保护的重要地带。

保护长江，就要提高水资源利用率，少向长江排废水。为提高废水回用率，九江石化环保管理团队深入分析，发现了制约公司废水回用率的两个因素：一是中水水质不稳定；二是回用中水没有奖惩机制，导致装置车间回用中水积极性不高。

于是，他们重新梳理全厂装置污水排放系统，找出导致中水水质不稳定的原因，立即组织整改。“您看，我们现在的中水品质多好，完全达到了装置用水的要求。”中水水质稳定达标，米鹏涛格外高兴。

针对回用中水积极性不高的问题，他们拿着中水分析数据，逐个装置对接，并在年度经济责任制中特意增加了回用中水条款，在绿色装置的评价标准中也增加了回用中水指标，并予以考核奖励。

通过努力，九江石化的污水回用率逐年提高，以前不足 30%，2021 年提高到 43%，2022 年达到 58%，截至 2023 年 9 月，污水回用率达到 65%。如今，九江石化年回用污水量达 300 万吨，节省费用 280 万元，年工业废水排放量减少 200 万吨，实现了环保和经济效益的双赢。

2022 年 6 月，九江石化 89 万吨 / 年芳烃联合装置投产。如何实现增产不增污，是摆在环保人面前的新问题。

“催化装置使用脱硝助剂可以进一步降低烟气氮氧化物含量，虽然会产生不少费用，但是减排量比较可观，相信公司会支持的。”米鹏涛组织环保管理团队，反复研究降低大气污染物氮氧化物排放量的方法，并制定了详细方案。

方案上报后，得到了公司的明确支持。他们立即组织实施，2023 年 1 月至 9 月，九江石化氮氧化物同比少排 18.65%，实现增产减污的目标。

九江石化近年来先后入选工信部 2017 年绿色工厂、江西省首批绿色工厂，连续 6 年被评为中国石化环境保护先进单位。九江石化环保人用自己的行动，践行习近平总书记关于绿色低碳的重要指示精神，助力能源化工行业向绿色低碳转型。

（九江石化）

让国产高品质航煤上天

这张颇有年代感的照片拍摄于 1995 年，拍的是当时炼油一部加氢团队的第一代师傅们，我的师傅张宁海也在其中，当时的师傅还是个二十几岁的小伙儿。在我进厂后，他每次分享自己的工作经历时，最自豪的事就是——2015 年，我们研发生产出高品质航煤，这是值得我们骄傲一辈子的事！

从无到有、从弱到强，我们的国产航煤之路何尝不是如此呢！这一切显然并非巧合，而是我国强盛之路的必然选择，是我们这代石化人的骄傲之途。

新中国成立初期，我国石油工业比较落后，大部分油品都要依赖进口，其中就包括航空煤油。20 世纪 50 年代末，中苏关系恶化，进口航煤的量日益减少，我国的飞机面临“趴在机场无法上天”的窘境。为了改变这个现状，70 年代末，我国从国外引进了四套加氢裂化装置，其中的一套，就建在了我们金陵石化。

听师傅说，80 年代初，他正好赶上了国家需要航煤的契机，也恰巧，他刚进厂就被分到正在建设中的加氢裂化装置。那时的加氢裂化还是一个建设工地，到处都是人拉肩扛的场景。而加氢裂化的操作室，控制仪表采用的是当时最先进的“电动 3 型”，拥有 20 寸彩色显示屏，还有自动打印机、现场对讲机系统、中央空调等，都是当时非常先进的设备。

这些都是国家花巨资进口的，因为我们生产不了高品质的航煤啊。

为了让装置早日建设投用，加氢团队反复查找流程、熟悉现场设备操作。记得加氢原料泵第一次试运时，需要实行24小时连续监控，加氢团队不分昼夜地测量、记录各种复杂的运行参数，却没有一个人喊苦喊累，直到试运圆满结束，大家才放心地回去休息。终于，1986年10月，装置一次投产成功，生产出高品质的航煤、柴油等产品。看着这些无色透明的燃料，在场的所有人都非常激动，纷纷感叹，因为他们从未见过如此优质的产品！

加氢裂化工程项目建成后，南京炼油厂当年的总资产从3亿元人民币增长到了6亿元，翻了一番，其生产的3#航煤更是为公司赢得了第一枚国家质量金奖！

之后，在新技术运用方面，加氢团队吸取兄弟企业的失败教训，严格监控关键参数，反复采样分析。1989年，他们完成国内首次加氢裂化催化剂器内再生项目，获得国家科技进步奖；1992年，装置在引进、消化、吸收的过程中，完全实现了催化剂国产化。但随着国家油品质量的升级，催柴出厂问题又成为公司产品调和的“拦路虎”。2013年，装置与大连院共同攻关，完成装置换剂、流程改造。针对反应温度难控制的问题，加氢团队不分昼夜地与班组人员一起，通过小幅度、多频次调温，实现一次开车成功并生产出合格的产品。此举不仅解决了催化柴油出路问题，还提高了汽油产品收率，获得中国石化科技进步奖一等奖。

2005年4月，Ⅱ加氢裂化装置建成投用。这套装置是国内首套自主开发的大型装置，在加氢裂化工艺和设备上均实现了重大突破，实现了国内大型加氢裂化装置的完全国产化，当时的产品质量、收率、能耗都达到了国内先进水平。在中国石化同类装置达标竞赛活动中，装置多次荣获第一，这项工程也被评为中国石化科技进步奖一等奖。为了确保开工初期航煤质量合格，他们提前引进清洁油品进入分馏系统进行油运，大大缩短了航煤合格时间。之后，更是加班加点完成加氢反应器催化剂级配装填，实现了重石脑油、航煤、柴油等高附加值产品质量和收率的大幅提升。此外，他们还刻苦攻关，完成高附加值产品变压油生产，为企业提高经济效益作出了重要贡献。

从Ⅰ加氢到Ⅱ加氢，从逐渐落伍的引进装置到焕然一新的国产设备，炼油一部加氢团队始终没有放弃逐梦之路，始终将航煤生产摆在攻关的首位。国内研制的高性能航空发动机投用后，对航煤质量要求越来越高，航煤的银片腐蚀等级由“1级”上升至“0级”，而当时的航煤经过多次调整操作，还是很难达到要求，这可急坏了当时的技术人员。经过反复讨论，他们决定临时增加氧化锌吸附罐流程方案。当时已临近春节，天上还飘着小雨和雪花，加氢团队克服人员紧缺的困难，连夜在现场施工，终于赶在年三十那天成功投用，达到了航煤银腐由“1级”上升至“0级”的标准，满足了先进航空发动机对航煤质量的要求。

回望峥嵘岁月，公司的加氢裂化装置已经走过了四十个年头，作为公司航煤发展的见证者，它也承载着一代人的热血青春。在这条艰辛的国产化道路上，一批批优秀的人才在奋斗中脱颖而出，这一切都是必然的，是伟大的时代成就了他们，塑造了他们。

四十年来，我们从无到有，从弱到强，那些曾经让我们止步的困难都已化作历史长河中的一粒沙石。作为年轻一代，我们接过师傅们手中的接力棒，未来的我们还会面临许多困难，但只要始终保持永不懈怠的精神，万众一心加油干，越是艰险越向前，拼搏进取，砥砺奋进，我们就有理由相信，在不远的将来，我们一定会实现更长足的进步。

我的师傅还有两年就要步入退休的行列，他总是谆谆教导我们，务必戒骄戒躁，要坚持学习，抓住时代发展的机遇，努力成为有用之才，在实现企业高质量发展的进程中，成就最好的自己。

（金陵石化）

12 天研发转产口罩熔喷布专用料

大家还记得新冠疫情暴发之初买不到口罩的恐慌吗？还记得药店门口奔波买口罩的身影吗？还记得朋友圈疯传的真真假假的兜售口罩的消息吗？

上海石化有这样一个团队，他们启动紧急技术攻关，对生产线进行设备改造，克服熔融指数高、有异味等多项难题，日夜奋战与时间赛跑，最终，仅用 12 天就成功研制口罩熔喷布专用料。他们就是陆军团队。

疫情告急，口罩也告急！上海金昌公司生产部经理陆军看到冲在一线的白衣天使们缺少口罩，看到药店门口排成长龙买口罩的队伍……他很难过，总想做点什么。

当收到“不以自身盈利为目的，只以能产多产为目标”的通知时，陆军激动万分，终于可以为防疫做点贡献了。

闻令而动，火速集结！陆军和同事们迅速复工，投身攻关工作。他们知道这是一次不一样的研发和转产，必须和时间赛跑，要争分夺秒！因为“每多生产一个口罩，百姓就多了一份保护”。

可是，刚开始他们就碰到了难题——“高熔指”聚丙烯的生产。以往，他们生产的改性聚丙烯，主要用于汽车和家电，熔融指数不会超过 30，而口罩料熔融指数却高达 1500，整整五十倍的差距！而且，当时的生产条件比较差：挤出机长径比不够、切粒机线速度不够，冷却水槽冷却量不够……一系列难题犹如倾盆大雨瞬间熄灭了大家的热情。

热情退了，换来的是砥志研思的态度、义无反顾的决心。陆军跟大

家说："困难很大，但我们有二十年的研发经验，我们一定要有信心！为了口罩料，拼了！"

喊出去的口号就是心底的誓言，大家迅速开始了工艺调整和设备改造。

"能多快就多快，能多产就多产。"72 个小时，枕戈待旦、连续奋战，调整变频参数，更换皮带轮，一次又一次地优化螺杆组合……在无数次的失败中，第一批粒子终于生产出来了。

这批粒子是希望的种子、是烈日的骄阳，他们心花怒放，他们欢呼雀跃。同时，他们也怀着忐忑不安的心将第一批粒子送去了实验室。

大家屏住呼吸，咚、咚、咚，楼道里安静得都能听到心跳声。

质检员打开门的那一刻，他们慌了。检测结果显示熔指只有 800，离 1500 的目标还有很大差距。

看到大家的沉默，陆军心想，虽然没有一次成功，但是团队信心不能丢。于是，他立马站起来对大家说："看来我们的方向对了，剩下的就是拼时间了！"

又是一个不间断的 24 小时，陆军带着大家一道工序一道工序地排查原因、寻找问题。功夫不负有心人，最终他们发现问题的根源在于没有专用设备，物料停留时间不够，导致反应不充分。

"停留时间短，反应不充分""停留时间短，反应不充分"……他反复嘀咕，来回踱步。"哎，如果把出丝孔堵上怎样？"

说干就干，他们堵上了一半的出丝孔，人为降低了物料的流动性，保证充分反应。

反应充分了，可是新的问题来了：堵上一半的出丝孔，整条生产线的产能就下降了三分之二，损失的不仅仅是产量，还有经济效益……

陆军想：顾不上那么多了，能多快就多快，能多产就多产，先产出合格的产品来！

2月15日，第3批口罩料一出来就被送进了实验室。看着质检员在做检测，他们又一次屏住了呼吸。

“熔指1200了。”

“多少？”

“1200。”质检员又重复了一遍。

听到“1200”，大家激动地拥抱在了一起，有的女同志甚至流下了开心的泪水。可是，还没等大家高兴够，新的难题又出现了：这批料，有异味！

刻不容缓，他们再次扑进了车间。陆军的同事褚美良，复工后就没有休息过一天；王海峰也顾不上准备中考的女儿；姜红兵来不及陪伴刚做完手术的妻子……有时，他们觉得特别愧对家人，但大家都知道这个时候必须挺身而出。

2月23日，第15批料试制出来了，熔指稳定在1500，气味也得到了改善。他们立即送到熔喷布厂家试产。看着雪白的熔喷布在眼前绕转，陆军忍不住上去摸了摸、闻了闻，一时竟热泪盈眶。经过检测，熔喷布各项指标均符合要求。

成功了！他们成功了！

12天！从接到任务到试产成功，这是团队拼出来的新纪录，也是上海石化向全国人民交出的抗疫答卷。关键时刻为国家出力，为人民奉献，这是他们的职责；国家需要什么，他们就生产什么，这是上海石化人的初心；没有条件，创造条件也要上，这是石化人的精神！

（上海石化）

一碗红烧肉

慢着火，少着水，火候足时它自美，一碗浓油赤酱的红烧肉，是从南到北，由西至东，家家户户舌尖上的美味。在镇海炼化，这样一碗招牌红烧肉，同样成为建设现场、检修工地广大工友们的温暖记忆。据统计，自 2019 年定期开展助力加油送红烧肉慰问活动以来，镇海炼化已累计送出红烧肉 70000 余份。

4 月 2 日，临近午餐，在镇海炼化干净整洁的工地餐厅，招牌红烧肉的香味，飘满整个检修现场。

“嗯，看来今天又可以大口吃肉了。”镇海石化建安公司铆工林华伟忍不住和身边新来的工友说道。

“那还等什么，咱快去，早就听说红烧肉的美味了。”

林华伟和工友踏着轻快的步伐来到餐厅，默契地洗洗手、洗洗脸，排队取餐入座，对着热腾腾的饭菜，开启了“干饭”时光。今天的饭菜因为有了那一大碗红烧肉而格外香，夹一大块，轻轻一咬，香甜松软，入口即化，只剩那浓郁的肉香还留在嘴里横冲直撞。此刻，工友们爽朗的笑声、竖起的拇指，再一次对红烧肉的美味给出最大肯定。

吃完饭，老林和工友一起到旁边的休息驿站准备午休，那里还有一线培训点，三五成群的工友在交流学习。“你看，不仅有小枕头，还有床和棚子！”忙里偷闲，老林给老婆拨了个视频电话：“放心吧，不会感冒，睡个午觉下午干活更有劲。”

躺在舒适的工棚里，老林不禁回忆起早些年在外务工的日子，修路、

盖楼、打零工，那时候他和很多农民工兄弟一样，干完一个工地换一个地方，背着铺盖卷天南海北地跑。那些年，也吃了不少苦，经常干完一天活衣服脏得不行，但也没什么条件洗，就那么着也去睡了；说到吃饭就更难了，要是包吃住还能吃口热乎的，要是自己带呀，经常吃的都是冷饭，路边一坐，墙角一蹲就开吃了，赶上下雨，和着雨水也就咽下去了。

直到15年前，林师傅经工友介绍来到镇海炼化干检修，没想到这一来就再也没离开过。在这里虽然一样干的是体力活，但老林心里却多了些并肩作战的滋味，生出了家的归属感。要说为什么，憨厚的老林想了想说道："人心都是肉长的，在这里甲方连吃好饭、睡好觉这样的事情都给咱惦记了，咱不图别的，就图把咱当一家人看，咱就肯定得把活干出自家人的样子。"

"在这里干活讲规矩，安全考试满分100才可以准入，吃的住的都有保障，干得好甲方还给咱们发奖，那别提多有面子了。"老林总是忍不住和新来的工友分享他得奖的故事。在镇海的这些年，老林养成了干活前先四周看一看，瞧一瞧，确保票证、环境都规范到位了才开工的习惯。他说这是受镇海炼化安全文化潜移默化的影响，高高兴兴上班，平平安安下班，一家人才能都开心都放心。在他的影响下，班组好几位工友在检修现场也被评为"安全之星""规范之星"，受到甲方的奖励和表扬。偶尔听到新人抱怨管得太严时，他总是热心地劝告大家，管得严那才是真为咱好，就像老婆管老公一样，越是细碎越是真爱。

15年来，老林从一名临时检修工成长为检修老兵，还签了合同成为镇海石化建安公司一名正式保运工。他很自豪他凭努力在这里学到了技能，立住了脚跟，靠着体面的工作给了老婆孩子踏实安稳的生活。老家村里好几位伙计也在听了红烧肉的故事后跟着老林来到镇海炼化。今年，老林的儿子小林也跟随父亲的脚步，来到宁波追寻梦想。他说从小就听老爸说宁波好，镇海炼化好，也想来这里打拼属于自己的未来。如今，全家正满心欢喜计划着在宁波安个家。老林想把家安在这儿是有原因的，他总是和别人说，在这儿感受到的不仅是这些关怀，更是觉得这里特别像个家，干着干着就舍不得走了，也说不清为啥。也许是工地旁边的那个洗手池，也许是那个可以坐下来吃饭的工棚，也许是这里每一个人的微笑，也许就是他们手里的那碗红烧肉。

“甲方乙方都是一方”“服务好承包商就是服务好我们自己”。这些年，越来越多的施工人员把家安在镇海炼化周边，他们说：“在镇海炼化，都挺好！”

留住人、留好人，离不开更严谨的标准、更严格的监管、更严肃的问责，深层次的还是人本关怀。在镇海炼化，人本关怀无处不在，从关心施工人员“憩食住行”入手，镇海炼化督促施工单位抓好后勤保障服务，让广大工友保持舒畅的心情和充沛的体力，更体面、更有尊严地工作和生活。无论是项目开工还是装置检修，都要提前规划场地，督促施工单位高标准搭建工地餐厅、休息驿站、停车棚、饮水点、洗手池、卫生间等生活设施。这些距检修现场不超过百米，精心打造的工地 100 米便捷服务圈，圈出了工友们“憩食住行”100 分的安全幸福感。

2023 年春，镇海炼化开启了历史上规模最大、难度最高、单批次时间最长的“老区大检修”。45 套检修装置将在 108 天完成检修，现场 10000 余名检修人员与炼化员工一起“并肩作战”。镇海炼化一如既往定期开展加油助力送温暖活动，采购优质猪肉，精心烹制，定期送到就餐点，确保人手一碗。那一碗碗招牌红烧肉再一次治愈忙碌的时光，增添拼搏的干劲，成为无数检修兄弟们独一份的温暖记忆。

（镇海炼化）

气壮元坝

扫码观看视频

元坝净化厂位于四川省广元市苍溪县元坝镇大坪村，是中国石化国内上游板块的前沿主阵地、川气东送管道工程的重要气源地之一，年处理高含硫天然气能力40亿立方米，年产净化气能力34亿立方米，年产工业硫黄能力32万吨，是我国第一座具有自主知识产权的大型净化厂，首次实现高含硫天然气净化成套技术国产化，气田一体化自动控制、智能化运营管控整体达到国际先进水平。该厂自2014年12月10日开启正式投产以来，截至2023年12月已累计为国家和地方供应产品气近260亿立方米、硫黄近240万吨，缴纳税费近25亿元，工厂已实现安全平稳运行超8年。

（西南石油局）

20 年“桂”在坚持

守护返乡人员春运回家路

“兰姐，我来看你了。身体还好吧，孩子工作怎样了……”

“好，都好。军富，家里的老人家身体怎样了，工作还顺利吧……”

2023 年 1 月 7 日，梧州藤县籍的张军富开着小汽车，来到广西梧州石油都连春运驿站。一下车，就四处寻找李金兰的身影，两人见面后，你一句我一句地聊着各自的近况，像亲人一样。

一座站承载着一个时代的春运记忆
一座站见证着美好生活的变迁

张军富在广东顺德务工，曾经是返乡摩骑大军中的一员。去年，张富军买了自己的小汽车，可他并没有选择跑高速路，而是走 321 国道，特意来到广西梧州石油的都连情暖驿站看看。

时光回到 20 年前春节前夕，那天天气异常寒冷。下午 3 点多，一辆沾满泥巴的摩托车驶进了都连加能站，驾车的是一位小伙子，穿得严严实实，用塑料袋扎成鞋套，摩托车后绑着三大包行李，显得格外笨重。

“加——油！”他的声音很疲倦。待李金兰加完油后，小伙子僵硬地站了好久，才把颤抖的手伸入衣袋里掏出钱来，足足有 4 分钟。

李金兰明白了，因为天气太冷，他已经冻得手脚不听使唤了。“来，这里有热水，到站里暖和暖和，再上路……”李金兰把他请进了营业室，拉起了家常。

原来这位小伙子叫张军富，从顺德出发在寒风中骑行了300多公里，回藤县老家。凑巧李金兰也是藤县人，两人一见如故。从张军富口中，李金兰了解到这些外出务工人员的困难和需求。

广西梧州市、贺州市位于粤桂两省交通咽喉，广西石油梧州都连加能站是广东进入广西的第一站，是从珠三角一带工作的人员返回广西、云南、贵州等地的家乡过年途中休息的重要站点。为了给这群长时间在寒风中行驶的途人缓解疲劳，2004年，从几张桌椅、几壶热水开始，广西石油拉开了“冬日暖阳”春运服务的序幕。

20年来，广西石油不断完善服务内容，项目从“6+X”逐步升级到“1+10+X+1”，从一杯姜茶，到应急药品、热饮、手机充电、简易维修、针线包、道路指引，再延伸到赠送方便面、热水杯、手套、围巾、书包、福袋、大礼包等各项暖心服务；从几张桌椅，到专门设置绿色加油通道、保暖休息室、爱心母婴室、心理咨询室、劳模服务队等。2013年，在中国石化集团公司的支持和统筹策划下，广西石油的“冬日暖阳”为民服务活动升级为中国石化“情暖驿站·满爱回家”大型公益品牌活动。

20年来，随着国家经济的快速发展，精准扶贫各项政策措施落地生根，乡村振兴力度不断加大，交通基础设施网络日趋完善，摩骑返乡大军从几十万人锐减到两三万人；从开始的一路艰辛，到现在的享受过程；从大包小包，到现在轻装上阵；从摩托车换成了小汽车返乡；从外出务工到如今把创业致富安在了家门口……

浓浓服务情，漫漫回家路
这里永远是你回家途中歇息的港湾

来自贵州遵义习水县的曾师傅是广西石油情暖驿站的“常客”。今年是他第八年骑摩托车回贵州老家。曾师傅每年都要到都连情暖驿站歇歇脚。过了梧州、藤县，再到桂林……路上走走停停，要骑两天的路程才能回到家，累了就在摩托车上靠着后背的行李躺一会儿。说这话时，他还有模有样地往后躺下：“看，就这样。”

曾师傅很开朗健谈。他说，其实出外工作已经有十多年了，刚到外地工作时，赚不到钱，回家的交通也不方便，要转好几趟车。所以，二三年才回一次家。后来在一家模具厂工作，学了技术，积累了些经验，也算是厂里的技术人员吧。一天干10多个小时，是有点累，但每月能赚八千多块钱。这些年，存了点钱，家乡的路也铺好了，骑摩托车回家很方便。路程虽然远，但一路上都有中国石化的情暖驿站，服务周到又贴心。

志愿者李金兰告诉曾师傅，以后回家的路上，累了不用靠车上睡了，我们这里建了专门的司机休息室，还有洗涮间，添置了桌椅床铺、被褥枕头。你随时都可以来这里歇歇脚，打个盹，还可以洗个澡，换洗衣服。反正家里有啥，我们这里就有啥。

随着骑摩返乡人员的减少，广西石油把关爱对象延伸到卡车司机、环卫工人、快递小哥、外卖骑手等户外工作者。为户外工作者解决吃饭难、休息难、停车难的问题，为他们营造一个温馨、舒适如家的休息港湾，提供便捷贴心的服务。

回家的旅途遇上困难，别怕，有我们在

2020年春运期间的一天，李金兰像往常一样，早早打开梧州都连情暖驿站母婴室的门。她看了看手机上的天气预报，4℃，阴。“还好，没有雨。”她心里叨念着，然后忙着打点今天服务的物资。

这天，进站休息的途人来了一波又一波，志愿者们忙成了一团。

14：05，一位大叔抱着一个4岁的男孩从厕所出来，孩子的脸色不

太对劲，妈妈摸摸他的头，又摸摸手，急得不知所措。

“怎么了？”李金兰急忙抱过小孩，引导她们进母婴室歇息。

原来，林先生一家今天 6 点从中山出发回桂平老家，由于天气寒冷，加上长时间在路上奔波，小孩身体不适应，上吐下泻。夫妻俩一路上走走停停。孩子虽然吃了药，但不也奏效。

“暖炉，快，热水、面包……”李金兰示意其他志愿者帮忙。她用手背试了试水温，让小孩喝下热水暖暖身子。

“吃了东西，肚子应该没那么难受了，睡一会儿再上路吧。”李金兰一边说，一边铺好被子，调好取暖器的位置。

忙完，李金兰拉着夫妻俩聊起了家常。原来，林先生一家骑摩回家已经有 8 个年头了，对都连情暖驿站已经很熟悉，每年都会进来坐坐。以前车子后座坐着的是男孩的姐姐，现在姐姐都 13 岁了，在家乡读书。记得当年，这里的志愿者还送给她一只书包，她可高兴了。明天是姐姐的生日，他们一家子正往家赶给她庆祝。

休息了一个多小时后，小男孩脸色明显有了好转。李金兰拿来保温瓶，热好牛奶，拿来一辆玩具车，还挑了一双颜色最好看的手套，叮嘱道：“冷了喝点热牛奶，这里有几只环保杯，热牛奶倒出来喝不烫嘴巴，手套送给姐姐，代我说一声生日快乐。”

“还有，开慢点，一路上都有我们中国石化的站，有什么需要，尽管说，大家都会尽力帮忙的。小心点，注意安全……”李金兰不停地嘱咐道。

一直以来，广西石油始终秉持着央企的社会责任与担当，用贴心的关怀、细致的行动，为骑行回家过年的老乡们提供一系列关爱服务，为他们解决旅途上的难题，一起铺就温暖的回家路。

2020 年起，连续三年，在严峻的疫情影响下，广西石油仍然体现了在非常时期担起非常之责、在关键时候发挥关键之力的国企担当。在严格落实疫情防控工作的前提下，继续在 60 座省国道加油站开展“情暖驿站·满爱回家”大型公益活动，为春运出行、留守本地过年的司机朋友们提供一系列便民服务。

一花引来万花开
这项公益活动引起了大家的积极参与

“每年我都会选择骑摩托车回家过年，今年是第 5 年了。无论是风和日丽的晴天，还是狂风暴雨的恶劣天气，中国石化的情暖驿站总会有热情的志愿者、暖身又暖心的姜茶在等着我们。每年到驿站里休息已经成了习惯，不知不觉就把这里当成了返乡路上的一个小家……”

在 2023 年广西石油“情暖驿站·满爱回家”大型爱心公益活动启动仪式上，桂平籍的摩骑手宾胜石，讲述了自己与中国石化情暖驿站的故事。

为做好春运服务，每年都有一批经验丰富、热心公益的志愿者参与到这项活动中来。这些志愿者开始是广西石油站里的员工，后来公司内部职工也加入了进来。慢慢的，不少员工甚至带来了自己的配偶和在校读书的儿女及儿女的同学、朋友来参加志愿活动。到如今，每次活动开始前，社会各界热心人士也踊跃报名参与。20 年的春运服务，20 年的爱心故事不断涌现……

其中，有 20 年坚守春运返乡关爱驿站的全国劳模李金兰；为摩骑煮了 10 年糖水的“姜糖哥”梁庆强；用爱照亮“灯塔”驿站的“姜糖夫妻”车焕彬、秦宇；曾经的被服务对象后成为持续服务春运的志愿者潘虹；中国石化健康快车的受益者熊志连、王俊臣；蒙山能友村副书记莫顺隆和脱贫户冯美兰；退休不退岗的心理咨询师胡建萍等。他们怀着一份情怀，一股干劲，一颗热心，用行动传承这项春运爱心服务。

随着“情暖驿站”社会舆论热潮的不断升温，这里也吸引了大批中央驻桂和广西主流媒体的记者，他们奔赴梧州、贺州等地现场采访，通过报纸、电视台、电台、网络、微博、微信等多种渠道，宣传中国石化服务春运的动态新闻和感人故事。活动影响力不断扩大。

有一种情怀，叫情暖驿站

一路走来，广西石油把这份传统意义上的善举上升为一种情怀文化，把常规的暖心服务延伸到春运情怀的传递，先后推出了心愿墙、拍立得全家福、爱心接力、时光长廊等多个创意、暖心、接地气的活动，深受乡亲们的欢迎。

回家过年，是中国人的传统习俗。随着经济的发展，选择骑摩返乡人员会越来越少，但只要社会还有需要，广西石油将继续坚持这项关爱活动，让这份爱和情怀延续下去。

（广西石油）

自愿捐献 1/4 工资

南京解放后，按照毛主席指示：“党在这里的中心任务，是动员一切力量恢复和发展生产事业，这是一切工作的重点所在。”为此，永利铔厂想方设法恢复生产。但是由于解放前后四个多月的停工，复工困难很多，不仅工人生活没有保障，资方同样处于破产边缘。1947 年停工 101 天，1948 年停工 69 天，1949 年停工 179 天，产品产量从未达到过设计水平。整个企业靠外债或商业投资维持，以至于动力车间锅炉房和合成氨车间煤气厂都曾被插上标签，抵押给银行。尽管职工们坚守岗位，却有力无处使，又拿不到工资，只有厂方每月发的几斗大米、黄豆和两块银元的补助。

恢复铔厂生产生活面临四个突出难题：第一，资金问题，不仅职工工资发不出，就连购买生产原料也拿不出钱；第二，原料和运输困难极大，主要原料焦炭没有来源，津浦铁路线上的蚌埠大桥被国民党军队溃逃时炸断，还未修复通车；第三，电力供应无着落，铔厂用电量很大，而淮海战役后国民党军队把输电网线割断，生产用电中断；第四，要寻找产品销路……南京市委领导明确要求，解决四个难题，要依靠工人阶级的积极性、主动性、创造性、国家主人翁的觉悟，要调动民族资本家的爱国主义精神。

南京市军管会主动和华北人民政府联系到一万吨焦炭，不但价格低廉，而且先交货后付款。运输问题由刘伯承司令员亲笔批示，电告铁道部直达列车运送。至于产品销路，确定由国家收购，面向国内市场，资金也尽可能给予解决。这样一来，就为铔厂解决了最大的难题，为复工创造了先决条件。1949 年 6 月 14 日，全厂隆重地召开了点火复工大会，中共南京市委代表陈慎言、市总工会筹备委员会主任高骏，还有从上海专程来宁的侯德榜先生都参加了这一盛典。全场人员肃立在毛泽东、朱德的巨像前庄严宣誓，决心以新的劳动态度，加紧生产，为人民谋福利，为建设繁荣昌盛的新中国而奋斗！会后举行了盛大的火炬游行。当游行队伍进入锅炉房，火把投入锅炉，全厂一片欢腾，高呼口号：“庆祝复工！”“让锅炉永远冒烟！”“永远跟着共产党走！”随着锅炉的点火，沉寂了很久的机器转动起来，铔厂从此宣告了新生。

四个多月的坐吃山空，使得劳资双方都已困难重重。而工人们经过四个多月的护厂斗争，为保卫工厂作出了很大贡献，有些人已经是相当艰苦了，有的还背了债。他们中有些人要求补发工资，也是合法合理。但工厂刚恢复生产，一下子补发四个月工资，资方在资金上确有困难。刚建立的南京市人民政府，也只能给予一定限度的支援。面对这一难题，铔厂党支部紧急召开了会议。王春海、朱明、郑英、华人俊等几位支委，经过和党内同志及部分职工商谈后，主动提出减少职工工资的四

分之一，帮助厂方减轻负担，顾全复工后正常生产这一大局。同时继续通过“同人互助会”互相接济，帮助很难维持生活的职工共渡难关。

由于此举涉及职工切身利益，南京市委十分慎重，经过党支部和工会广泛听取职工意见，大家都表示响应党支部减少四分之一工资的建议。他们一致认为，减少四分之一工资，不单是为了资本家，也是为了工人阶级的国家，这是我们工人当家作主的一点点心意，以实际行动为新中国作点贡献。最后经南京市委批准并报请中央同意后正式实施。

随着生产恢复、经济形势好转，企业逐渐归还了职工捐献的工资和利息，到 1984 年全部归还完成。

回首南化公司的九十年，经历过多次艰难时刻，无一不是靠着全体职工的同心协力共同度过。而每当企业有了效益，也是第一时间增加职工的薪酬、提高职工的福利待遇。这是“企业依靠职工发展、职工依靠企业成长”的最好体现，是“双向奔赴”的最好实践！

（南化公司）

黄河水文章 齐鲁护安澜

黄河之水天上来，奔流到海不复回。

2021 年 10 月 22 日，中央召开深入推动黄河流域生态保护和高质量发展座谈会。齐鲁石化主动融入这一国家战略，努力做好黄河水文章，通过大力推进污水回用项目，树立打造“国企 +”区域达标模式等方式，千方百计管住“水袋子”，守护黄河流域“生命线”。

如今，一掬黄河水在齐鲁石化的生产流程中需经过两次或多次循环。黄河水在齐鲁石化产品体系中，留下了母亲河的味道，为滨海湿地带去黄河流域生态保护和高质量发展的期冀，不断诉说着人与自然和谐共生的故事。奔腾东流的黄河水，已成为齐鲁石化追求绿色高质量发展的有力见证。

历史性变革，黄河水润石化城

“水是生命之源、生产之要、生态之基。在我们的生产过程中，一方面大量新鲜水补充到循环水系统后用来冷却设备物料；另一方面新鲜水制成化学水后产生蒸汽，可发电、供热和驱动设备；另外，水也参与化学反应或物料调配从而进入产品系统。可以说，没有水我们的生产寸步难行。”齐鲁石化生产技术部水汽管理科副科长涂俊说。

齐鲁石化建设之初，丰富的水资源供给是其中一个很重要的先决条件。随着生产规模的倍增，取水量也呈现快速增长，单靠地下水已难以满足生产、生活所需。

2001 年开始，齐鲁石化与淄博市人民政府协作实施引黄供水工程，年底建设投用并开始向齐鲁石化供水。“十三五”期间，淄博市引黄供水工程向齐鲁石化年均供水 2925 万吨，占齐鲁石化取用新鲜水总量的四成以上。

九曲黄河的最后一道弯，名为“安澜湾”。汤汤大河似急还缓，这里也成为淄博引黄供水的最好源头。黄河水为淄博市的农业灌溉、工业生产和人民生活用水提供了稳定供应。

如果说原油管道是齐鲁石化的“大动脉”，那么引黄供水管道便是齐鲁石化的“静脉血管”。

源自巴颜喀拉山、流经 5000 多公里的黄河水引入后，既让齐鲁石化的生产和生活用水有了稳定保障，也直接进入到产品体系中，大家熟知的齐鲁烧碱产品，就有了母亲河的“味道”；黄河水还变成了齐鲁石化装置的“除盐水”，以蒸汽形式对外输出，随着供暖季的到来，化作蒸汽的黄河水将走进临淄百姓家中，为群众安居驱寒保暖。

徐林鸿是齐鲁石化供排水厂生产技术科的调度班长，谈起供水他感慨良多。“原来一到用水高峰期，各单位纷纷打电话要求保证供水，这边说循环水池要见底了，那边说生活区要断水……竞相要水的情况屡见不鲜。”徐林鸿说，这些年有了黄河水这个水源后，齐鲁石化基本没再出现过供水紧张的情况。可以说，引黄供水为齐鲁石化彻底解决了生产生活后顾之忧，在公司供水史上是一次历史性变革。同时，也拓展了淄博市和齐鲁石化的工农业水源，为减少地下水过度开采、有效保护地下水资源发挥了重要作用。

黄河水润石化城，带来的还有生态的变化。

湖田、西夏、辛南、辛北、二化、炼油、橡胶等环绕齐鲁石化的各水源地统属于大武水源地，是齐鲁石化主要的取水水源，也是淄博市重要水源。

长期以来地下水的开采，导致地下水位持续下降。根据《淄博市水资源管理办法》，大武水源地已被列为地下水禁止增采区，区内不得增打新井。原有水井因故确需更新的，须经市水行政主管部门检查认定后，方可更新凿井，但不得增加取水量。新井启用前须封闭旧井。

“原来我们深井的水位基本在地下50米以下，极端情况水位甚至低于海平面，可以说水源濒临枯竭。那时候只要看到深井上水小了，心里就发慌。可随着地下取水量的大幅减少，水位不断上升，去年和今年夏天大雨过后，湖田等地的有些水井液位直线上升，看到这一幕，我们真的很振奋。”齐鲁石化老供水人魏忠风谈起这一变化，兴奋得眉飞色舞。这种感觉可能外人无法体会，可这却是绿色发展理念在水源涵养方面的呈现。

系统性重塑，节水成为思维习惯

正是因为曾经的水源紧张，齐鲁石化特别注重节约用水。齐鲁石化办公楼里，不少办公室仍然保持着脸盆接水的习惯，办公楼卫生间内随处可见“节约用水”的提示字样。节水写进了文件里，融入了流程中，甚至成为一种习惯。

其实，对于齐鲁石化来说，每年用水成本算起来在2亿～3亿元，在齐鲁石化的生产体系中，这个成本占比并不高，可是为什么要跟2亿～3亿元的用水成本较劲呢？

对此，作为水务管理人员，齐鲁石化生产技术部涂俊和供排水厂公司公用工程专家欧焕晖有着一致的想法。

做好水文章，首先是可持续发展的要求，也是绿色、低碳发展的要求，如今也是齐鲁石化融入黄河流域生态保护和高质量发展的一种行动自觉。

大河滔滔一万里，每一滴水都有自己的使命，白白浪费是对大自然的亵渎。“为了实现水资源节约和集约利用，我们大力推进污水净化，加大力度推进污水回用。”说起节水，涂俊感受颇深，“我们公司上下真是西瓜、芝麻一起捡。如果说污水回用是西瓜，那么各厂的节水改造就是捡回来了芝麻。”

这天一早，齐鲁石化供排水厂乙烯净化车间班长梁立荣照例开始了污水场各处理单元水质取样工作。从来水、预处理、生化处理、深度处理到总出水，数十个不同点位、不同颜色的样品瓶按标号排列在采样框中，由浊到清。不必等到化验结果出来，凭借多年日复一日运行操作的经验和现场观察，即使不用便携式分析试剂辅助快测，他心中基本也有了数。“今天污水场又将开启高水平稳定运行的一天！”

水质好不好鱼儿最知道。经过排水生物指示池，畅游的鱼儿仿佛窥见了他的心思，靠到岸边泛起圈圈涟漪。在梁立荣看来，如今的污水也已形成生产力，经过他们处理过的优质污水被再次回收进厂，作为不同用途循环使用。

供排水厂乙烯污水场污泥干化设施增设喷淋水管线项目，就是将固废装置干化单元喷淋水由地下水改为乙烯污水场出水。污水经过净化处理，重新投入生产链条，实现污水回用减排和节约新鲜水的双重目标。

当内循环成为再循环，不仅折射出太阳的光辉，还折射出生产流程的系统性重塑。

现在，供排水厂二化水务车间化学水处理装置产出的高品质除盐水源源不断供应到生产装置。水还是原来的水，可是水又不再是原来的水。

该车间的化学水系统的再生剂由硫酸改为盐酸，消化使用氯碱厂的副产品盐酸 4000 吨 / 年，来替代外采硫酸。改造后，大大降低了装置水耗，保证了装置运行的连续性，同时在减少污水、固废产生环节成效显著。可实现年节水 5 万吨、节电 2.5 万度，增效约 160 万元。

数据显示，齐鲁石化新鲜水取水量同比有效下降：2022 年 1 至 9 月累计取水 4410 万吨，其中黄河水量 1813 万吨、地下水量 2597 万吨，月均 490 万吨。较“十三五”末的 2020 年月均减少 14 万吨，预计年节水 160 万吨以上；与 2021 年新鲜水取水约 509 万吨 / 月相比，同比下降 19 万吨 / 月。

整体性重构，推进与自然和谐共生

梁立荣的感受也正是近年来齐鲁石化持续优化水环境的一个缩影。

欧焕晖告诉记者，对于齐鲁石化来说，做好自身污水的达标排放是基本要求，他们还把污水回用节水和助力地方发展作为重要的经济社会责任。

作为山东最大的炼化一体化企业，齐鲁石化在推进自身污水达标减排的同时，还基于地方需求，先后与齐鲁化工园区的百余家地方企业签订废水处理服务合同，充分发挥其在废水处理方面的专业化优势，帮助地方企业实现共同达标。“从我们的角度来看，一切都是为了守住水更清。”

污水处理最大的难度在于上游来水的成分和稳定性。齐鲁石化污水场进水来源众多，水质成分参差不齐，并且波动较大，给污水场稳定运行带来了很大难度。污水主要还是靠微生物来处理，前些年微生物被来水中污染物“杀死”、系统近于瘫痪的情况并不鲜见，这些年齐鲁石化通过不断强化上游监管、内部优化攻关和完善升级改造，实现了齐鲁石化乃至整个齐鲁化工园区的稳定达标排放。

为了保证达标排放，齐鲁石化除了在环保技术上不断增加投入外，还主动进行延伸服务。欧焕晖说，对于高盐、高磷、高氟工艺企业，这些性质废水的接收处理是一大难题，于是齐鲁石化主动派出技术人员帮助相关企业进行预处理改造，最终实现了上下游的有效达标。

完整的水处理链条，也实现了生产环节的整体性重构。如今实现回用后的中水，已经逐渐成为齐鲁石化的重要水源。齐鲁石化现有各回用水装置 2019 年累计回用污水 608 万吨，2020 年累计回用 681 万吨，2021 年在装置检修 1 个多月的情况下累计回用 687 万吨，2022 年截至 9 月 30 日，累计同比增产 55 万吨，增幅 11%。连续 3 年大幅上升，有力促进了节水减排。新立项实施的供排水厂炼油南区污水回用装置正在紧张建设中，投用后将每年增加污水回用量 190 万吨。

走进齐鲁石化安全环保部副主任师李雷的办公室，墙上一张齐鲁石化平面图格外醒目，摆在地图前面的是两份排污许可证。李雷告诉记者，近些年来齐鲁石化持续推进水环境治理，COD 排放标准从 120 毫克/升下降至 40 毫克/升，氨氮排放从小于 50 毫克/升下降至小于 2 毫克/升。“国家标准的持续提高，对于企业来说是个压力，却也是企业不断加快水环境治理推进绿色发展的推力。我们的废水最终通过排海管线排出，水质主要指标按照河流断面标准，这些年来持续稳定达标。引来的黄河水到齐鲁石化拐了一个弯，最终与小清河合流进入渤海。”

殊途同归的黄河水在这里讲述了一个节约、集约用水的故事，也留下了一个尊重自然、顺应自然、保护自然的故事。

李雷说，这些年齐鲁石化产能不断增加，已经连续 14 年加工原油突破千万吨。在产能整体提升的情况下，齐鲁石化持续增加环保投入，并通过生产流程优化、装置节水改造等举措，实现了增产不增污。

（齐鲁石化）

让每一滴水焕发绿色生机

宁夏能化公用工程运行部技师团队以“让每一滴水都焕发绿色生机”为目标，不断探索、勇于创新，解决了一个又一个难题，攻克了一个又一个难关。

这是一支敢于挑战的团队

2022 年，运行部经受了一场史无前例的考验，就是要不遗余力落实高盐废水暂存池返水工作，通俗地说就是要将多年来遗留的高盐废水处理合格后全部回用到生产中去。这部分存水水质恶劣，一旦处理不好定会影响现有装置的运行。既要完成这一艰巨任务，还要做好装置平稳运行和对外保接保供，工作量几乎增加了一倍！大家都说：“这项任务关乎绿色发展，是工作任务，更是政治任务，我们要坚决完成！”

面对难题，技师团队冲锋在前，带头解决瓶颈问题。返水过程中会遇到怎样的问题，该如何解决，都是未知数。但大家充满斗志：“正是考验咱们团队的时候，见招拆招、战无不胜！”虽然大家信心十足，但是当返水正式进入系统后，“高密池出水总硬去除率低”“蒸发结晶单元运行周期短”等问题也逐渐显现出来。面对突如其来的难题，队员们每天轮流跑现场、做实验、找方法，全身心投入到难题攻关中。“把熟石灰加药点向来水方向移动 1 米，在折墙处进行混合有一定的效果！”“我也实验过了，但是要做好出水水质和中心筒的监控，可能会造成污泥堆积。”技师们常常扎在高密池边讨论、边试验，一待就是一天，最终通过不断地实验和总结，成功啃下了这些“硬骨头”，蒸发结晶装置连续运行达到 180 天，创下了历史新高，实现了高盐水满负荷运行，较好地完成了 230 万方返水任务。

这是一支甘于奉献的团队

按照集团公司 2 号令的要求，落实“五懂五会五能”和“手指口述”相关工作迫在眉睫，技师团队负责人王志鹏主动请缨，揭榜挂帅，并郑重表态定会保质保量完成。

时间紧、任务重，团队紧急召开碰头会，详细商讨了工作计划，分兵两路开始奋战。“高工带领一队编制操作卡，每定稿一项立刻发给二队进行视频拍摄，我们抢速度更要保质量！”分工明确后，大家各司其职、迅速行动。白天拍摄，晚上剪辑配音，加班成了常态。大家和时间赛跑，与质量较真，最终利用一周时间，超计划提前完成了 120 项岗位操作卡编制和 86 个手指口述视频，还借机编制了运行部技能等级认定的实操题库。

“手指口述”视频经运行部审核后，通过中控室大屏滚动播放，员工们可以利用工作间隙观看学习，这种生动直观的方式激起了大家浓厚的学习兴趣，大大地促进了规范操作。技师团队也摇身变成了大家追捧的“导演团队”，还在运行部收获了大批“迷弟迷妹”。

这是一支善于探索的团队

2021 年 7 月初，公司开始推广国产实时数据库，运行部技师高星经过公司集中培训后，临危受命承担完成内部国产实时数据库组态工作。此时，人手不足、工作量大成了最大的阻碍，技师团队坚定信念，立志一定要啃下这块“硬骨头”。经过认真筹划，从各班组抽调技师及骨干人员组建成团，迅速着手制图组态。“路虽远行则将至，事虽难做则必成。”遇到难题，高星总是这样鼓励大家，队员们也都铆足了劲儿。经过紧锣密鼓的 15 天奋战，最终在全园区率先完成 89 幅工艺流程图绘制和生产运行数据化整合，采集应用 11341 个数据点，实现了罐区库存动态平衡、脱盐水水耗实时跟踪等功能。“工作室不仅完成了安排的任务，还将重点监控的工艺报警、设备疲劳预警等整合到数据库中，解决了一些制约装置运行的隐患问题！”团队也因此获得了运行部领导的极大肯定。

这就是技师团队的故事，在创新创效、技改技措中率先垂范，带动了技能操作队伍综合素质的整体提升。时至今日，工业废水回用率近 100%、高盐废水应收尽收。让天更蓝，让水更绿，这是团队的担当，更是团队的责任！

（宁夏能化）

扬帆起航再出发

我的名字是曹晓航。2011 年，作为九江石化“电仪小分队”中的一员，我有幸被调入机动部电仪室锻炼学习。

师傅们说，仪表是装置的眼睛和大脑，它的好坏关系到装置运行是否安全稳定、经济高效。想成为一名合格的仪表技术员，不能贪图轻松省事，得多闻、多看、多思、多辨、多练。

那时候，我最大的兴趣就是央求师傅们带我去现场“探宝”，第一次见到五花八门、各式各样的控制阀、DCS、PLC、流量计、液位计、分析仪时，我顿时傻了眼，有些仪表知识在课本中根本找不到，就更谈不上融会贯通了。师傅看出我的尴尬，主动安慰我说，学好专业非一朝一夕之功，饭要一口一口吃，路要一步一步走，是急不来的。

“行是知之始，知是行之成。”时逢装置大检修和煤焦代油建设施工，白天我就向现场技术人员学习仪表安装和调试，没有理解的，晚上就回去查图纸、找资料。实在不能领悟的，索性就借来仪表和工具，自己动手拆解回装，上电测试，对推算的数据和结果进行验证。那段充实而又快乐的时光，给我的工作带来了源源不断的动力。

2013 年 10 月，我参与公司油品质量升级项目前期工作。这项工作与以往不同，不仅要对装置工况清楚知晓，对仪表规范熟练掌握，对仪表选型精准把控，更要结合仪表管理经验举一反三，提前料想到后期运行可能碰到的问题，并在设计阶段提出改进。“学问学问，不懂就要问。”遇到困惑，我就当场向专家们请教，专家们的正确引导和权威解答，顿

时令我醍醐灌顶、茅塞顿开。经过多个通宵达旦的奋斗，我们完成了技术参数的核对、疑难点方案的论证、程序逻辑的确认工作，装置开工过程仪表调试异常顺利，运行平稳有序。

学以致用，以学促用，学用相长。项目建设的锻炼，极大地拓宽了我的视野，磨炼了我的意志，我迅速成长起来。2017 年至 2021 年，我牵头完成了公司 10 余套装置 DCS、机组控制系统改造，以及公司炼油装置自控率提升、12 套装置加热炉增设 CEMS、装置仪表大检修等重点项目的把关与实施；参与完善了公司仪表预防性工作策略、仪表设备管理办法、仪表设备设计购置导则；组织开展了芳烃联合装置设计审查、技术协议签订、“三查四定”等工作，签署技术文件 57 份，提出意见 400 余项。

2022 年 3 月下旬，正值芳烃装置联运的关键时期，运行部陆续发现了 73 台大口径泵送隔离阀、吸附程控阀动作异常，这些阀门直接影响到装置连续生产和最终产品纯度、收率，如果不能及时处置，一切努力将前功尽弃。了解情况后，我立即向主管领导汇报，并第一时间组织技术骨干对相关情况进行分析和攻关，最终找到了问题根源，制定了最优处理方案。在公司领导高位推动、部室领导大力支持下，尽管受疫情管控的影响，但是所需材料、配件在一周内就全部落实到位。有了上下同心的强力保障，我们克服了持续多天的阴雨天气和人力不足的困难，终于在 5 月来临之前高质量、高标准地完成了交付投运工作。夜幕笼罩，当我穿过寂静的街道，拖着疲惫的身体推开家门，看着桌上依旧温热的饭菜，被窝里酣睡的妻儿，心里却是对她们关爱太少的愧疚、错过孩子成长细节的遗憾。

人生的道路，没有坦途，更没有捷径。想要蜕变，就需要历经锤炼；想要成长，就得承受寂寞、顶住风浪。艰难方显勇毅，磨砺始得玉成。在新的征程中，我将以更加饱满的热情、更加昂扬的斗志，扬帆起航再出发！

（九江石化）

责任与传承

扫码观看视频

广州石化创建于1973年6月18日。1978年广州石化建成投产之际，广东省委习仲勋老书记两次亲临现场指导，希望广州石化建设成为“南粤的一颗明珠”。从此，“南粤明珠”成为企业的光荣与梦想。50年，南粤明珠的文化底蕴积淀深厚。50年，一座城市型炼化企业冉冉升起。50年，一批安全绿色高质量发展项目扬帆起航。这50年，我们看到的是一个企业的蓬勃发展，更看见一位位广州石化人的奋进脚步、拼搏身影，和他们身上彰显的责任与传承。他们将责任视为使命，在平凡的岗位上无私奉献，他们是守护广州石化的最可爱的人。

（广州石化）

从铁人到铁军，传承“铁”的精神

1950 年第一代石油工人进玉门油田的时候，王进喜还是个司钻，但已经是个赫赫有名的人物了，人送外号“石油头”。有年“五一”，甘肃竟然下了一场罕见的大雪。从宿舍到井场的十多里地，沟沟坎坎都填满了，班车根本无法通行。队员们本以为可以好好睡个觉或看场电影，王进喜却对大伙说：“今天是劳动节，咱们是工人，应该为这个节日做点什么，咱多打口井，就是为国家多做一份贡献。我看啊，咱们上井开钻！”说罢，带着队员们，冒着风雪，深一脚浅一脚地踏着皑皑白雪上井了。那一天，他们以实际行动为“五一”劳动节献上了一份厚礼。咱石油人就是这么能吃苦，就是这么能战斗！

1975 年，5050 名石油儿女打响江苏石油勘探开发会战，那一辈石油人的奋斗故事中，最清晰的就是“十三光头战卞扬”。

1988 年的秋天，几百台车辆、船只，水陆联运，日夜兼程，将上万吨物资运抵卞塘现场，拉开了卞扬会战的大幕。13 个清一色 20 岁左右的小伙子，组成了青年突击队，他们 24 小时连轴转，马不停蹄地做着各种工作，凡是急难险重的突击抢险任务，他们都顶在最前面，经常是从头到脚沾满了原油，活像 13 个非洲黑人。条件艰苦、洗澡不便，尤其是头发上的油污更是几遍都洗不下来，小伙子们一不做二不休干脆把头发给剃了。他们的光头便成了卞扬“最亮丽的风景”。这就是特别能吃苦特别能战斗的石油人。

如今，新一代石油工人在老一辈的影响下，也成长起来了。还记得2022年，为落实集团公司关于“财务报表出具再提前1天”的工作要求，扬州服务部多措并举，圆满完成了各项工作要求。成绩的背后，是很多同志加班加点，甚至夜宿办公室换来的。有一天晚上加班的时候，报表组的王玉婷，5岁的女儿一遍又一遍地打电话问：“妈妈，你今天晚上是不是又不能回来陪我睡觉了呀？”想着11点还在等她的女儿，她无奈又心疼地冲着电话吼了一句：“你这孩子，怎么这么不听话，你自己睡！”吼完眼睛已经红了。后来老公发来视频，女儿抱着她的睡衣睡着了，孩子说，上面有妈妈的味道。她再也忍不住了，冲进卫生间，痛痛快快地哭了一场。哭完，回到工位继续工作。

细细想来，“特别能吃苦，特别能战斗”已然成为咱石油人的一种精神。有了这种精神，咱们石油人书写了改天换地的壮丽诗篇；有了这种精神，咱们共享人积蓄了更大的前行力量。让我们重整行装，带着这种精神，向着更加辉煌的远方出发！

（共享公司）

“当工人挺好！”

2023年5月8日11点35分，苯胺作业区1号硝化单元按计划停工检修。设备清洗交出是关键一环，当班员工却很快发现2号硝化锅物料无法排出，尝试了很多办法，都效果甚微。

尹春荣闻讯赶到现场，判断是酸泥堵塞了排料管线，决定采用“虹吸法”。2号硝化锅位于三楼西侧，物料储罐在一楼偏东位置，虹吸管不仅需要穿层，而且为绕过设备要拐几个弯。因为是涉废酸作业，要充分考虑安全环保风险，虹吸管必须可弯曲、耐腐蚀。为此，尹春荣选择了金属软管加阀门，避免管线折叠、减少人工操作。

他们还制作了一根带法兰片的导向管，可以稳稳地落入硝化锅底，将物料一次吸净。金属软管另一头则连接废酸泵出口阀门，随着尹春荣缓慢开启出口阀，金属软管充满液体，关泵、关金属软管阀门，再将金属软管端移入物料储罐，硝化锅内14立方米的物料被顺利吸入储罐。

一场意外消除了，此时已是夜深人静。尹春荣波澜不惊，因为他对装置操作早已得心应手。

尹春荣曾荣获“南化公司模范党员”“江苏省青年岗位能手”等称号。2017年，尹春荣技师团队获得南京市总工会“劳模工作室”授牌。2022年1月20日，当了整整30年工人、亲历或组织了历次苯胺装置技术改造并作出重要贡献的尹春荣，荣获中国石化集团公司“技能大师”称号。2024年初，尹春荣被评为享受政府津贴的高技能人才。

苯胺是一种重要的有机化工原料和化工产品，可用于300多种化工

产品和有机中间体的生产，开发利用前景十分广阔。1992年，尹春荣进入刚刚开工建设的年产1万吨苯胺装置工程，那是公司建设的第一套有机化工装置。

年轻的尹春荣刻苦学习，每天楼上楼下摸流程，经常在培训考试中名列前茅。他主动参与新装置的试车，在装置开车一次成功的同时，尹春荣也脱颖而出，当上了班长。

30年的苯胺生涯，多次技术改造成就了装置，也成就了尹春荣，他“从未有过失落与彷徨”。年产10万吨苯胺装置开车时，担任装置工段长的尹春荣，带领大家一起摸索催化剂再生活化等运行参数；探索流化床最佳操作区间；提高催化剂捕集效率；持续开展精馏系统的优化操作，10万吨苯胺装置很快实现达标达产，产品质量达到国内一流水平。

20年前，他曾解决了中和反应器监测数据不真实问题，消除了重大安全隐患。

2005年，公司苯胺生产工艺技术取得重大突破，获得国家科技进步奖二等奖。他和清华大学专家的名字，并列在获奖名单里。

2022年新春，尹春荣和同事们反复细化开车方案，研究解决具体操作中遇到的各类问题，实现了苯胺质量再提升项目一次开车成功，产品优等品率达到99.5%，更好地满足了高端市场需求。

尹春荣30年对化工操作技术刻苦钻研和精益求精的精神，赢得了同事和家人的赞誉。

一枝独秀不是春，百花齐放春满园。尹春荣把带出一流的技工团队作为自己应尽之责。每次系统检修，他都安排技师课堂，现场讲学，开展了“技师授课进现场”“现场 1+1 讲解”等活动，采取“自助餐”“营养餐”“调配餐”等授课方式，把技术送到岗位、送到现场。

“技能大师工作室”既是技术攻关的平台，也是提升技能的课堂。2020 年硝化工艺重大隐患治理恢复开车时，系统因长时间停工造成了高沸物结焦，塔釜和再沸器连通管堵塞。他和同事们综合考虑安全、产量、质量等问题后，提出了采用适度加热、“淹没”再沸器的对策，以最小的代价解决了问题。

市场就是生产调度令。在市场剧烈波动时，苯胺装置曾经前所未有地频繁调整负荷，最多时候一个月调整了 200 多次。尹春荣带领大家开展岗位技术练兵，严格执行操作规程，做好重要操作变更的带班工作，实现非常状态下的安全生产。他和同事们一道探索实现苯胺装置四套系统设备互用，最大限度减少能耗与物耗。

习近平总书记曾赞誉产业工人是“真正在添砖加瓦建设中国特色社会主义现代化强国大厦的人”。身处伟大时代，“当工人挺好！”尹春荣为 30 年的奋斗生涯感到骄傲和自豪！

（南化公司）

撒哈拉打井人

非洲是一片充满希望、机会和梦想的大陆。在中国石化集团公司的正确领导下，中地海外人扎根非洲几十年，在实现自身发展的同时，努力为推动中非合作做出积极贡献，演绎了一段在撒哈拉沙漠边缘奋斗的故事。

阿尔及利亚因萨拉镇位于撒哈拉沙漠边缘，常年干旱少雨，居民用水困难，该镇打井项目是阿尔及利亚水领域世纪工程的关键一环。经过数月的现场踏勘，新星公司参加了 24 眼井的国际招标，在 16 家竞争者中脱颖而出，一百多名同志组成了 1 个项目部和 7 个井队，奔赴前线只为一个目标，让荒漠中涌出清冽的甘泉！

这里是茫茫戈壁，灼热的气浪在荒原上涌动，高温晒伤屡见不鲜；这里严重缺水，项目员工每日用水量都受到严格的限制；这里没有高楼耸立，员工日夜奋战后的庇护所就是那一个个矮小的集装箱，办公室、厨房也都是他们亲手用集装箱改造的。由于这是他们第一次在阿实施水利项目，各方磨合得还不是很顺畅，阿方业主与现场监理有时就施工方案各执一词，影响施工进度。面对困难，他们始终保持积极乐观的态度，以耐心的沟通协调和严谨的工作作风取得了各方的信任。

记得那一次，项目员工历经千辛万苦，打下 600 米的井孔，却在试水时发现出水含沙量大。技术团队连夜探讨最佳解决方案，国内国外机构联动研究过往案例，物资保障团队长途跋涉采购相关耗材，最后凭借集体的智慧和力量，以最快的速度解决了问题，保证了施工工期。排除万难的员工越战越勇，经过三个月的艰苦奋战，第一眼水井终于成功出水，水柱喷起十几米高，出水量达到了勘探井流量的 2 倍，在场的所有人都欢呼雀跃、热泪盈眶。

时任阿尔及利亚水利部部长到项目考察，对中国打井队专业、高效的工作能力赞不绝口。2011 年，公司还因该项目获得了中国驻阿使馆颁发的中阿合作杰出贡献奖，这些更加坚定了员工们扎根非洲的决心。

相知无远近，万里尚为邻。正是有千万创业者不远万里，走进非洲，才筑牢了中非友谊的根基；正是有每位员工的无私奉献，才能把中地海外真正打造成“非洲发展的伙伴”“中非合作的桥梁”！

（新星公司）

拓荒牛

2012年，销售公司网络飞速发展，逐渐向区外延伸，辽宁石油在销售公司的支持下，大刀阔斧地扩充网点。彼时也是营口石油开疆拓土的关键之年，在区域优异网点发展殆尽、民营站点价格高企的大背景下，自主拍地建设加油站成为打开营口地区成品油市场的新突破。营口石油通过调研，看好了沿海地区的经济发展前景，安排专人每天紧盯着土地拍卖信息。2012年10月，我们关注到一宗商业出让用地，规划为加油站用地，如果能在新区竞得这块土地建设加油站，将进一步提升中国石化在营口地区的品牌影响力。

翻阅辽宁石油网络发展的历史，我们并没有找到自主建站的经验。面对一个个未知的挑战，营口石油人不畏困难、冲锋在前，勇做辽宁石油第一个自主建站的排头兵。在取得辽宁石油的大力支持后，营口石油进行了多次实地调研、反复论证，马上投入到激烈的竞买工作中。参与竞价的人们一个个摩拳擦掌、互不相让，在看不见竞争对手的一个月里，竞拍陷入拉锯战，你加50，我加100，直到竞拍的最后一天，各竞争对手都开始疯狂加价，场面已经白热化。截至当日下午4点，历经60余轮194次叫价，营口石油最终以1280.79万元的价格成功竞得这块加油站土地。竞拍成功那天，营口石油人并没有太多喜悦，因为我们知道这仅仅是自主建设加油站的第一步。

没有加油站平面规划图，好不容易竞得的土地，也只能是无用之地。在签订土地合同之后，营口石油马上联系设计院出具加油站平面规划图，本来一切都在顺利地进行着，偏偏在最后正式审批时，被告知政府的城市空间规划有修改，需要我们更改油罐的位置。虽然我们预想到了自建加油站的路上会很坎坷，但没想到一个个难题这么快接踵而至。

在这之后，政府的城市空间规划反复修改了4次，加油站平面规划图也被迫修改了4次，加油站的油罐从站房后到站房东，从站房西再到站房的正前方，每次修改我们都需要重新确定设计方案、准备联审会材料、等待市政府审批，就这样在反复论证、确定方案、政府审查中耗费了两年时光……就在我们以为可以顺利进行加油站建设的时候，由于确定加油站平面规划图时间过长，未按土地合同签订的建设日期开工，2015年8月，我们收到了营口市国土资源局沿海分局下达的《闲置土地认定书》及《征缴土地闲置费决定书》，认定土地闲置原因为企业原因，要求营口石油缴纳土地闲置费250余万元。这一纸决定无疑是给营口石油的重重打击，两张纸握在手里沉甸甸的……

为了加速项目推进，我们没有片刻犹豫，第一时间向营口市国土资源局沿海分局申请听证，判定结果不尽如人意，但我们没有放弃，又陆续向营口市国土资源局、营口市人民政府、辽宁省国土厅多次申请复议，但结果均以失败告终。接二连三的打击未曾动摇我们的决心，大家总结经验，继续准备资料向省政府申请行政复议。此时，又恰逢省政府对市政府班子及营商环境进行考核，经过充分的沟通，市政府同意与我公司协商解决土地闲置问题，最终撤回了《闲置土地认定书》，我公司也相应撤回了行政复议申请。

我们满怀欣喜地以为土地闲置纠纷终于解决了，正要办理各种审批手续的时候，没想到又出现了阻碍。此时，正赶上国土资源部在营口督查，查到了营口石油的土地闲置问题，于是，营口市国土资源局再次向我公司下达《闲置土地认定书》和《征缴土地闲置费决定书》，我们被迫又一次上了无休止的战场……

在公司领导的带领下，发展部门全体员工扛下了破解土地闲置难题的攻关任务，他们顶着重重压力，一致决定起诉营口市人民政府，只有打官司才有胜算。经过激烈的分析讨论、查阅大量的相关资料、琢磨研究法律条文，在开庭审理的当天，出乎众人的意料，我们胜诉了！打了个漂亮的翻身仗！这次胜利远远比成功竞拍土地还要高兴，因为这一次我们是彻彻底底地解决了土地闲置问题！彼时，又一个“两年”过去了……

时光荏苒，我们总说成功的路上布满荆棘，如今完完全全在自主建站的过程中得到了印证。营口石油人啃下了“硬骨头”，挑战了“不可能”，在这场没有硝烟的战斗中，靠着愚公移山的志气、滴水穿石的毅力，无数次跌倒又站起来，在“宁愿苦战，不愿苦熬”的呐喊中书写着新时代的奋斗故事……

在长达5年的时间里，从土地竞拍到设计规划，从土地纠纷到完成验收，大大小小的会开了20余次，与政府相关部门沟通近百次，听证、

复议6次，所有的材料堆积起来有1米多高……一个个彻夜难眠的等待，一场场心力交瘁的煎熬……其中的酸甜苦辣，我想，只有经历的人才懂吧。

历经半载，新利加油站终于拔地而起，就像自己的孩子呱呱坠地，它在阳光下是那样的夺目。一张张照片，定格了过去几年里营口石油人一起拼搏过的日日夜夜、春夏秋冬，共同见证了辽宁石油第一座自主拍地、自主建设的加油站从无到有、从少到多的艰苦奋斗历程。如今的新利是集加油、加气、购物、洗车于一体的综合服务加能站，是营口石油第一座站长站、第一座培训站，拥有第一座EAP活动室，并荣获多项荣誉……

走过昨日逝去的岁月，点燃新的希望。现在的辽宁石油拥有451座加能站，自主建站28座、新形象站31座、新能源站31座、特许加盟站32座……每个数字的背后，都满载着无数辽宁石油人日以继夜的奋斗与坚守。今天，我们回顾历史，不是为了躺在功劳簿上从成功中寻求慰藉，而是为了总结历史经验、把握发展规律、传承优良传统，增强开拓前进的勇气和力量。

蓝图鼓舞人心，号角催人奋进。我们将以中国石化成立四十周年为契机，教育激励青年员工继承和发扬石油石化优良传统，争当推动企业高质量发展的主力军。展望未来，在辽宁石油党委的坚强领导下，年轻一代将继承前辈的创业精神，接过责任与担当的接力棒，赓续精神血脉，端牢能源饭碗，履行国企担当，以优质的产品更好地服务于辽宁大众，让石油精神石化传统永放光芒！

（辽宁石油）

只有荒凉的沙漠
没有荒凉的人生

2022年，面对严峻的安全生产形势和复杂的疫情防控形势，他敢抓敢管、勇于担当，凭着对工作的认真负责，确保了各类油品顺利出厂；他加班加点、任劳任怨，舍小家为大家，用自己的实际行动，诠释着一名共产党员的先锋模范作用；他凭着一股用不完的干劲，在平凡的岗位上，描绘独特的青春奋斗色彩。他就是塔河炼化公司2022年度“先进生产工作者”，储运作业部装油区域大班长——胡晓明。

紧扣火车装载率

“马部长，这两天什么情况？装载率有所下降啊，这样下去我们连基本指标都完不成了……”

“杨总，低凝柴油火车装载率太低了吧，这样子不行，实在不行让你的人到新专线这边来学习一下。”

早上一上班，看到装载率有所下降，胡晓明便立即询问华力公司和九鼎公司的现场负责人。

以G60K火车罐为例，2.395米装载率为94.7%，2.396米装载率为94.8%，2.400米装载率为94.9%。看似只有0.001米的差距，却决定了装载率能不能提高一个档。火车装载率每增长1个百分点，运输费用就降低1%。2020年火车装载率累计完成94.4%，2022年累计完成94.417%。

为了 0.017% 的提升，胡晓明在铁路罐车计量软件上下功夫，通过一次次的尝试、一次次的沟通，终于完成了铁路罐车计量软件的更新。原来一个罐的装油高度，就要计算两三次，每批次 50 节车，光算装油高度就得 1 个小时，而平均每天百余辆的罐车，那就得计算几百次。稍有不慎出现错误，不仅速度慢，影响装车效率，而且装载率也极不稳定。铁路罐车计量软件更新后，一批次的装车高度，计算时间只需要 30 分钟，而且准确率基本上达到了百分之百，让装载率稳步提升。

据悉，2023 年 1—2 月，火车装载率累计完成 94.452%，同比提升 0.069 个百分点，指标稳中有进，创同期新高。

与其抱怨，不如努力

新专线班组负责油品铁路出厂，对内要与公司内多部门进行沟通联系，对外还要经常与铁路部门、华力公司等进行工作协调。由于各单位规章制度的不同，在沟通过程中或多或少会出现一些分歧，不利于工作的正常开展。作为新专线大班长，胡晓明无疑成了各单位联系的纽带，同时也承受了许多委屈，凌晨三四点，协调火车对车、油品装车是经常的事。

常常有人在他耳边说：“新专线这个区域，工作环境差、承包商多、人员结构复杂、沟通困难，你为什么不找领导换个岗位？”他都是笑着说：“与其抱怨，不如努力，没有完成不了的任务，只有克服不了的困难。”

最难时刻，尤见忠诚

2022 年 9 月，突然来临的疫情封控，造成了公司油品出厂受阻。如果成品油不能按时出厂，装置就不得不降量生产，全年的生产任务将无法完成。

受防疫政策影响，新专线装油班原本到岗的 4 个班组中，2 个班组被送至厂外集中隔离，造成在岗人员严重不足。同时，汽车出厂大幅减少，造成火车出厂遇到了前所未有的困难。

厂区人员暂停流动、岗位人员短缺、出厂量大幅增加，一个个困难摆在面前，作为大班长的他，也迎来了职业生涯的一次重大考验。面对突发情况，他没有抱怨，没有退缩，而是全身心地投入到工作中。看到大家的精神状态不好，他立马变成了一名心理疏导员，鼓励大家共渡难关；看到大家疲态突显，他立马变成一名钢铁战士，穿梭在油品装车现场；看到大家感染发烧，他立马变成一名医护人员，又是送药，又是端水。

2022 年 11 月中旬，家中老母亲突然去世，他穿上防护服，离开厂区，安安静静地送了母亲最后一程；安葬完母亲后，大家都劝他休息休息，但是他收起心中的悲伤，第二天便返回岗位，与班组的兄弟们并肩作战。当大家看到他后，即便个别发牢骚的人也干劲十足，确保了公司油品的顺利出厂。他用自己的实际行动诠释着党员先锋模范带头作用，用自己的行动演绎着对企业的忠诚。

他没有惊天动地的事迹，没有激情澎湃的豪言壮语，也没有渊博的理论知识，但是他用自己的实际行动演绎着石油石化“三老四严”“四个一样”的优良传统，用“勤能补拙”的工作风格守护着自己的初心，用不畏艰难、砥砺前行的工作状态表达着老一辈塔化人对这片土地的热爱，用“掉皮掉肉不掉队”的工作态度积极加入到公司高质量发展进程中。

（塔河炼化）

在装置一线打破国外垄断

徐亚明是高桥石化炼油一部总工程师，他专攻目前国内首屈一指的全加氢工艺装置——高桥石化润滑油加氢装置。徐亚明责任心强，敢抓敢管，面对困难，身先士卒，直面挑战，关键时刻冲得出、瞄得准、打得赢。装置生产的各类高品质润滑油和特种油品覆盖了能源、交通、冶金、采矿、航海、机械等领域，填补了国内五大类高档油品市场空白，打破了多项国外垄断，为我国润滑油保供事业作出了重要贡献。

扎根装置现场 17 年，徐亚明尤其擅长加氢基础油生产技术，在新产品开发领域屡获重大突破。“装置运行的‘指挥家’”，这是高桥石化炼油一部员工对徐亚明的真实评价。

在担任装置长的 9 年间，从普通的跳电应急到异常操作紧急处置，徐亚明用果敢和专业一一成功应对。根据多年丰富的装置管理经验，他通过管控装置设防值和加氢反应温度、降低产品质量富余度等一系列关键指标，指导装置内外操精细操作，成功应对油种变动、产品研发等生产波动，确保了装置长周期运行。

通过攻关，徐亚明将原本每 3 至 4 年更新一次的催化剂持续使用了近 10 年，节约催化剂更新成本共计 2.4 亿元，创同类装置长周期运行最好成绩，被雪佛龙专家称赞为“世界一流水平”。

多年来，徐亚明立足岗位，认真钻研加氢基础油生产技术，广泛研读新产品相关资料、深挖装置潜力、锚定开发方向，通过横向纵向对比大量试验数据，不断加大产品开发力度，逐项攻破技术壁垒，助力公司

转型发展。

“我们装置产出的‘别克专用基础油’开了国产高端润滑油基础油替代进口油品的先河。”提到创新成果，徐亚明如数家珍。如今，徐亚明负责的装置已成功开发生产出轻质油、HVI3 类系列润滑油基础油、46 号白油、50 号化妆白油等 30 多种高档油品，年产各类高附加值产品 12 万吨，累计增效 1.2 亿元。同时，通过“定制油品”的方式不断延展探索、开拓创新，为产品持续赋能，擦亮“油转特”企业名片。

一心予石化事业，十七载夙兴夜寐。徐亚明说：“我心中时刻牢记‘产业报国’初心，立志用坚实的步伐走出石化人的‘产业振兴’之路。”

（高桥石化）

万里援藏路，实干显担当

去年刚入职，我到松林油库实习的时候，时常听周边同事说起一位援藏的老师傅——老王。提起老王，油库的员工没有不竖大拇指的。老王叫王庄顺，是一名退伍军人，黑黑的脸庞，高大的身材，加上一股军人独特的威严气质，总能给人一种刚正不阿、正气凛然的安全感。

2017年，老王率先垂范，主动请缨，积极响应公司援藏号召："我是党员，又是退伍军人，我报名！"初到拉萨油库，巨大的海拔落差给老王的身体带来强烈不适，令他常常头晕、恶心，但他并没有因为环境和健康问题而降低工作标准。白天他经常巡视油库检查安全设备，晚上整理台账资料，休息前还要巡库一周，然后才放心入睡。同事们纷纷劝他悠着点儿，他却说："我是一名党员干部，既然来到西藏公司工作，就要以一名党员的标准，不忘初心，努力工作，再苦再累也要完成自己的使命，绝不能给云南公司丢脸，更不能给西藏公司拖后腿。"

"百日攻坚创效"活动期间，老王提出了"我是一面旗帜，向我看齐"的口号，大干、苦干100天。"我带头，大家一起好好干！"在活动方案的基础上，从疫情防控和安全管理两个方面出发，实施周通报、月总结，把党建工作与业务工作相融互促，充分发挥党组织作用，圆满完成了"百日攻坚创效"活动的各项工作目标。在老王的带领下，拉萨油库党支部被西藏公司评为了优秀党支部。

工作之余，老王还经常与员工们谈心谈话，从党员班组长到普通员工，时刻了解员工思想动态，解决员工工作和生活中的困惑，确保拉萨油库员工思想统一、行动统一。同时，积极组织员工学习习近平总书记系列重要讲话精神和重要论述，集团公司党组、西藏公司各项文件精神，让全体员工“听党话、跟党走、保中心”，不断筑牢全体员工履职尽责的思想根基。“同志们，虽然环境恶劣，但只要我们心往一处想，劲往一处使，就没有什么战胜不了的困难。”

援藏三年来，由于长期高强度、超负荷的高原工作，老王身体每况愈下，一头黑发也变得花白。援藏期间，他一直驻扎在油库，连周边的景点都没有去过。但是在库区，哪里最苦、最累，哪里就有他的身影，不管是白天还是黑夜，他总是坚守在作业现场，不厌其烦地反复强调安全作业流程的重要性。2019 年，中国石油油库发生油品泄漏。“快！快拿工具来！立即启动油品泄漏应急预案！”由于他发现及时，现场处置得当，有效避免了一起爆炸燃烧事故，保住了两座油库，老王也因此被拉萨市政府评为“安全生产管理先进个人”，并被拉萨市应急管理局聘为专家组成员。

2020 年，由于松林油库施工项目增多，刚刚调回松林油库的老王主动结束休假投入到工作中。从开始动工到施工结束，老王几乎每天都盯在施工现场，严格按照施工作业流程标准，从来不给施工人员钻空子的机会。施工方经常议论的一句话就是“老王最严，最较真，最不好打交道”。

正是这种严、细、实的工作作风让油库的安全管理水平上了新台阶，老王因此也多次获得了先进个人和优秀共产党员的称号，但他从来不会因为获得了荣誉就放松了对自己的要求。如今，年已 52 岁的老王依旧坚守在油库一线，全力以赴地保障着油库的安全生产。老王说：“工作 30 年，我从不觉得自己有多么优秀，我只知道干工作来不得半点虚假，只有一步一个脚印，把每一项工作都落到实处才能把工作干好。”

在云南石油，一批批像老王一样的援藏工作者扎根雪域高原，用坚守和拼搏书写着独特的奋斗故事，用汗水和激情助推着企业高质量发展。40 年栉风沐雨，40 年砥砺奋进，青年员工也将拿好接力棒、当好传承人，继承和发扬石化精神，以更加优异的成绩庆祝中国石化成立四十周年，以更加奋发有为的姿态谱写新时代石化新篇章。

（云南石油）

99.999%！

氦作为一种稀气资源，因其低密度、低沸点，良好导热性，化学性质稳定等特点，广泛应用于航空航天、半导体制造、生物医疗等领域，是关乎国家安全和经济命脉的战略性资源。目前，我国氦气资源极为稀缺，2022 年氦气需求量约 2200 万立方米，而国内工业提氦技术相对落后，天然气提氦成本较高，进口依存度超过 95%。

于细微处发现价值

重庆石油 LNG 工厂在分析产品尾气时发现，氦气富集浓度超过 15%，故可从中提取国家稀缺的氦气资源。工厂主动作为，承担了 BOG 尾气提氦装置建设，与 SEI、北化院、青岛安工院、西南化工研究院等单位协同作战，高效提氦，变废为宝。经专家组论证，中国石化认为这一项目极具开发利用价值，对国家安全与经济发展具有重大意义，入选中国石化“十条龙”重点攻关项目，并于 2022 年 4 月正式开始尾气提氦项目的建设。

于磨炼中担当使命

随着项目施工的进行，各类生产装置进场安装，工厂员工逐步参与项目建设。7 月，重庆的天是火辣而潮湿的，操作员每天都要攀爬冷箱平台无数次，确认现场工艺管线走向，熟悉仪表阀门的安装位置，为项目投料试车做准备，每次回到休息室，后背总是湿成一片，安全帽一摘汗如雨下。

“小段，走，跟我去现场卸液氮。”9 月，提氦项目首车液氮即将卸入装置区罐内，用于装置吹扫、置换。眼下，生产技术部主任雷德军正带着新员工前往提氦装置卸料。

“首先从液氮罐下部进液，上部排气，逐步预冷。”在尖锐的排气声中，雷德军为新员工讲解着液氮罐首次预冷的步骤，并配合卸车员操作调节罐压。

经过 3 个小时的预冷，液氮罐排气声逐渐减小，罐内压力不再明显提高，雷德军指着压力表判断：“现在罐内温度达标，可以开始卸车了。”

过了 1 个小时，液氮卸车完毕。雷德军又开始调节储罐压力：“这是泄压阀，这是排液阀，把扳手递给我，卸车后这些螺栓必须得拧紧。”现场调试结束，雷德军又带着新员工回到中控室，远程调节液氮罐并确保压力、液位稳定后，才长舒一口气，此时，已经是晚上 9 点。“好了，

液氮罐首次卸料完成了。”

吃晚饭的间隙，雷德军还不时叮嘱道：“难得有机会学一次储罐预冷操作，今天看到的东西回去要好好总结，下次可得看你了。”

在项目建设过程中，重庆石油 LNG 工厂员工坚持奋战在一线，干部领着新员工做，技术员带着操作员干，努力磨炼，为提氦项目早日投料试车贡献力量。

于无声处听惊雷

“99.999%！”宣布产品氦气浓度达标后，寂静的中控室爆发出一阵热烈的掌声。2022 年 11 月 18 日，尾气提氦项目一次性投料试车成功产出纯度 99.999% 的氦气产品。这既是中国石化第一次涉猎氦气提纯领域，也是西南地区第一套氦气生产装置，产量达到全国 5%，同时也是中国石化首次应用氦气提纯膜分离技术为国家能源安全与发展建设发挥重大作用。待二期项目建成后，氦气产能将进一步扩大，为氦气资源发展再添动能。

（重庆石油）

有一种绿，叫“工厂绿”

2023年3月26日，央视《新闻联播》“新思想引领新征程——油气勘探开发创新突破保障国家能源安全”新闻中，中国石化机械公司制造的第二代连续满载SCF5000型电动压裂装置亮相荧屏。这套压裂装置是该公司2023年获评国家级“绿色工厂”后的又一项绿色制造创新成果。

“投资绿色，值吗？”中国石化机械公司用持续10余年的绿色转型发展给出答案——

以用地集约化、原料无害化、生产洁净化、废物资源化、能源低碳化为目标，从末端治理到源头管控，把节能减排嵌入生产流程、把绿色驱动融入制造过程，将绿色变成创造力、生产力，用制造“含绿量”提升发展“含金量”。

从绿色治理破题——末端净化“三废”近零排放

仲春时节，中国石化机械四机公司处处透着“绿”的生机。树木葱郁、花草繁盛，一排排、一片片，包围着一个个“人勤春来早”的忙碌车间，释放着春天的活力。

西厂区涂装厂外，沿着车间外墙，工人们正在架设一排长长的架子，几个白色活性炭炭箱等待安装，这里正在建设的是涂装废气提标改造（VOCs治理）项目。

“未来，废气经过吸附净化、脱附再生并浓缩、催化燃烧等一系列工艺，VOCs去除率可达到90%以上。”对于即将实现近零排放，涂装厂厂长左迁充满期待。

聚焦末端治理，净化“三废”排放。污染防治这场硬仗，中国石化机械公司没有犹豫一次、没有退缩一下，守住绿色发展底线，坚定如初。

10 年前，高温、粉尘、噪声……铸造、锻造生产曾是屡遭周边社区居民投诉的对象。该公司以壮士断腕的决心关停铸钢业务，将已运转 47 年的铸造厂房全面停用。同时，建设新的热加工厂，引进国内最高环保标准的锻造生产设备，转型升级。

“扰民的噪音震动早已不复存在。”中国石化机械四机公司总经理张国友说。新厂投入运行，淘汰了空气锤，改用电液锤，不仅减少 90% 以上的震动，还节约了三分之二的电力。

严守污水排放“最后一关”。近年来，该公司高度重视生态环境保护工作，把水污染防治摆在突出位置，新建 1500 平方米的污水处理站，翻新铺设 2200 米污水、雨水管网，日处理量较改造前增长 4 倍，水污染防治取得积极成效。

严防固体废物污染。构建和完善固废收、贮、运、处全闭环管理，开展固废减量化、资源化、无害化处置。新建、改建危废库 3 座、固废库 2 座、铁屑库 1 座。固废产生量同比下降 31.2%，固废综合利用率达 90.22%。

雨污不同流、废水不外排、废气不上天、废渣不落地，排放“绿”带来公司环境“绿”。

从绿色改造着力——节能减排嵌入生产流程

热加工厂，淬火加工时的滚滚油烟、烟熏斑斑不见了，车间里干净整洁。大变化只因一个小改变。

淬火加工时，淬火介质关系着淬火锻件性能，也决定着生产是否

"有排放"。为进一步节能减排、提高产品性能，热加工厂积极对设施和材料"双优化"。在末端治理上，配置废气净化装置；在源头减排上，寻找可以替代柴油的绿色淬火介质。

"以前淬油时，油烟滚滚、味道呛鼻，长年烟熏火燎。"换上新型淬火液，热加工厂工人们直呼"绿得好"，无烟、无味，车间里的空气都变得清新了。

从源头节能减排，把绿色嵌入生产流程。中国石化机械公司锚定"双碳"目标，开启一场全域、全程、全员的绿色改造，努力朝着"资源利用最大、环境影响最小"目标奋进。

该公司制定了涵盖100多项制度的《安全环境与健康管理体系运行控制文件》，从发展理念、技术创新、资源节约、质量标准、安全环保、员工健康等方面，全面践行绿色低碳发展理念。

从培训学习到考评测试，从抽查整改到绩效考核，公司引导每一名员工做好绿色采购、绿色生产、绿色回收，把节能减排根植于心中、见之于行动。

采购部门列出采购清单，逐项对比每个参数，给全厂区更换下高能耗变压器、安装上LED节能灯；物流中心组织改造闲置木头，工人们利用休息时间切割出50余块生产垫木；电缆槽盖板包装遇到难题，自动化设备厂工人盯上了废旧托盘动脑筋，10个托盘就解决了2400个电缆盖板包装；为了提高切削液利用率，该公司购入切削液在线净化设备，在生产中将使用过的切削液集中收集，边净化、边回用……

全员谋"绿"，既有顶层设计，又有"摸着石头过河"，生产线一个个绿色之举，擦亮公司高质量发展底色。

从绿色制造发力——"电动革命"领跑油气绿色开采

"既要开发'金山银山'，更要保护好'绿水青山'。"中国石化机械公司把眼光投向“电动革命”：推动压裂装备从柴油驱动向电驱动转变。

“与传统压裂系统相比，电驱动压裂泵系统作业时的能耗和噪声更低，不产生任何有害气体。”中国石化机械公司高级专家吴汉川说。

在此设想引领下，该公司研制出的5000型电动压裂橇组，成功解决了在涪陵页岩气压裂施工中功率提升难、运维成本高、节能环保受限等难题，与常规柴油压裂装备相比，单段施工成本下降24%，其中燃料成本下降35%，运行噪声降低17%，昔日轰鸣的压裂施工现场变得静悄悄，变得更环保。

页岩气开发挺进深层“库存”之时，又迎来了一场页岩油绿色开发“革命”。

在济南济阳区，中国石化胜利济阳陆相断陷湖盆页岩油国家级示范区重点工程、“樊页1试验井组”现场，中国石化机械公司带着12台5000型电动压裂橇投入首轮压裂作业。首轮施工3口井105段，刷新胜利页岩油水平井单日施工段数最多等多项纪录。

12 台 5000 型电动压裂橇，总功率达 6 万马力，现有技术虽然实现了大功率，却带来较高的购置与维护成本。压裂任务虽然顺利完成，却让该公司清楚地看到绿色产品的升级空间。

绿色制造，勇往直前。中国石化机械公司一头扎进适应页岩油开发的新技术新装备攻关中，加快自主研制页岩油绿色、高效、低成本开发的压裂装备。

引入高铁电传技术，升级多级精确润滑技术，创新压裂装置大速比行星减速技术……2023 年，中国石化机械公司创新研制的 SYL8000 型电驱压裂橇在江苏油田花页 4 平台顺利完成了首次页岩油压裂施工。与柴驱设备相比，井场作业装备占地面积减少 67% 以上，施工噪声下降 22%，1 台可顶替 3 台常规柴驱 2500 型压裂车。

产品升级的还有，该设备核心关键部件实现全部国产化，功率密度较国际先进水平提升 19%。一键压裂智能控制系统，让压裂现场向远程化、无人化方向发展。

从巴山蜀水到江南水乡，从 5000 型到 8000 型，技术不断创新更新、设备不断迭代升级，但中国石化机械公司绿色制造的不懈追求没有止步，守护绿水青山、碧水蓝天的决心始终如一。“我们将以打造更经济、更高效的绿色能源装备为己任，服务国家‘双碳’战略，投身国家能源绿色开发。”中国石化机械公司总经理王峻乔坚定地说，公司将继续探索绿色发展之道，以绿色技术、绿色制造拥抱“0 碳”未来。

（石化机械）

页岩气“碳”路者

扫码观看视频

视频以2022年度全国青年岗位能手包凯为原型，讲述了中国石化华东石油局在重庆地区探索绿色高效开发页岩气的历程。数年来，像包凯一样的石化人，从五湖四海扎根到重庆大山深处，主动响应国家能源开发和绿色发展的号召，克服区域地质复杂难题，深入研究探索和创新攻关，创新提出并形成了“源头减量+过程防控+循环利用+末端治理”的页岩气绿色环保工艺技术，实现了绿色能源，清洁开发。南川页岩气田也成为川气东送的四大起源地之一，为长江中下游80多个大中型城市提供源源不断的清洁能源，为地方经济发展和国家能源安全保障担当起央企的责任使命。

（华东石油局）

惊心动魄 9 秒钟

2011 年，我大学毕业后，被分到了铁运分部供气站。我们供气站是公司 A 类危险源点，除了液化气收储和装车，还管辖两条液化气厂际管线。由于我所学的专业是铁道通信信号，一切要从零开始。车间安排技术最过硬的汪海洋给我当师傅，我跟着汪师傅从认识液化石油气开始，一步一步学习设备、工艺流程、槽车充装操作，先后当过司泵工、充装工、计量员，逐步从“门外汉”成为一名合格的副班长。在供气站，我养成了两个习惯。

第一个习惯是“夜班学习一小时”。刚开始是车间的规定，要求班长利用夜班完成装车任务后的碎片化时间，组织职工在中控室学习岗位操作法，学习工艺参数和联锁报警值等内容，车间值班人员也参与学习和指导。后来车间领导还组织管理人员编写了图文并茂的《设备操作指南》《一点课》等教材，打印放在班组，让我们学习掌握，车间领导随时抽考、抽问，检验我们的学习效果。经过多年的坚持，“夜班学习一小时”成为我们的自觉习惯。每晚夜班结束装车后，我们班组同事都自觉围坐在一起，除了学习操作法，我们还会围绕某项操作能否优化进行讨论，也会结合工作中存在的问题或者其他单位发生的事故进行反思。班长还经常带领没有值守和巡检任务的职工到罐区、槽车台等现场，开展实操教学，实地讲解某台设备或某项工艺流程的操作要领，以及经验教训。讲课的除了班长，也有班组的技术骨干。

不管是新入职大学生、转岗师傅，还是班组老职工，都认真参与

“夜班学习一小时”，通过持之以恒的理论和实操培训，不断强化我们的“基本功”。

第二个习惯是常态化应急演练。车间领导深知液化气泄漏所带来的危害性，经常提醒我们不仅要按章操作，更要掌握各种突发情况下的应急处置方法，及时、准确地应急。车间要求我们班组每月至少开展两次应急预案学习推演，除了在中控室学习推演，也要到现场去模拟走位，每个人还要换位演练，真正做到当应急处置启动时，每个职工都能在班长指挥下准确到达预定位置，正确处置。车间每月至少开展一次应急处置实战演练，涵盖罐区、槽车台、泵棚、厂际管线等不同部位，不断检验我们学习推演的成效，发现不足，改进提升。车间应急演练也不仅是我们车间职工和消防队员参加，还经常有拉槽车司机、押运员、经警、保运等人员一起参加，检验各方的应急处置能力。

正是这两个习惯，让我们能够保证日常安全生产，能够在关键时刻化危为安。

回想起 2020 年 6 月 4 日那惊心动魄的 9 秒钟。

下午 2 点，经过中午短暂休整，我们班和往常一样进行液化气装车。

2 点 33 分，我突然听到 DCS 系统发出尖锐的报警声，下意识地抬头看向槽车台的监控视频，发现 1 号磅冒出了白雾并迅速扩大。我立即扑到操作台上，一手拿鼠标点下“一键急停”，切断所有充装鹤位的物料，一手用对讲机呼叫槽车台及班长、车间领导。

与此同时，正在槽车台来回巡检的王亚旺听到液化气泄漏声，转身看到 1 号磅的方向弥漫了白雾，立刻冲过去快速按下 1 号磅的急停按钮。

班长彭强昌也听到了泄漏的声音，不顾危险冲到泄漏点快速关闭了槽车和鹤管的阀门。

在槽车尾部监护的押运员也发现了泄漏，一个箭步冲上去快速拉下槽车紧急切断阀。其他班员见状也立即响应投入应急处置。

短短9秒钟，全班同事和承运商押运员密切配合，槽车罐体和充装鹤管泄漏的液化气被全部切断，一起液化气泄漏重大险情被迅速化解！

事后，不少人问我怎么会反应这么快？其实，正是日常严格的操作与应急演练，使应急操作深深地印刻到了我的头脑里，形成了精准的条件反射。

有人问我当时怕不怕。事发时，我没想到害怕，也根本没有时间让我害怕。只是，事情发生后的几天，我的腿都在发抖。

我想，我应该是怕的。想想前些年金誉石化“6·5”爆炸事故，事情经过非常相似！他们在泄漏130秒后发生了重大爆炸。试想，如果我们处置不及时，那当时在槽车台及附近的12名司机押运员、8名承包商人员，以及与我朝夕相处的6名同事会怎样？我自己又会怎样？

幸运的是，在车间的严格要求下，我们养成了自觉学习和应急演练的好习惯，把“技能”练成了“本能”，炼成了保障我们生命安全的坚实铠甲。

如今，公司在原有基础上，又出台了安全生产“1号令”和五项重点工作等一系列制度措施，这些都是用血的教训总结出来的保证安全生产的良策。只要我们沉下身子练强基本功，不折不扣强执行、真落实，就一定能打赢安全生产翻身仗！

（茂名石化）

大象跨栏

2022年12月4日，一车从华南最大氢燃料电池供氢中心生产的高纯氢从茂名石化出发，运达广东石油佛山佛西油氢合建站。这意味着中国石化在粤加氢站实现100%系统内供氢，打通了氢气从生产、运输到储存、销售一体化产业链。作为颇具资源和技术优势的国有能源化工企业，氢能产业链的打通，将提高资源供应稳定性和质量可靠性，从而进一步推进氢能应用落地。

党的二十大报告指出，要加快发展方式绿色转型，推动形成绿色低碳的生产方式和生活方式。这为中国石化销售广东石油分公司（以下简称广东石油）加快向“油气氢电服”综合能源服务商转型发展指明了道路。

作为广东省内乃至华南成品油供应主渠道，广东石油在全省拥有2300多座加油站，成品油年供应量占到广东省总需求量的60%。要推进绿色转型，这家央企无疑面临着“体量大、转身难”的客观约束，“大象跨栏”还要跑出加速度，既得益于坚定的战略思路，也有着先行先试的企业魄力。

2021年，中国石化集团公司提出构建“一基两翼三新”产业格局，即以能源资源为基础，以洁净油品和现代化工为两翼，以新能源、新材料、新经济为重要增长极，并提出力争在“十四五”末，建成“中国第一氢能公司”。

被誉为21世纪终极能源的氢气，在饮改革开放风气之活水的广东方兴未艾。早在 2019 年，广东石油在佛山建成全国首座油氢合建站——樟坑油氢合建站。运营 3 年以来，该站日供氢量超过 1 吨，为佛山南海区域内 10 多条氢燃料电池公交线路提供优质的氢能供应服务。截至目前，广东石油已经在广州、佛山、东莞、深圳等珠三角区域建成 9 座油氢合建站，初步形成了环大湾区氢能续航网络。

“樟坑经验”带动的不只是网点建设，广东石油充分发挥能源央企的专业管理和人才队伍优势，从技术攻关和标准化规范入手，相继出台《加氢站（油氢合建站）建设标准》、加氢站安全管理制度等行业标准，配套制定了一系列安全操作、应急处置操作流程，并按照“理论 + 实战”的方式培育了一支超过 130 人的氢站管理和运营人才队伍。

2021 年底，广东石油在广州黄埔建成了华南区首个氢气质量分析检测实验室，可以承担燃料电池氢气 14 项痕量杂质全分析检测。至此，广东石油实现了氢源从生产、采购、储存到销售环节的全流程品质监控。

随着新能源汽车的迅猛发展，纯电动汽车充电难、充电慢问题愈发突出。从“客户需求”出发，广东石油聚焦纯电动汽车充换电需求，顺势加入传统油企新能源转型的另一条赛道。

依托高速公路、国省要道的加油站网络，广东石油积极与国内新能源车企，以及南方电网、铁塔集团等大型国企联手建设充换电站，目前已建成 294 座充电站和 21 座换电站，日服务车辆超过 6 万辆。

2021 年底，广东石油率先建成国内首个 480 千瓦超充电桩，5 分钟即可续航 400 公里，让充电像加油一样便捷。“加油站网络遍布城乡，新能源的加入进一步拓展了传统油企的服务范围，让人民出行更便捷。这也是党的二十大报告中提出的，不断实现人民对美好生活的向往。”广东石油党委书记、分公司代表岑利祥如是说。

除了业务拓展外，利用加油站、油库的闲置空地大力开发光伏发电项目，也是广东石油推进绿色减排的重要举措。目前，广东石油已经建成 205 座分布式光伏发电项目，其中 133 座实现并网发电，年发电量超过 350 万千瓦时，不仅能够满足加油站日常运营的用电需求，多余电量还能“回输”上网，每年节省电费 250 万元，促进资源有效利用。

（广东石油）

让世界充满爱

十载相伴，从身边点滴做起；时光荏苒，“一件好事”项目马上要走过第 10 个年头。老年服务中心、特殊学校、幼儿园……留下了“一件好事”志愿者们的身影，带去了无数欢声笑语，温暖了许多需要帮助的人们……

2013 年初，湖州石油怀着关怀“空巢”老人、关注贫困和特殊儿童的初心，成立了“一件好事”志愿服务项目。

10 年来，“一件好事”持续开展关怀低保老人、养老院志愿服务等活动，为他们订阅报纸，陪他们过节，帮他们理发……

10 年来，湖州石油为“卓玛泉”水源地雪域上的孩子送文具结对子，助力赠冬衣送温暖活动……

10 年来，湖州石油与江西上犹下佐小学、湖州特殊教育学校、向日葵幼儿园等结对，给予孩子们陪伴、完成他们的心愿、帮助他们成长。

做一件好事，容易！一直做好事，很难……

上课了

2013 年 10 月，公司分来了一名女大学生，学土木工程的，名字叫徐婕，暂时被分派到了实物资产部工作。年轻人看起来有些沮丧，可能是因为学了一身“本事”却无处施展。

时任团委书记方颖看出了些端倪，就把一个刚刚开始对接的贫困小学帮扶工作交给了她。那所学校在江西赣州上犹下佐村，校长叫黄庆河，学校有 45 名学生，3 名老师。小徐从黄校长那里了解到，学校的“铃”总是打得不响，想换个电铃。

她琢磨是不是功率不够，就让老校长拍个照片来看看。看到照片，她被震惊到了，这哪里是“铃”，就是一根铁丝下面系着一段空心的铁管。她当即打电话回复校长，一定帮助解决这个问题。

听完了小徐的汇报，方书记特地交代道：“小徐，要想周全一点、想长远一些，我们今天从一件好事做起，就是要一直把好事做下去。”一番话也让徐婕茅塞顿开。她综合考虑学校现状，决定以音响代替“电铃”，既可以满足上下课打铃提醒，又可以在升国旗、做广播操和眼保健操时播放音乐，课间还可以播放歌曲或者故事；又配了两支话筒，帮助学校建起了校广播站。

后来黄校长激动地给公司打来电话：“真得感谢你们中国石化，娃娃们也想谢谢叔叔阿姨们。来！给你听听这喇叭的响动，都唱上啦！”电话那头传来音响里的儿童合唱：

贝壳爬上沙滩
看一看世界有多么大
毛毛虫期待着明天
有一双美丽的翅膀
小河躺在森林的怀抱
唱着春天写的歌
我把岁月慢慢编织一幅画

此时，徐婕已满脸泪痕，口中也轻轻地哼唱着：“梦是蝴蝶的翅膀，年轻是飞翔的天堂……”

第七封信

2019 年春节前夕，团委书记徐婕坐在办公桌前发呆，参加工作后她已辗转了几个部门，现在在政工部成了一名宣传骨干。想想自己的同学有的成了大老板，有的已经在大企业带队做项目了，自己的未来在哪里？她有些迷茫，她渴望被认可。这时，她看到桌角的一封信，这是凤凰社区的潘爷爷给公司寄来的，当她把信轻轻拿起时，嘴角不由微微上扬。潘爷爷每年都会给中国石化写一封感谢信，没记错的话，这已经是第七封了。

“元旦那天我收到了贵公司赠送的晚报，虽然已经是第七年了，但我还是很激动，感受到你们给我的温暖与真情。”

“我年老体弱，常年服药养病，生活困难，这样的一份晚报成了我的伴侣，让我常年享受精神食粮，获得心灵上的慰藉，以此度过晚年，

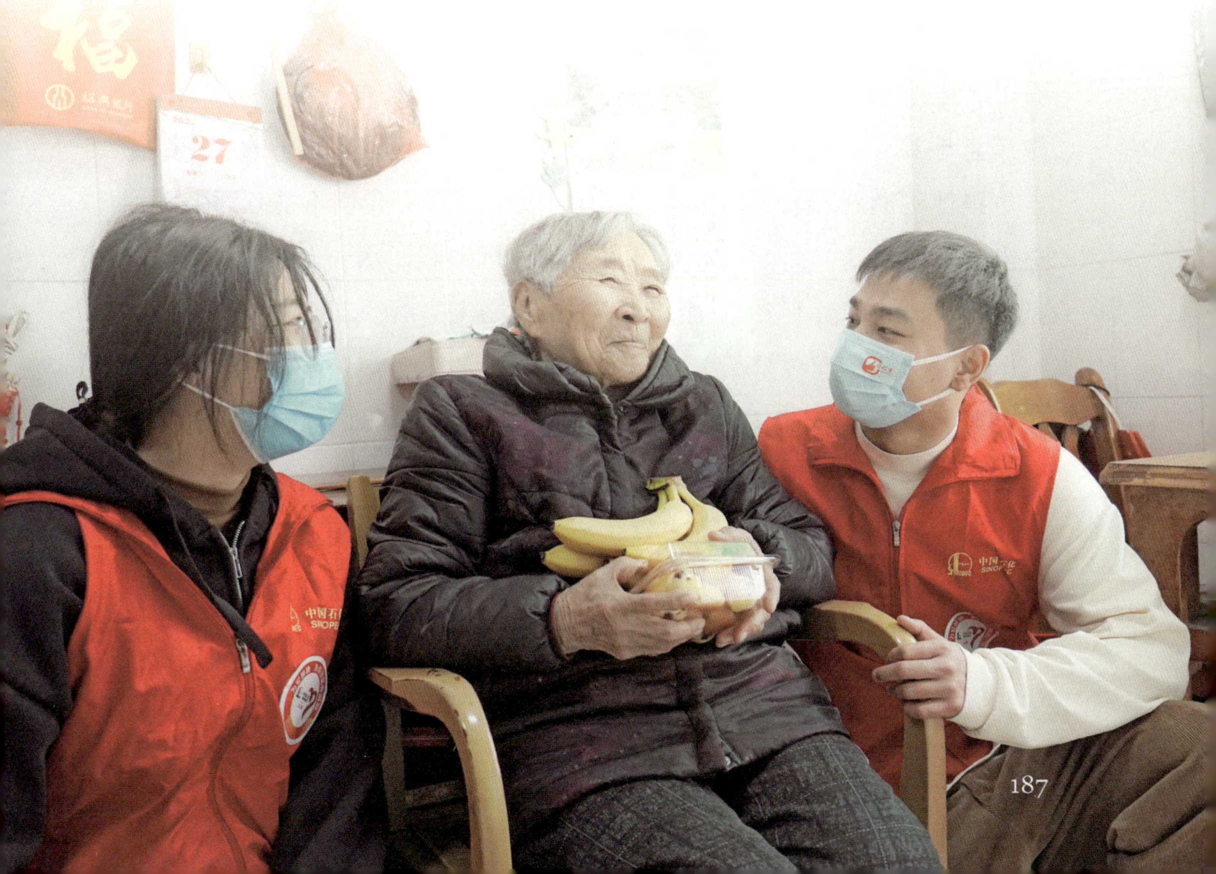

走完人生最后一程……”

从徐婕工作那年起，公司就给养老院、社区孤寡老人等免费征订晚报，潘爷爷就是其中一员，每年他都以书信的形式寄来新春的祝福，表达对中国石化的感谢。

徐婕经手他的书信也已经有七封了。此时，她拉开抽屉打开一个盒子，把第七封信郑重地放在其他六封上面，又轻轻地合上盖子，眼神中透露出一股坚定。

第二年，潘爷爷没有来信，根据遗嘱，他无偿捐献了眼角膜等器官。徐婕和同事一起去他家里吊唁，看见书房的一角整整齐齐地垒着七年多的报纸，最上面的一张是2013年1月1日的，上面手写着一行小字："谢谢你们，中国石化。"

一起唱歌

2023年4月，徐婕已担任政工部副主任，处理完最后一项工作，她看了一眼手机，21：30，再看看今天的计划表和后面一排整齐的红钩，她满意地笑了。这时电话铃响起，来电的是去年刚进公司的大学生吉吉，跟她沟通对接特殊儿童学校的事情。"吉吉，我们不能仅仅把这件事当成一次活动，而要想周全一点、想长远一些，从一件好事做起，就是要一直把好事做下去。"徐婕听完汇报后说道。

向日葵儿童学校是一家特殊学校，里面的孩子都是听障患者。因为长期听不到声音，很多孩子吐词很慢或者咬字不准，时间一久，孩子容易产生自闭，越不愿意说话就变得越不会说话了。公司发出结对申请时，校方说硬件他们什么都不缺，只是孩子平时社交圈太小，希望能来一些哥哥姐姐们陪陪他们。经过了解，通过助听器他们可以听到声音，但对于长句或大段话会听不清，唯独一放音乐，孩子们的眼睛就会亮堂起来。

“我们教她们唱歌吧！”吉吉的建议立即得到了认同。为了调动气氛，吉吉又向徐婕建议，让公司里会乐器的同事带上吉他、电子琴，让会跳舞的同事在现场边唱边跳，歌词投屏选择一些动画作背景画面……

人间四月天，那日阳光正好。徐婕步入学校大门，微笑地看了一眼“欢迎中国石化的哥哥姐姐们”的电子屏，落款处是一朵向日葵花，往教学楼里走就能听到有人在一起歌唱：

蝴蝶飞呀 就像童年在风里跑
感觉年少的彩虹
比海更远 比天还要高
蝴蝶飞呀 飞向未来的城堡
打开梦想的天窗
让那成长更快更美好

她仿佛回到了十年前接到黄校长那通电话的时刻，从教室的窗户望进去，她看到一群穿着印有“一件好事”背心的年轻人在蹦蹦跳跳，有的弹着吉他，有的拉着小朋友转圈，有的和老师们一起拍着手。

十年，从入职时那个什么都不怕的小姑娘成长为带领年轻人一起歌唱的前辈，徐婕收获了成长。十年，下佐村学校的广播没有间断过；潘爷爷的信虽然没有再收到过，但更多的爷爷奶奶多了一些陪伴他们的“儿孙”；向日葵学校的孩子们在歌声里也笑得越来越可爱了。我们做的其实并不多，但我们得到的东西却很珍贵。

（浙江石油）

行走的板房

扫码观看视频

回望镇海基地历程，习近平总书记在此播下“世界级、高科技、一体化”绿色石化的种子，以乙烯为龙头的石化产业在浙江大地上从无到有，从有到强，从强到世界一流。短视频在宏大叙事背景下着笔于一个15年如候鸟迁徙、如红柳扎根的老板房。5分钟，数百个剪辑镜头，用灵巧而纪实的手法，再现了我国东海海涂上央企十大超级工程——镇海基地及其全国五一劳动奖状的背后故事，折射出石化拓荒者身上的石油石化优良传统。

（镇海炼化）

扎根油田的“不老松”

五四前夕，在暖意拂面的春光里，大家一起围坐在操场上，准备开始当天的主题团日。每当有重大节日时，团总支都会邀请老职工、老党员走到台前，给年轻人讲述过去工作时的经历。

当天的主角是已经在油田一线工作了四十多年的老石油——闫小平。他每次分享过去的种种经历和趣事，都会被大家亲切地称作“闫叔讲故事”。如今，这已然成为宣讲中的“重头戏”。

1982 年初，闫小平参加了工作，被分配到第一普查大队，驻地喀什骑兵三团，也就是西北油田的前身。

当时，改革开放的春潮让神州大地焕发出勃勃生机和活力。一众年轻人都期待着在这美好的新时代能大展拳脚，报效祖国，服务人民。作为国家发展的重要支撑，石油行业在“我们工人有力量、我为祖国献石油”的激昂旋律中，成为备受追捧的热门行业。

20 世纪 80 年代，新疆的石油行业还处于起步阶段。那时的塔克拉玛干沙漠大多是未经开发的荒凉之地，人迹罕至，没有电力和供水，也没有任何基础设施，戈壁滩上只有孤零零的井架和几十名身着劳动布工装的石油工人，工作环境和生活条件都非常艰苦。

虽然已经做好面对艰苦环境的心理准备，然而，真正来到生产一线后，他才发现情况并不如想象中那样简单。

当年开春，大队成立了 5102 钻井队，闫小平和 8 位年轻的同事被抽调去打前站。到达 5102 井场后，首先要解决住宿问题。那个年代，物

资设备比较匮乏，没有营房车，只能自己动手搭建简易帐篷。

然而，忙活了几个小时，就在第三顶帐篷快要搭完的时候，突然刮起沙尘暴。霎时间昏天暗地，空气中弥漫着呛人的土腥，细小的沙粒不断地向口鼻眼里钻，刮得人什么也看不见。

不到 20 岁的闫小平哪里见过这种阵势，一下子就惊呆了，蹲在原地不敢动，学着老队员用衣服紧紧地裹着脑袋。等到风沙减弱后，一群人都傻了眼，辛苦半天搭起的三顶帐篷全部被刮翻了，有一顶被刮到了 200 米以外，无助、辛酸、疲惫、无奈，诸多情绪涌上心头，虽然都是大小伙子，还是有人忍不住当场就流下了眼泪。

闫小平总会讲起曾经在艰苦岁月的亲身经历，但是面对困难和挑战，他没有退缩，坚毅地选择在荒漠中，咬紧牙关，克服困难。

参加工作的 40 多年里，闫小平住过帐篷，住过地窝子，住过石头垒的房子。一直以来，变化的是环境和他的岗位，不变的是他每天对同事们热情的笑脸，是他每次对待任务的认真细致、竭尽全力。

如今，职工的工作生活条件得到了不断的改善，工作场所变得越来越现代化，标准化公寓、办公楼、科研楼、体育馆等设施一应俱全。这些设施不仅为大家提供了更好的工作条件，也为生活带来了更多的便利。看到西北油田日新月异的变化，他心里感到特别的欣慰，觉得老一辈石油人的付出是值得的。

虽然没有经历过闫叔的那些辛酸与危险，但是大家总能从他身上感觉到老一辈石油人的那股劲儿。具体是什么呢？好像没人能说得准、说得全。

只是，大家会清楚地记得：在最初工作时，闫叔带着大家一起上井，看表盘、抄数据、换盘根，这些看起来简单枯燥的工作，虽然已经重复了成千上万次，但他依旧次次准时认真，从不袖手旁观；正值盛夏，下水管线堵了，污水无法正常排放，他拿着长长的竹竿，忍着酷暑在臭气熏天中一下一下地掏出杂质，清淤排污，从不坐视不救；在寒冬腊月中，生活用水管线刺漏，为了能尽快恢复供暖供水，他戴着大皮帽，忍着冷风一锹一锹地挖开管沟查找漏点，从不推让。

每次被大家发现时，这些又苦又累的活儿基本快干完了，大家总会觉得又心疼又羞愧，他却轻轻地摆摆手说："你们也有自己的工作，这是我的岗位，我干这些是应该的。"

自己的困难，他从不主动向大家说起。去年年初，为了尽快完成生活管线的应急抢修，恢复供水，他带头找漏点、挖管沟，在寒风中忙了一上午。毕竟岁月不饶人，由于过度劳累，以及多年的积劳成疾，当天下午他就感觉不舒服，队上马上安排送机就医，虽然救治及时，但是他还是有一定的偏瘫症状，在乌鲁木齐市休养了一个多月，才基本得以痊愈。一旦有所延误，后果不堪设想。

直到他返回岗位，很多人才知道这件事。面对大家的关心和叮嘱，他也是淡淡地笑着说，这次吸取教训，以后一定注意。

最近 10 年，闫小平都在负责一线队站生活区的管理和后勤保障工作。虽然听起来简单，但是把交通不便的偏远井队建设成设施完善、工作便捷、配备齐全、职工满意的生活区，可不是件容易的事情。他先后参与了 76、86、11 区生活基地、托甫台、跃进等多个上产区块的后勤建设，每一处园区、公寓、绿化、办公设施的从无到有、从少到全的过程，都饱含着他的心血。

白驹过隙，时光飞逝，转眼闫叔也到了快退休的年纪。有时也会和大家回忆起从前，忍不住感慨，从卷席筒、地窝子，到咱们现在有水有电有网络的公寓，条件越来越好了。西北油田已走上了高质量发展的快车道。

他常说，现在的青年职工有知识、有文化、有想法，还有这么好的团队和人才培养机制，以后肯定能大有作为。不管什么工作，只要脚踏实地，认真钻研，就一定能有所收获。

（西北油田）

大湾区最美的日出

时间回到2021年。“五一”小长假，位于广东著名川岛旅游景区的广东江门石油上川岛加油站异常忙碌，等待加油进岛的车辆排成了长队。站长陆超能和8名员工从4月30日起就全员上阵，打破班次，接力加油。

5月2日23时，回城高峰仍在继续，陆超能已经连续16个小时坚守在站场了。这时，他接到黄茅海跨海通道工程采购经理方先生紧急用油的电话。

电话里的方先生带着哭腔，因为这些天连日下雨，加上机器故障，工期已经严重滞后。原先方先生都是在岛上零散购买柴油，但今天因为岛上交通严重拥堵，从下午等到现在，油还没送到。设备因没油已经停了4个小时，原定凌晨铺架合拢的项目无法开展，直接影响后续工程进度。

方先生要的油只有40升而已，如果从经济性角度出发，送这趟油就是“亏本”的买卖。但陆超能自有一套账本——方先生所在的工地属于粤港澳大湾区重点交通工程黄茅海跨海通道的分包工程。通道横跨整个崖门入海口黄茅海水域，建好以后将直接缩短粤西到港珠澳的距离，对粤西经济融入大湾区意义重大。

陆超能算的不是经济账，而是履行央企保供责任的责任账。上川岛只能坐渡轮，而最晚一班的渡轮在11时30分，要在半小时内赶到码头就必须精准计算到分秒。陆超能拿起两个方便油桶，一边打油一边算起时间——打油15分钟，从加油站到渡口15分钟……只要一分不差，就能刚好赶上最后一班船。

陆超能麻利地打好了两桶柴油，骑着摩托车就往渡口赶。最后一班渡轮是赶上了，可临时购票只能买人头票，摩托车不能上船。于是，陆超能“舍车前行”，一手拎着一个 10 公斤重的油桶上了船。刚站稳，耳边就响起了起航的汽笛声。

船靠岸了，陆超能却犯了难。凌晨的岛上安静得出奇，没有车，只能步行。他从码头拎着两桶油足足走了 4 公里来到工地。方先生见到陆超能的那一刻惊呆了——眼前的这个送油人，头发和衣服全被汗水濡湿，整个人水淋淋的，像刚从水里出来一样。

陆超能顾不得休息，赶紧帮忙把设备油箱加满，轰隆隆的发动机声又响起了，现场的工人一片欢呼。

一边是灯光如昼的建设工地，一边是漆黑一片的大海。渡轮已经停航，陆超能今晚是回不去了。他转身加入了工人队伍，帮助工地清理储

油罐的存油、检查设备油路，直到天空慢慢发白。

陆超能乘坐第二天清晨第一班轮渡回到对岸加油站。这是5月3日清晨6时，他在上川岛渡口拍摄到了日出。当即，他发了个朋友圈，称之为“我见到了大湾区最美的日出”！

广东石油每个员工心中都有一本账本——责任账。广东石油有接近三分之一的网点分布在乡镇和农村，就是这部分网点，支撑起了希望田野上的春耕秋收。

心怀国之大者，广东石油积极担当作为，为党和人民履好职、尽好责。自粤港澳大湾区重点战略部署启动后，广东石油已经累计为包括港珠澳大桥在内的13个重点工程项目供应成品油5.8万吨。

（广东石油）

第三篇

摇响寻亲的风铃

摇响寻亲的“风铃”

扫码观看视频

丁零、丁零，他摇动“风铃”，风雨兼程、矢志不渝，只为“让爱回家”。2016年，张卫华创建成立了“风铃”寻亲志愿服务团队。致力于志愿寻亲的“风铃行动”，拥有微博、抖音、快手等17个寻亲群，为1470户离散家庭终结相思之苦，为378名烈士照亮归家之路。他是红十字会的“常客”，22年无偿献全血和血小板103次，献血量达3.2万毫升，他还是河南省造血干细胞捐献志愿者、中国人体器官捐献志愿者。他更是公益服务“爱心专业户”，照顾孤寡老人，关爱残障儿童。张卫华以爝火微芒，续写着人间真情的“狂飙”。

（中原油田）

（获“第六届中央企业优秀故事一等奖”）

带着盲父去守井

扫码观看视频

江都小纪镇高徐村，距离扬州主城区有 60 公里的车程，人烟稀少，有些冷清。

原江苏油田试采一厂采油八队驻地，铁门大开，院子内空空荡荡。往里走，几排矮房排列。近了看，老旧的房子，墙面斑驳脱落。

这个近乎废弃的院子，是许志刚和他的盲父许荫根相依为命的地方。许志刚，江苏矿业邵真捞油分公司徐富采油组组长。2013 年，他带着双眼失明的老父亲驻守于此。十年来，三千多个日夜，他在女儿的支持下，克服妻子不理解的困难，每天往返在这个院子和油井之间，一头挑着老父亲，一头挑着守井事业。

许荫根今年 80 岁，年轻时候当过兵。1998 年退休后，因视神经衰弱彻底失明。后来，衣食起居都由老伴照顾。

2013 年，许志刚的母亲突然病逝。

“以前一心忙工作，回家的次数实在太少。”母亲走的那天，许志刚从井站赶回家中，跪在床前，泪如雨下。“那种‘子欲养而亲不待’的愧疚感，折磨得我几宿睡不着觉。”当时，他就暗暗发誓：母亲不在了，今后无论如何都要照顾好老父亲。

凌晨 4 点起床，为父亲打水、穿衣、烧早饭；6 点，陪着父亲吃完早饭，出门去井站；中午回家洗菜、烧饭；17 时下班回家帮父亲洗澡、做晚饭；19 时打开收音机，陪父亲听新闻；19 时 30 分，照顾父亲睡觉，然后准备第二天的药和饭菜。

这就是许志刚普通的一天。

十年，三千六百五十个日夜，他每天都是这样度过的。

家里的床头柜上，一个个小药盒整齐排放。细细一数，有 10 种之多，包括抗抑郁症、助眠等药物。每天要吃的药物实在太多，许志刚生怕弄混了，就用笔在药盒上做了标注：上午、中午、下午、晚上，提醒自己什么时候该喂什么药。

“我是父母宠着长大的，打小就没干过家务活。”为了照顾好父亲，许志刚当起了“学徒”，原本拿扳手、拧螺丝的手，拿起了锅铲，一点一点学做饭。父亲喜欢吃青菜，为了让他每天都能吃到新鲜菜，许志刚在院子后面的空地上种了一片菜。

在江苏矿业邵真捞油分公司徐富采油组，许志刚和 9 名同事一起管理着 17 口油井、一口注水井和一个集输站。十年来，尽管要照顾父亲，但他的工作丝毫没有受到影响。相反，因为住的地方离井站近，他每天都第一个到达井站。

他关心同事，乐于助人，常常把公家的事、别人的事，都当成自己的事来办。

年前的一天，气温降到了零下。夜里，纪 5 站分离器出现工作异常。深夜零点，许志刚得知情况后，立马骑上电动三轮车赶往井站，重新调整校正了纪 5 站分离器的工作参数。一切忙完后回到家里，已经是凌晨 3 点。

平时他还爱动脑筋，用一些小方法小举措，帮助大家解决了很多工作上的不便。一次，纪 4 站内生化池液位计不准，他用矿泉水瓶和 PVR 管自制浮标，校正液位。站内注水泵柱塞调料更换，女同志力气小，他就摸索改进操作步骤，让更换填料更省时省力。在井口取样处放置矿泉水瓶，避免跑冒滴漏。

这些点点滴滴的小事，让我们感受到的是许志刚对工作、对生活的人生态度。

十年来，通往井站的泥泞小路，他往返了三万多次；油井管线的阀门，他拧过上万遍。

“我骨子里就爱做这份活儿。”谈起采油工作，许志刚浑身是劲儿。1993 年从学校毕业到现在负责江苏矿业徐富区块，这一干，就是 30 年。他把最好的年华，都交付给了油井。虽然其间单位划转、人员调整，企业改革不断推进，但他服从安排听指挥。他说：“既然是石油工人，就要有石油人的精神和担当，到哪都要把活干好。”

徐富区块的油井都是低产低效井，但在许志刚和同事们的精心看护下，17 口老井活力再现，连续五年保持高产稳产，成为单位的功勋井。老父亲也在许志刚的照料下，身体越发健康，精神越发矍铄。2023 年 4 月 30 日，一家人还在井站上迎来了父亲八十大寿。

“其实，照顾油井和照顾父亲是一样的，只要用心去想，坚持去做，就能做好。”许志刚说。

这些年，许志刚远离闹市，上一次和朋友吃饭娱乐，他也不记得是哪一天了。“志刚照顾我太不容易了，都是我拖累了他啊！”每每说起儿子，许荫根都难掩自责之情。

“我不苦，只要你安稳，乖一点就好。”别人眼中的苦，在许志刚眼里却是一种“忠孝两全”的幸福。“眼前就是我热爱的油井，身边还有父亲陪伴，两者都能照顾到，我觉得自己很幸福啊！”

“尽心守护周围的一切，安然面对所有的困难，尽管平凡，但仍旧充满力量。”这就是许志刚，一个平凡而又不平凡的石油工人的故事。

（江苏油田）

（入选“中央企业党的二十大精神基层理论宣讲优秀微视频展示活动作品”，获优秀微电影（短视频）敬业奉献奖）

这个“80后”学了60年雷锋

一件事你会坚持多少年？

86岁的张法尧老人，用自己的坚持给了我们答案。

他是“中国石油化工集团公司离退休优秀共产党员”“胜利油田最美五老志愿者”，是我们身边的“活雷锋”。在他眼中，每一件小事都值得像大事那样对待。

第21把推子

张法尧“学雷锋”的时光与“雷锋纪念日”一样长。

1963年，他与妻子去公社办理结婚登记手续，无意间看到了3月5日毛泽东同志发表“向雷锋同志学习”题词的那张报纸。那一刻，他把与妻子白头到老的心思和“学习雷锋忠于党，永把雷锋做明灯”的信念，一起种在了心底。

60年代的井队驻地大多偏僻，交通不便，因为条件艰苦，理发都是难事。看在眼中的张法尧，从自己40元的工资中拿出10元买来理发工具，给队上的同事义务理发。

后来，张法尧调入学校，学生们又成了他的“常客”。为了不耽误孩子们学习，他通常会在放学后把孩子们接到家中，妻子做饭他理发。饭菜上桌时，孩子们的头发也就理好了。

因为理发技术好，人还热情，找张法尧理发的人除了同事、邻居、学生，还有素不相识的人。

60年里，张法尧自己也记不清究竟帮多少人理过发，只记得现在躺在爱心箱里的推子是第21把。而那些推子，有的是自己买的，有的是用积攒下来的牙膏皮换的。

17把家门钥匙

除了21把推子，张法尧还有17把家门钥匙，只不过这些钥匙他全给了邻居。

1996年，张法尧搬到了一个带院的房子。因为看到邻居们的自行车无处停放，他就把自家院子用水泥打平，建成了一个小型停车区。四邻八舍没地放的自行车、三轮车都可以停在这。

刮风下雨了，他就帮大家把车子搬进屋，没法搬的就用篷布盖好。担心家中没人时邻居无法存取车，张法尧就配了17把钥匙，给停车的邻居一人一把。要是碰见谁的自行车坏了、没气了，不用邻居张嘴，张法尧就会主动找来配件和工具，帮邻居们去修补，不耽误他们出行。

这样的情形持续了很多年，有段时间小院因为停满了车，自己家人进出都费劲，好在家人都很支持。

1个木箱子

一个一尺见方、有些斑驳的木箱子上，贴着满是岁月痕迹的红纸。红纸的中央是大大的雷锋头像，头像旁印着“助人为乐 向雷锋学习 为人民服务”的字句。熟悉张法尧的人都知道，这是伴随他半生多的宝贝。

其实，这几十年里张法尧做了很多好事，除了义务理发、免费停车，他还会帮大家磨刀、修车、修鞋，甚至是解决各种水电、木工的小问题，而他为大家解决困难的各种工具，就装在这个箱子里。箱子里除了工具，还有他自制的小卡片。志愿服务现场或者当时磨不好的刀、修不好的小玩意，张法尧就会贴上小卡片，等到全部处理好，再根据当时留下的地址一一送还给主人。

对张法尧而言，这个箱子之所以宝贵，除了它是自己助人为乐的“好搭档”，更多的是因为这个箱子见证了自己60年“永把雷锋做明灯”的初心。

“雷锋精神一直激励着我，只要还能动，我就会一直做下去。”“80后”的张法尧，学了60年的雷锋，做了一辈子好事。86岁的他依然能流畅地背出《雷锋日记》的内容。张法尧老伴和孩子受他的影响，也都热心助人，就连孙辈都常常陪着他一起去做志愿服务。

张法尧说，箱子上的封皮永远不会换。他希望更多的人，尤其是年轻人和孩子能看到并问起和雷锋有关的故事。

（胜利油田）

（获“第六届中央企业优秀故事优秀奖”）

背包客

在大多石油工程技术人的办公室里，我们总能找到一只款式、大小相似的黑色双肩包，背包并不起眼，甚至陈旧得起了毛边，但一定都是鼓鼓囊囊的，因为里头通常要塞进一台笔记本电脑、移动硬盘和一些生活必需品。

这样的背包是石油工程技术人的工作标配。由于现场施工时间紧、任务重，常常是现场一有需要，他们便拿上背包，立即出发。因此，他们也得到了一个有趣的外号——“背包客”。

这背包一肩挑着心底至柔的亲情牵挂，一肩挑着暖意融融的万家灯火。

滕小兰正是这样的“背包客”。她是一个二孩妈妈，老公从事钻井工作，长期驻扎在生产一线，即便偶尔回家也是来去匆匆；而她自己则是压裂酸化的技术骨干，压裂改造方案的制定总也少不了她，工作常常加班加点。她用柔弱的肩膀，一边扛起照顾家庭的重任，一边担起设计工作的职责。

2020 年 4 月 24 日，这个日子像烙印一样刻在滕小兰的脑海里。那一天是江沙 33-42HF 井压裂施工的日子，她是压裂方案的设计人。

江沙 33-42HF 井的目的层是江沙 308 河道砂，是一个典型的常压气藏。对于这一类型的气藏，还没有好的技术对策，而常压气藏分布广，储量大，改造工艺的突破对这类气藏的效益开发至关重要。

滕小兰主动请缨，承担了啃下这块硬骨头的重任。她带领项目组反复论证，多次向公司汇报并最终形成了依托光纤产剖测井，开展包括体积压裂改造在内的多工艺对比试验方案。

4 月 24 日，接受检验的日子来了。滕小兰接到通知要在 12 点半赶往施工现场，但此时她正在参加一次重要的方案讨论会。

滕小兰心中暗暗着急，她的二娃才六个月大，还需母乳喂养，此时回家喂孩子已经来不及了。她只好给帮忙照顾孩子的母亲打了电话，让她母亲把孩子送到单位来，而她自己快速回到办公室，麻利地换好工装，然后冲向食堂，打好饭菜带到自己车内，一边哺乳一边匆匆地解决了午饭。

百转柔肠锤炼坚韧力量。这份牵挂与责任给了滕小兰莫大的动力。在她和技术团队的坚持和努力下，体积压裂提升常压气藏开发效率在江沙 33-42HF 井得到了充分的体现，该井已累产超过 4100 万立方米，时至今日依然保持着 3 万立方米 / 天的稳定生产，为常压气藏高效开发蹚出了一条新路。

“常压气藏也是我的孩子，我期盼它能茁壮成长，它对我而言不只是工作，也是大家幸福生活背后的万家灯火。”滕小兰这样说道。

这背包一肩挑着放心不下的责任使命，一肩挑着效益开发的极致追求。

刘林是局、分公司高级专家。如果你在石油工程技术研究院，碰见肩上挎着背包，风风火火的他，那一定是他刚从施工现场回来，或是正要赶往施工现场。

生产现场是刘林长年驻扎的阵地，而他身上那只背包，同他一起见证了油气田须家河气藏的“三起三落”，也见证了西南石油人信念如磐、初心不改的坚韧和执着。

2000 年，新 851 井须二一把通天大火，展示了须家河气藏的巨大潜力，烧旺了所有人的希望，大家踌躇满志地认为已经掌握了须家河气藏

开发的命脉。然而，随后的钻井却远远未达到预期，大家第一次认识到须家河组气藏的复杂性，新场须家河组的勘探刚刚掀起的热潮随即转入沉寂，勘探被迫转战新场外围。

2007 年，大邑 1 井须三的突破，让大家再次看到了曙光，但如昙花一现，随后部署的大邑 2、大邑 3、大邑 4、大邑 5、大邑 6 井均未有斩获，须家河气藏的建产工作再次陷入停滞。

须家河的症结到底在哪里？刘林一直在苦苦寻觅着答案。屡次受挫并未让他认命，反而激发了他骨子里不服输的精神。“须家河是有东西的，而且有大东西，只是我们暂时还没找到对的方法，只要我们不断地研究和尝试，一定会找到办法让它再火起来的。”他始终坚信目标并激励着团队。在刘林的主导下，须家河经历了“清水压裂、重复压裂、大规模缝网压裂”三次压裂革命，尽管在部分井中取得了突破，但由于储层超低孔渗，依靠基质建立的渗流通道导致压后产量迅速衰减，未能实现气藏探明储量的整体有效动用。

尽管依然没有取得大的突破，但大家对须家河的认识在实践中越来越清晰，技术方法也随着时间的推移在逐渐进步。2014 年春天，零星的油菜花拽住即将逝去的春天尾巴，新盛 1 井的压裂改造开始了。在这口井上，刘林和团队开展了前所未有的大胆试验，采用油套同注的方式，对须二进行了体积压裂改造，液量达到了空前的 2000 立方米，排量超过了 10 立方米 / 秒。在稳定井口压力 48 兆帕下，日产天然气 3 万立方米。新盛 1 井产量虽然不高，但生产压力稳中有升，它给研究人员带来了新的希望：须家河的改造，体积压裂这条路可能走对了。

经过又一个7年的深入研究和论证，2021年采用新一代体积压裂工艺改造的新盛101井，在稳定井口压力37兆帕下，输气20万立方米/天，随后新盛101-1、101-2、101-4井均获得高产，一举打开了须家河组气藏建产的新局面。

“须家河气藏是我们公司建设‘百亿’气田、冲向‘双百亿’气田的重要压舱石之一，对此我们始终深信不疑。这二十年来，我们一直奔走在寻找解决办法的路上，须家河是一定能整出来的，我们从未失去信心。须家河一定要搞出来，这个信念我们从未改变。”从业24年的老背包客刘林说，“如今，我感觉我们已经找到了打开须家河气藏的钥匙，但对于这个世界级难题，我们才刚刚起步，还要坚守初心，奋力前行。”

这背包一肩挑着薪火相传的铁人精神，一肩挑着油气事业的基业长青。

王峻峰是酸化压裂技术中心的技术人员，也是这支背包团队中的“90后”。

进入石油天然气行业近6个年头，常常扎根现场，职业的特殊性与职责所在让王峻峰与妻子聚少离多，从事酸化压裂更是如此，在页岩气现场施工，他一待就是数月。

2022年1月22日，正在页岩气现场施工的王峻峰，如往常一样早晨6点出发去现场，此时天还没亮，他依然从容自若。然而再过几天就是他的婚礼。

“这口井施工难度大，我对前期的情况比较了解，再坚持两天，等顺利了再回去。”王峻峰向领导主动请缨。

有一种浪漫叫作“相互支持”，有一种力量叫作“并肩作战”。面对聚少离多的状态，同为党员的妻子从未抱怨，独自一人筹备婚礼还总是笑着说：“你在施工现场专心干，婚礼的事情我都安排好了，家里人都很理解你。”周末还会抽空到施工现场看望，送去一份家乡的温暖。

在现场施工，酸压人看得最多的曲线，就是压裂施工曲线，简单的曲线背后蕴含了大量的信息。如果是没有经验的新手，很容易因为判断失误而引起现场工程复杂情况。

为了快速成长为一名合格的压裂“指挥人”，他每天白天施工，晚上回住处琢磨施工曲线，每一个压力突变、排量异常都不放过，遇到困惑就给师傅打电话请教、讨论、分析，制定第二天的施工参数。通过一段段的现场施工、一段段的曲线分析、一段段的反思总结，不到一年时间，他就从一个新手逐渐成长为从容的熟手。

当被问起“持续满满的工作热情是如何保持”时，王峻峰说：“如今四川盆地正在加速建设‘气大庆’，作为青年有幸生逢伟大时代，只有接过老一辈石油人手中的接力棒，脚踏实地，敢想敢做，不驰于空想，不骛于虚声，才能不负自己，不负韶华，不负时代。”

“背包客”们就是这样，他们背着使命和任务，扛起担当和责任，他们时刻准备着，奔赴在油气田增储上产的攻坚路上。

（西南石油局）

“一盆凉水”浇出大气田

2020 年初冬的一天，数十辆大型压裂车的轰鸣声从塔克拉玛干沙漠一座井场中传出。压裂指数随着几根曲线不停地变化，牵动着千里之外顺北科研团队的心。

“压裂指数没有出现异常现象，我们要做好失利的准备。”科研人员黄诚给大家交底的时候，嘈杂的科研现场顿时鸦雀无声。

当看到大家被这个消息狠狠打击时，像被“一盆凉水”盖头浇下，他大声说道：“我们继续搞好下一步的研究，不能放弃。”

但是大家的心思已经不在工作上了，因为多年的辛苦钻研，还是部署了一口失利井，不少女同事眼里已经有了泪花。多少个日日夜夜的煎熬，换来的却是“竹篮打水一场空”。

这个团队是西北油田深地科研团队，他们与国内外专家、学者、科研骨干一起，发现了世界上最深的油田之一——顺北油气田。随着顺北 1 号和 5 号断裂带的逐步勘探开发，顺北油气田整体含油，沿断裂带富集的特征浮出水面，断裂带成了“香饽饽”。

为了扩大油气田规模，他们所有人把五年的青春交给了科研的“冷板凳”。科研团队从基础领域着手，进行断裂解析和类比评价，虽然历经失败，但是终于发现顺北 4 号断裂带与顺北 1 号断裂带无论是成藏背景、断裂发育特征还是储层规模，都有极大的相似性。于是，他们打响气区的第一枪，在顺北 4 号断裂带上部署了顺北 41 斜井、顺北 42 斜井，但是部署的顺北 41 斜井经过酸压测试，没有形成规模产能。

“同志们，我们搞科研是可以容忍失败的，但是我们要相信自己，信心比金子还重要。”西北油田勘探开发研究院院长李宗杰看到大家士气不振，到研究所提振士气，带领大家寻找解决问题的方法。

“我们已经做了大量的基础研究工作，相信这里富集着油气。”科研人员李弘艳坚定地说道。

“我们要不唯上、不唯书、只唯实，才能见真章，我们既要相信自己，也要质疑自己，这才是科学家精神。我们要分析总结失利原因，去印证这里富集油气的观点。”李宗杰继续鼓励着大家。

为什么科研团队坚定地认为这里有大量的油气呢？

当前，国内外关于走滑断裂带的研究，描述精度多为千米级。与之不同的是，顺北地区的断裂带属于板内稳定构造带内的小型走滑断裂带，要想在断裂带上部署井位，就需要精细解析断裂带复杂的内部结构，这相当于要在珠穆朗玛峰峰顶了解山脚下一棵树木的形状和生长周期，难度极大。在顺北的断裂带中，断控储集体像不规则“栅状”一样竖立其间，形成一个天然的巨大油气迷宫。深地科研团队探寻了断裂的形成、演化过程，坚定了4号断裂带富集油气的信心。

信心有了，但是路在何方呢？

“这盆‘凉水’虽然让我们短暂麻痹了，但是浇醒了我们的斗志。西北油田组建专家组进行会诊，给出了方向，要求我们及时寻找侧钻目标，论证钻井深部侧钻潜力，寻求油气大突破。”科研人员黄诚将好消息带给大家。

深地科研团队逐一分析断裂带的油气储运条件，大胆提出了新的地质认识：断裂带内部并非像高速公路一样畅通无阻，在油气运移的横向和纵向通道上，可能分布着不规则的障碍物，导致出现了非均质性。

也就是说，油藏内部存在隔层，导致油气储集的空间不连通，各自储存着不同成分的原油。

为验证这一新认识，科研人员数十次对比修正顺北 41 斜井地质模型，模拟出与实际地震剖面基本一致的正演剖面，让地下 8000 米深的储集体还原到数字地质模型中。

依据新的地质模型和地震资料，他们发现，顺北 41 斜井深部存在较大规模的洞穴型储集体，且连通性好。他们决定重新规划井轨轨迹，侧钻加深 350 米。

正是这关键的 350 米，让顺北 41 斜井实现了重大油气突破。

2021 年 3 月 29 日，顺北 41 斜井获得重大油气突破，完成从一口低效井到高产井的逆袭之路，落实了顺北 4 号断裂带亿吨级的资源阵地，一个大型凝析气田的蓝图在“死亡之海”中徐徐展开。

“我们成功了！”伴随着大漠中顺北 41 斜井放喷口熊熊的烈火，科研团队也爆发出雷鸣般的欢呼声。

（西北油田）

咬定青山

走进建南，放眼大山。听机声低唱，看钻塔高昂。车流滚滚，火焰冲天。听笑语欢声，看春满气田。

出气了！红星区块又出大气了！好消息接连不断，好形势令人震撼。好一派大战场面，好一幅壮丽画卷。

在采气一厂红星区块，油田部署的红星500亿方增储工程规划、石油部老部长康世恩“在鄂西拿到300亿方储量”的遗愿，正在建南采气人手中一一实现。

这一切来之不易。怎能忘记，没有当年的坚守，哪来今天的突破；没有当年的辛苦，哪来今天的甘甜。

让时间回流到1969年底，五七油田十五团四千多名找气健儿，在鄂西渝东大山深处的利川建南安营扎寨，开始了为祖国找气的鏖战。

那时的建南深山，环境异常恶劣，条件特别艰苦。住的是芦棚油毡房，走的是崎岖泥泞路。离城市很远，离寂寞很近。

凭着特有的石油精神，凭着为国找气的坚定信念，建南采气人克服重重困难，始终如一坚守着、期盼着、探索着、奋斗着，演绎了“拉车上山”“抬船过河”的感人故事。

那是1977年初的一天，由于大雪封山，汽车打滑，钻井材料难以送到位于南高点的建25井井场。机关各科室立即抽调人员组成“拉车队”，大家在车前方和两侧拴上几根棕绳，然后像纤夫一样喊着号子，随同驾驶员轰油门的声音一起用力，硬是把汽车一米一米地拉上了山。

“抬船过河”中的船，指的是塔式井架的几块船形底座。1975 年 6 月，搬迁建 23 井时，正值入夏后的雨季，运送设备的车辆因小河涨水无法通过。30 多名工人为了不影响安装时间，靠人抬肩扛，用两个多小时硬是将 4 块船形底座抬过了河。

建南人的拼搏故事令人感动，建南人中的英模人物更是令人敬仰。

1974 年 5 月，暴雨冲刷着建 13 井井场，洪水很快涌进资料室。32505 钻井队地质技术员陈盛孝不顾个人安危冲进了资料室。探井资料抢出来了，陈盛孝却被洪水夺去了生命。建南采气人至今记得，他高举一叠资料扔向同事时的最后一句话：“这东西比啥都贵重！”陈盛孝，是油田第一个被追认为中国共产党党员的优秀知识分子。“这东西比啥都贵重”，就是一名技术人员对职责内涵的朴素诠释。

1980 年 10 月，又一次山洪暴发。建南气田团委副书记黄为祥为救援被洪水围困的土家村民，勇敢地跳入激流中，把救生的棕绳传递给了土家兄弟，却将自己的生命定格在了 31 岁。黄为祥，是油田被湖北省政府追认的第一位革命烈士，他用自己年轻的生命彰显了石油人的高大形象。

钻井队老队长章升朝也是建南一位标志性人物。2015 年，已退休多年的他获得“感动气田人物”荣誉称号。作为在这片热土上待了 50 多年的老建南，章升朝可谓实至名归。他曾带队打下 20 多口气井，立起过上百次井架，创造了多项钻井纪录，多次被评为油田“学铁人模范”和“劳动模范”。退休后的他一如既往地关注着气田的发展建设。

建南气田南高点上的一群守井人，尽管平凡，却同样值得赞扬。这里山高路陡，工作生活条件非常艰苦，住的是“猫耳洞”，点的是煤油灯，被称为江汉油田的老山前线。就是在这种情况下，廖庆伦夫妇日复一日、年复一年地坚守着，守住了一份寂寞，更守住了一份责任。

正是因为有陈盛孝、黄为祥、章升朝、廖庆伦夫妇这样的奉献精神，有“拉车上山”“抬船过河”这样的豪迈气概，建南采气人才得以建成湖北省第一个气田，创造国内首次发现二叠系长兴礁气藏、在四川盆地第一个钻获石炭系气藏等多个“第一”。正因如此，1976 年，60 多名建南采气人作为产业工人代表，应石油部特别邀请，到北京天安门参加了“五一”观礼。

勘探难，找气难，坚守更难。国民经济调整时期，为了守住勘探基地，占领桥头堡，等待再次进攻时机，建南三代采气人作出了无私的奉献。

他们守在“夹皮沟”，窝在“猫耳洞”；值守口口探井，收集试采数据；踏遍深山峡谷，研究地质资料。一夜夜马灯相伴，一声声对山呼唤；一天天埋头苦干，一个个翘首以盼。为了今天的发展，建南采气人凝聚了敬业奉献的企业精神，积蓄了勘探开发的技术力量。

远离城市，有气卖不出。怎么办？为了甩掉吃补贴的帽子，他们自力更生，建起了炭黑厂，生产出数万吨部优“腾龙牌”炭黑，创收一亿八千万元；他们建起净化厂，开通长输管道，化解经费短缺的困难，把坚持勘探的熊熊火炬点燃，揭示了梦想拿下大气田的祈盼。

没有坚持勘探，就没有胜利在望。没有咬定青山，就没有四野葱茏。昨天，建南采气人坚守在枫香坝，进军到龙驹坝，攻克了黄水坝，亮剑在焦石坝。2013 年，焦石坝建成国家页岩气示范区，建南采气人凭借开发经验和过硬功底，担当起涪陵页岩气开发的主力。今天，在红星区块战略蓝图上，正孕育着灿烂辉煌，迎来又一个春天。

兴隆常规气，一井穿两礁，单井日产 80 万方；红星页岩气，捷报频传谱新篇。

咬定青山不放松，不怕困难千万重，越是艰险越向前。为三年建成年产五亿方、五年实现年产十亿方的目标，为实现三代建南采气人的梦想，为江汉跻身大型油气田，为祖国的繁荣富强，建南采气人不忘初心、勇于担当，再立新功、再创辉煌。

（江汉油田）

绽放在雪域高原的“格桑梅朵”

“日照雪山，圣洁祥和；格桑梅朵，开满山坡。坚守蜿蜒天路，班戈的女儿义无反顾。朝阳是心之所向，油站是身之所望。捧一颗爱心，融化旅途的风雪和冰霜。美丽的卓玛，你是生命禁区的天使，唱出了高原上最动人的乐章。”

2023年，中国石化西藏石油班戈县东区加油站站长普布卓玛获评“致敬中国石化40年‘感动石化’人物”。这是“感动石化”评审组给予她的致敬词。

从西藏班戈县的一名普通牧民到中国石化的加油员，再到优秀加油站站长，普布卓玛扎根奉献在高原加油站服务一线，以突出的业绩在雪域高原上绽放着芬芳。

从小的愿望

班戈，藏语意为“吉祥保护神”。班戈县有令人向往的“圣湖”纳木错；有国家非物质文化遗产谐钦、昌鲁；也有让人胆怯的高海拔——平均海拔4750米，比拉萨海拔高出近1100米；还有恶劣的气候——空气里的含氧量仅为内地的60%左右，平躺着相当于在内地负重20公斤。

因处极高、极寒、极偏远地区，又是典型的纯牧业县，班戈曾是西藏最为贫困的县区之一，似乎并不受神的“吉祥保护”。到了21世纪初，全县不仅水、电、路未通，而且没有一条像样的街道，没有一家像样的商铺。1984年，普布卓玛就出生在这里。

2001 年，中国石化对口支援班戈后，她切身感受到了家乡的变化。“因此，我从小就向往穿上蓝工衣，希望成为石化大家庭的一员。”普布卓玛说。

大学毕业后，她的愿望终于实现了——成功入职西藏石油。此后，她先后在兴藏加油站、工布江达加油站、林芝南粤大道加油站工作，从便利店管理员一步步成长为一名加油站站长。

在兴藏加油站工作的那些日子，普布卓玛至今记忆深刻：“那里海拔有 3650 米，曾是我们西藏石油海拔最高的加油站，而且背靠山地，长年有风沙，工作环境非常恶劣。”

但就是在这样艰苦的环境里，她一干就是 3 年，在此期间只休了 15 天假。

以站为家、以真心拓市，一点一滴做好服务，普布卓玛把每一个工作过的加油站都打造成雪域高原上“温馨的港湾”。

义不容辞的责任

2022 年 10 月 4 日，西藏林芝市电闪雷鸣，暴雨倾盆而下。23 点 30 分，普布卓玛接到电话，司机张师傅焦急求助。

张师傅在进藏旅游途中，在邦杰塘服务区短暂休息后准备出发，但车辆突然无法启动，多次尝试后依然无果。天气恶劣加上人生地不熟，他的家人因为情绪紧张，导致高原反应加剧。他内心十分焦急。

在网络地图上搜索到中国石化加油站的联系电话后，张师傅抱着试一试的心理请求帮助。

普布卓玛当即答应帮忙寻找汽车维修人员。但因为当时已是深夜，而且雨太大，高速公路沿途水汽弥漫，她联系了一圈，都没有维修人员愿意前往。

当夜，为张师傅一家的安全考虑，普布卓玛和加油站安全员驱车沿着狭窄、坡多、弯多的国道前往邦杰塘服务区。见到张师傅后，她主动提议将车辆暂时放在服务区，先把他们带到县里的酒店休息，待次日天气转好后，再找维修人员前往服务区修车。

第二天雨停后，经维修人员维修，张师傅的车辆恢复正常。张师傅拿出家乡特产表示感谢，被普布卓玛婉言谢绝。她说："信任我们中国石化，我们必然义不容辞！希望下次你们来西藏旅游时，还能来中国石化加油站加油。"

张师傅一家闻言，纷纷竖起了大拇指。

工作的 12 年间，类似救助进藏旅游司机的故事，普布卓玛已经记不清发生过多少次了。她曾多次救援送油。

那是 2021 年 8 月 1 日 18 点，普布卓玛的手机响起。接通后，电话那头传来一名男子急促的声音："我叫多吉，家住班戈县。我的车在高速公路上没油了。你们能不能帮帮我？"

普布卓玛立即告知他将车辆双闪灯打开，在后方摆好三角警示牌。

随后，普布卓玛驾车 20 公里将油送到现场。帮多吉完成加油后，对方激动得连连称谢，普布卓玛只是微笑地叮嘱他以后千万注意安全。

"我非常热爱这份工作。每当看到客户获得帮助后的笑脸，我就特别有成就感。"普布卓玛说。

影响一片人

榜样的力量是无穷的。

员工德吉央佐因胃出血住院，身边没有亲人照顾。普布卓玛便放弃轮休假期，在医院照顾她。病愈出院后，德吉央佐说："站长这么照顾我，我要以更好的工作态度来回报她！"

墨竹工卡飞龙加油站站长阿旺央吉是普布卓玛的堂妹。她坦言，到西藏石油工作完全是受了堂姐的影响。

上学时，在两人的通信中，普布卓玛就经常谈起作为石化人满腔热情、无私奉献的故事。“尤其当她讲到自己在市场竞争压力下，带队超额完成年度经营目标时满是自豪。这让我非常向往。”阿旺央吉回忆说。

在普布卓玛潜移默化的影响下，2019 年 9 月，大学毕业的阿旺央吉通过层层选拔，最终得以进入西藏石油工作。

3 年来，阿旺央吉先后在拉萨当热路加油站、恒兴加油站任加油员和计量员。2021 年 8 月，阿旺央吉成为了墨竹工卡飞龙加油站站长。

刚接任墨竹工卡飞龙加油站站长时，阿旺央吉发现当地群众对中国石化的品牌并不熟悉。她夜不能寐，向普布卓玛求助取经。普布卓玛指导她，要把工作重心放在落实“以客户为中心”上。

如今，阿旺央吉带领着墨竹工卡飞龙加油站连年超额完成各项经营目标任务，机出零售量年均同比增长 50%。

2023 年 10 月，普布卓玛前往深圳石油梅林加能站学习交流。梅林加能站站长徐静静深深为普布卓玛的经历而感动。她说："西藏的工作条件比我们艰苦很多，但卓玛对待工作认真、细致，一点儿没有降低标准。我们要多学习西藏石油员工扎根奉献高原不怕苦、讲奉献的优秀品质，为助力粤港澳大湾区建设而奋斗。我也相信，我们每名员工都会如卓玛一样成为为美好生活加油、在岗位上美丽绽放的'格桑梅朵'。"

载誉归来再出发

参加"致敬中国石化 40 年'感动石化'人物"颁奖典礼，是普布卓玛第一次来到北京。颁奖结束后，她并没有打算在北京停留，也没有去一直想去的长城。因为当时她负责的班戈县东区加油站正在火热建设中。

班戈县东区加油站是中国石化在班戈县的第一座加油站，也是中国石化海拔最高的加油站。2023 年，普布卓玛从林芝南粤大道加油站调任该站站长。"我希望能通过自己的努力，为家乡发展做出一点实实在在的贡献。"

在班戈县东区加油站建设期间，只要没有必须离开的事，普布卓玛就会在现场紧盯建设情况。可以说，这座加油站的一砖一瓦，都凝聚着她的汗水和心血。

2023 年 10 月 31 日，班戈县东区加油站正式投运。从此，喜欢自驾游的车主去阿里大环线自驾游又多了一个加油、休息的好去处。

投营后，普布卓玛的干劲更足了。因为她知道，这是一个新的开始。"我会在岗位上继续努力，服务好客户！"普布卓玛说。

（西藏石油）

那是一段你不问我就永远不说的路

得知要紧急住院，姜秀伟转身，以一种异常冷静的语气对身后63岁的婆婆说："妈，您等一下。"

收拾完东西，姜秀伟捂着肚子，从家里开车到医院，从医院一楼赶到五楼搬东西，再从五楼赶到一楼办手续。

等办完分娩手术所有的手续，姜秀伟的骨缝已开了一指。

当初和丈夫陈燎谈恋爱时，陈燎曾担忧地说："我们井下在新疆忙，很多事要靠你自己。"

姜秀伟那时挺挺头，说："我知道。"

可她怎么也想不到，有一天，连生孩子时，都要她自己开车去医院，自己挂号，自己和医生解释远在天边的丈夫为何无法赶来，自己把笨重的自己腾挪到产房的床上，自己给自己打气，自己为自己祈祷。

千里之外，新疆塔克拉玛干沙漠TP26井井场。

陈燎从钻台下来，瘦弱的身子，行走在旷远的沙漠，显得更加单薄。进了板房，他靠在冰凉的墙壁上，神情还有些疲惫。

1988年生人的他，自2010年毕业后，便来到胜利石油工程公司井下作业公司西部钻修工程部。至今，他已驻守新疆8年，现任侧钻21队队长。

2017年12月，离妻子预产期还有一周多，陈燎忙完井上活，早早赶到工程部请假。领导担心不稳妥，劝他早走。他挂着井上的活，没答应。

当天晚上，陈燎突然接到妻子电话。妻子说："陈燎，我肚子有些疼，好像要提前生了。"

彼时，双方老人还在老家。家中只有陈燎 63 岁的母亲照应。

扣下电话，工程部派专车连夜把陈燎送到机场。两天后，当他赶到医院病房时，儿子已经出生。

陈燎说，那一晚，临产前的妻子，是自己开车奔赴医院的。

陈燎还说，从家里小区开到医院，大概有 20 分钟路程。

他无法想象，骨缝已经开了一指的妻子，是如何下的楼，又是如何在疼痛中踩下油门。等待红灯的间隙，妻子的心里闪过什么样的念头。

他不敢想，更不敢问。

再回想起那条路上的一切，姜秀伟突然有些后怕。

2017 年 12 月 10 日晚上 9 点半，十分钟疼一次，一次持续三分钟。躺在家里的姜秀伟知道，自己要提前生了。

和婆婆收拾好所有东西，她坐进驾驶室，觉得肚子太疼，便给自己打气："姜老师，没事的。"

又给肚里的宝宝打气："再忍忍吧，等爸爸到了，再出来吧。"

从家里赶到医院，她开了 15 分钟。等办完入院手续，姜秀伟便被推进手术室。

胎儿太大，医生给她做侧切。缝针时，姜秀伟疼得浑身冷汗，疼到极点，她在床上喊："陈燎！"

主治医生和她熟，为了分散注意力，跟着附和："陈燎回来没？"

"快了！"姜秀伟疼得大喊。

"陈燎是不是臭老公？"医生又问。

尽管已经疼得快要失去理智，可姜秀伟还是用尽所有理智回答了这

句话：

“不是。”

两个小时后，姜秀伟回到病房，看着躺在一旁粉嘟嘟的儿子，她拿起电话给陈燎报信：“孩他爹，生完了，是个男孩，放心吧！”

凌晨四点的库尔勒机场，人烟稀少。没有人看到，在空荡荡的大厅里，一个举着电话的男人，突然就像决堤的洪水一样，泣不成声地瘫在座上。

在家陪了孩子一个月后，为了保障甲方上产需要，西部钻修工程部组建起新队伍。陈燎是队长，需要赶回新疆，筹备配套设备。

9 年时间，每一次分别，姜秀伟从不袒露心迹。唯独这次，临走时，她哭着和陈燎说：“以前，就我自己，怎么都好办。可现在有宝宝，我怕带不好。”

陈燎安慰她说：“别怕，遇到事，就给我打电话。”

等陈燎回去后，姜秀伟才发现上当了。

“他在无人区施工，手机根本打不通啊。”

对于临产路上的种种，姜秀伟决定，只要丈夫不问，她就绝对不提。

“毕竟，更好的路，还在前面等我们。”她自信。

（胜利石油工程公司）

我的名字叫大北

谁也不会忘记，1997 年 8 月 20 日傍晚，位于胜利油田河口采油厂四矿西北方向的海面上，一架巨大的彩虹横悬天宇。天地之间铺满了万丈红霞，恍如燃起熊熊烈火。

大家都被这前所未有的景观震住了，没人知道，这是渤海天文大潮发作前特有的征兆。

当夜第 11 号强台风携着天文大潮向百里油区席卷而来，从凌晨 3 时起狂风暴雨逐渐升级，海潮一浪高过一浪。到 16 时，潮位达到 2.45 米，风力达到 12 级，百里油区一片汪洋，坚守岗位的 143 名四矿职工被困在潮水之中。

此时，地处大王北油田最北端的河口采油厂四矿六队陷于一片汪洋，59 名职工（包括一名孕妇）和外界失去了联系……

通信中断、道路中断，漆黑的乌云遮挡了蓝天，狂风、暴雨、恶浪交织在一起，漫过海堤向队部袭来。面对迷茫恐慌的职工，队长果断下达指令：“全部设备马上关停，所有人跟我向 8 号救命台转移。”

救命平台建在一公里之外，大家把救生衣全部让给女工，用绳子把自己捆结实，男女间隔，排成一溜，队长在前，指导员殿后，孕妇被护在中间，向 8 号救命台转移。一脚深一脚浅，雨水浇透了全身，狂风迷住了双眼，59 个年轻的生命向着生的方向撤离。

风的利齿，浪的尖爪，仿佛要将一切吞噬。而一根长长的绳索，打着五十九个生命的结，就像一根青藤，缠绕着五十九片绿叶以及一颗小小的果核，在死神的怀抱里寻找生的方向。

狂暴的潮水像出笼的野兽在荒原上四处奔突，大北，荒原滩涂的大北一片汪洋。到处是断壁残垣和被冲毁的路基。远处，几吨重的抽油机像一头精疲力竭的大象不堪野兽的撕咬，轰然倒下。

大家眼睁睁看着自己辛苦建设起来的道路、队部、油井在风暴潮的撕扯下凌乱、垮塌，那是多少大北人的心血啊。大家不约而同地在心里默念："我们会回来的，我们会重建一个更美更强的大北！"

像水中的浮萍，经过近两个小时的艰难跋涉，大家终于抵达了救命台。50多个人挤在十几平方米的空间里，男职工自觉站在外围，用身体阻挡风雨，一个个背影，像坚不可摧的碉堡；女职工则把孕妇紧紧护在中间，大家硬是腾出一块地方让她坐下。有人把珍藏的干衣服塞过来，让她换上……

风依旧怒吼，雨依然倾盆，潮水越过堤坝，掀起一人多高的浪头，向救命台扑来，小小的救命台在狂风巨浪里颤抖，每一次冲击都像是重锤敲打在胸膛，发出死亡的回声。

有人掏出小录音机给家人留下遗言："爸爸妈妈，如果我有不幸，二老不要难过……我走之后，把我刚存的500元钱取出来，给爸妈买点营养品……让姐姐替我尽孝……让我最后叫一声爸爸、妈妈、姐姐，你们保重。"

不知是谁哼唱起电视剧《小龙人》的主题歌："天上有无数颗星星，那颗最小的就是我，我不知道我从哪里来，也不知道我在哪里生……"

人群中传出了女同志的抽泣……

悲伤的情绪刚要开始弥漫，队长带头唱起了《团结就是力量》："团结就是力量，团结就是力量，这力量是铁，这力量是钢，比铁还硬，比钢还强……"越来越多的人加入进来，歌声压倒台风，比海浪更高昂，五十九双手相握一起，挽成生命的结。歌声盖过了黑夜的恐怖，盖过了风暴的呼啸，歌声让风暴羞愧，它能够蹂躏钢铁，却无法撕碎一片绿叶，甚至无法击落那唯一的果核。

突然，人群中有人喊：“灯光，手电筒的灯光。”“是四队，是四队方向的灯光。”原来四队的同志们也正在不远处的屋顶和风暴勇敢地搏斗。这一刻，远处的战友为我们传来无穷的力量。这一刻，生的希望冲破了死亡的悲伤……

风停了，潮退了，这是一场生命的对决，在这场对决中，坚定而勇敢的四矿的战士们——赢了！

几个月后，那个在暴风雨中活下来的孩子出生了，父母给他了起一个响亮的名字：大北。是的，他必须叫大北！他是潮水企图吞没的大北，他是用血肉之躯护着的大北，他是惊涛骇浪中那枚小小的果核和那条无限延展的生命的藤。

这个名字不仅仅代表他自己，更是在那场百年不遇的特大风暴潮中，舍生忘死、众志成城的群像，他们开发了大北，他们重建了大北。他们给了这个油田崭新的生命！

（胜利油田）

给母鸡喂把米

这张老照片背后有个动人的故事——给母鸡喂把米。

照片上围在上海石化总厂厂长王基铭身边的这两个小女孩，捧给他一只鼓鼓的布袋，布袋里装着满满的毛票，共计 503.85 元。小女孩说："我们石化四小的红领巾，要给母鸡喂一把米，让它快点生下蛋。"

这是怎么回事呢？这要从上海石化三期工程说起。

当时国家财力有限，建设资金达 50 亿元的三期工程未获一分钱计划投资，需由企业筹集资金，自借自还，自担风险。为了工程建设，总厂借外资、发债券。经过近 20 个月的苦战，30 万吨乙烯工程终于即将开工点火，可工程账面上只剩下 7300 元。

1989年2月16日，春雨绵绵。在基建会议上，王基铭厂长面色凝重地开口了：“再有一年，30万吨乙烯工程就能出效益了，可是，现在没钱了！我不想隐瞒大家。在这个节骨眼上，快要下蛋的母鸡没米吃了，我们一定要想办法。”

石化四小校长梁国英在干部大会上了解到这一情况后，立即在学校开展了“了解金山 热爱金山”的活动。当“石化二代”的孩子们了解到这只“快要下蛋的母鸡”没“米”吃了，都非常着急。

老师：“同学们，我们石化总厂现在遇到资金困难，作为一名少先队员，我们能不能为金山建设出一份力呀？”

小朋友们：“我出一毛。”

“我出两毛。”

……

一毛两毛的零用钱、积蓄多年的压岁钱，全校一千多名少先队员的爱心汇聚成了这503.85元。孩子们的捐献行动被报道之后，也引起了全厂职工和家属的关注，一股自发“给母鸡喂把米”的暖流，从四面八方涌来。

一次会议快结束时，主席台收到一张递过来的纸条。三期建设副总指挥当即宣读了纸条内容：“作为一名石化厂的老职工，我应该作出自己微薄的贡献。前年，我家买了1000元石化三期债券，我决定放弃到期的360元利息，献给我们的三期建设……”这张小小的纸条，却温暖了那个阴雨连绵的雨季。

2月18日，王基铭厂长收到一位职工的来信，信中说：“三期建设遇到资金困难，今天我将获得的先进奖励80元和参加义务献血的营养费32元，共112元寄上。这是我的一点心意，请收下！”

信件像雪片似的飞来，写信的有离退休干部，有普通职工，有武警战士，还有许许多多不署名的人。

2月23日，上海石化总厂发起“爱我石化总厂，支援三期工程建设专项储蓄”活动。

干部：“同志们，三期建设到了最后一步，大家一起出出力吧！今天我带头，把我半年的工资先支援进来。”

职工：“个人的力量只是大海里的一滴水，但众志成城是我们国家民族的精神。来，我存500元。”

职工：“我也存。”

“我也存。”

……

干部：“我代表石化总厂，感谢大家的支持。”

号召发出后，五龄童奉上了压岁钱，白发人拿出了养老金，女职工的嫁妆钱、男职工的私房钱、献血的营养费、买债券的利息、才到手的工资奖金……都汇聚起来。短短半个月，全厂6万名职工筹集了1100多万元。这把无比珍贵的“米”，滋养了30万吨乙烯这只“快下蛋的母鸡”。

历史会记住这些留下名字或没有留下名字的人，上海石化永远记得当时6万名职工、家属对企业的一腔赤诚。巍然屹立的30万吨乙烯装置，是上海石化人用真心、真情铸成的又一座丰碑。

上一辈人用无私奉献、不计得失建设企业，这一辈人用科技创新、技术突破续写传奇。甘于奉献躬自厚，静水流深行且坚。不约而同的默契，不计回报的共鸣，虽然不是惊天动地的壮举，却依然让人热血沸腾。作为新一代石化人，我们将接过前辈们手中的接力棒，不忘初心、增强信心、铸牢同心，共同守护心中的城、我们的家！

（上海石化）

师徒三人行

弘扬劳模精神，也需要传帮带。

九江石化财务部有这么一个师徒三人组。她的师父是公司 2017 年度“卓越员工”孙亚民，她的徒弟是新进的优秀大学生帅世晗，他们因为共同的使命任务聚在一起，用敬业、奉献、团结、拼搏精神引领身边人、传递正能量。她就是公司 2022 年度“劳动模范”程晋李。

程晋李与她的徒弟

帅世晗到岗的第一天，师父程晋李就问：“小帅，对预算有认识吗？”小帅不确定地回答道：“预测、测算，还有？”师傅说：“预算对上支撑战略、对下衔接业务，预算管理贯穿于公司经济活动的方方面面。”乍一听，小帅倍感压力。师父看出了他的紧张，笑着说：“万事开头难，只要用心肯学，没问题的。”

“程老师，我这又因预算不足出不了库了。”“程姐，系统中下达预算调整了吗？”“小程，沿江效益对标什么情况？”一上班，程晋李的电话就响个不停。她总是面带微笑、柔声细语，不厌其烦地沟通解释、协调指导、认真落实。即便如此繁忙，她还不时地给小帅“开小灶”，手把手传授指导、提醒指正。

帅世晗的一个深切感受是，师父每天都在与时间赛跑。她的手机上了N个闹钟，隔三岔五地响，提示要定时定点定活。预算、测算、演算、结算，比选、优化、对标、分析……来财务半年多，师父几乎天天在岗，怪不得领导在他报到那天就告诫他：来财务就要做好加班吃苦的准备。

程晋李与她的师父

预算管理是财务部要求最高、任务最重的岗位。尽管程晋李是会计硕士毕业，专业功底扎实、工作表现突出，但对她能否胜任预算岗位，她的师父——财务部副经理孙亚民起初是有顾虑的。因为选择了预算岗位，就等于放弃了休息，何况她还是一位有着两个孩子的年轻妈妈。但小程巾帼不让须眉，经常拿着一个小记录本飞奔，见人就问、不会就学，跑现场、画流程，硬是凭着一股钻劲、韧劲、吃苦劲，成为同龄人中的佼佼者、财务主力军。

这几年，集团公司全面启动财务转型，提出要构建战略型集约化财务管控体系。面对接踵而至的挑战任务，程晋李挑重担、当先锋，主导构建了涵盖上市和非上市、炼化和化工板块四算一体的预算管理体系，健全了分油种，按装置，全流程，宜油则油、宜芳则芳的效益评价模型，先后完成了业务重组、炼化拆分、高质量运营、未来十五年战略财务规划等重大专项任务，每年各类测算不少于400稿，为公司经营优化、质效提升、转型突破作出了重要贡献。

入职十年，十年磨一剑。程晋李连续五年考核为优秀，被聘为公司最年轻的高级会计师，入选九江市会计领军人才，并光荣地加入了中国共产党。孙亚民很骄傲，但更想叮嘱她：“时间是奋斗的沉淀剂，只有坚持和沉淀，才能最终获得成功！”

“劳动模范”程晋李

程晋李常听师父说：财务专业性、政策性强，财务也处在信息制高点上，有俯瞰全局的优势，财务人员的使命光荣、责任重大，唯有深学细悟实干担当，才能干好财务，不负信任期望。

预算管理是方法更是理念和责任，既要为“做得正确”提供支撑，又要为“正确地做”强化保障。“财务要靠专业赢得尊重，要靠服务赢得满意，服务好业务，做业务最佳伙伴，才能得到业务的信任和支持。”“成本源于业务驱动，只有知道业务是怎么来的，成本预算才能服务好业务安排。”“要核准每项数据、关注每个细节，差异要找准、分析要精准，我们的工作错误会造成领导的决策失误，切记仔细再仔细！”师父的话程晋李一直牢记在心。

在征战预算管理系统 TBM3.0 上线过程中，搭建配置系统最难的部分是用数字化思维重新梳理装置流程、财务流程和管理流程，实现财务

与业务、流程与信息的一体融合。当时人员有限、事情很多，又是新业务，程晋李的压力特别大，但是在领导的大力支持、同事的鼎力相助和团队的通力合作下，她经受住了考验，历经数月白加黑、无数次优化配置，终于在总部规定时间内提前完成系统上线工作。

程晋李在工作上表现突出，却一直遗憾没能在生活中当好妈妈。二儿子刚满三个月时，程晋李为了适应工作新要求带着他一起前往上海国家会计学院学习。课间休息的间隙里，看着饿得喝水睡着的孩子和推着小车等在教室旁的年迈的母亲，看到视频里刚会喊爸爸妈妈的大儿子，她的眼泪唰唰往下流，心里是满满的愧疚。

新征程、新使命、新担当，财务人一直牢记“管财理财、创造价值，转型发展、争创一流”的初心使命，加速能力提升，加快财务转型，为构建世界一流财务管控体系、助力公司迈向世界领先贡献财务智慧和力量！

（九江石化）

绕阳河畔最美“逆行”

扫码观看视频

2022年8月，辽宁省盘锦市绕阳河发生决口，导致大面积洪涝灾害。天津石化接到国家安全生产应急救援中心赴盘锦进行排涝救灾的指令。天津石化消防支队听从指挥、闻令而动，主动为党分忧、为国尽责、为民奉献，以最强的执行力，体现“国家专业队力量”，履行“央企使命”。

经过21天的连续奋战，救援队累计排水120万立方米，安全、有序、高效地完成了此次排涝救灾任务，为受灾群众早回家园，为受灾地区早日恢复正常的生产生活秩序作出了突出贡献，充分展示了“国家队”的责任与担当。

（天津石化）

就是“他”

国之重器，重于千钧。铸器之人既是意志超群、执着追寻的勇士，亦为一丝不苟、精益求精的智士。而今天，我也想跟大家分享一位筑器人的故事，他将自己的青春与汗水挥洒在了祖国的石油化工行业，用70年的光阴推动了一台重大设备从无到有、从有到大、从大到精的国产化攻关。这是关于一台国之重器的成长故事，也是属于“他”的故事。

他，砥身砺行，不为繁华易匠心

1963年，新中国的石化行业刚刚起步，他从北京设计院被派往大庆，参与新中国第一套炼油装置的设计与建设，肩负起了“开拓”的使命。

当时，加氢反应器作为炼油装置的核心设备正处于国内零起步、国外全封锁的艰难局面，反应器造不出来，装置没有办法投产。忧国之忧，尽己之力，作为共产党员的他站了出来，号召同志们“干什么学什么，缺什么补什么，办法总比困难多”。为了攻克技术壁垒，他白天钻设备摸索结构，晚上画图演算，几日不眠不休；为了解决制造难题，他南下兰石（兰州石油化工机械厂），北上哈锅（哈尔滨锅炉厂），千里万里，春来秋往；为了加快建设进度，身为技术员的他又主动放弃招待所的优渥条件，与工人兄弟们同吃同住，励志竭精。

终于在1966年，他和同事们克服了国产设备器壁超温、强度不足、材料苛刻等诸多难题，为新中国设计制造出了第一台加氢反应器，一举打破了国外的技术垄断，让我国第一套炼油装置成功投产。

就是“他”（以朱昌莹、仇恩沧为代表的老一辈奋斗者），为新中国实现了加氢反应器“从无到有”的突破。

他，踵事增华，致广大而尽精微

从老一辈人手里接过接力棒后，他肩负起了“进取”的使命，一心要让中国在加氢领域跻身强国之列，将中国人的能源饭碗端得更加牢靠。

他以小规模反应器为突破点，改良材料特性，优化结构尺寸。专业书籍啃了几十本，学习笔记堆起来半米高，他开玩笑说“每天吃饭睡觉上厕所，连做梦都在核算数据”。经历了无数次失败与重来，他克服了不可想象的困难，终于突破了技术瓶颈，将参数最大限度优化。

2001 年，他所设计的国内首台超大直径、超大壁厚千吨级加氢反应器成功运行，大大提升了我国石化装备行业的综合能力。紧接着，全球长度最长、重量最大的煤液化反应器也横空出世，成为世界压力容器发展史上一块新的里程碑。风华正茂的他选择继续在专业领域潜心深耕，将技术的不断突破作为穷极一生的追求。

就是“他”（以李浩、张迎恺、刘凯祥、尹青锋为代表的新世纪奋斗者），推动了我国加氢反应器“从有到大”的飞跃式发展。

他，精进不休，千帆历尽破新浪

站在巨人的肩膀上，他肩负起了“创新”的使命，深知想要发展就要做出改变。在国内首套浆态床新型加氢装置的攻关中，为满足新技术的装备需求，需要在现有基础上以最短时间完成一系列高标准的技术创新。

整整三个月，他几乎住在了单位，只为抢进度、拼速度、破难题。

通过多达十余次的三级评审，他创新应用了多项新技术，提高了特厚锻件材料的抗氢性能，并设计了核密度计半嵌入式连接等多项新型结构，还综合采用先进的应力分析技术和有限元法模拟温度场，确保高应力区、大温度梯度区域的结构合理与安全。就这样在攻克一个个技术壁垒的同时，力保项目进度按时推进。

2020 年，全国首套浆态床新型加氢装置开车成功，其中包括目前全球单台重量最重的加氢反应器，这台“国之重器”不仅刷新了前辈们曾经创造的历史纪录，还标志着我国超大吨位石化装备技术继续领跑国际。

就是“他”（以青年加氢团队为代表的新时代奋斗者），让加氢反应器实现了“从大到精”的中国式创新。

这台国之重器的诞生与成长是无数个“他”用青春与汗水化作的结晶，更加承载着中国石油化工行业近 70 年的艰苦奋斗历程。

从艰苦卓绝的革命岁月，到热火朝天的工业化时期，再到如今自主

创新的新时代，没有哪一代人的青春是平凡的。从磨难中蜕变，在困苦中坚强，这是每一代奋斗者都需要经历的精神涅槃，更是一个民族永葆青春活力的关键所在。

一代人有一代人的使命，一代人有一代人的担当。多年以来，“他”的故事一直在延续。一项热爱的事业、一份端牢能源饭碗的决心、一个自主创新的梦想，从不忘初心，执着追寻，到开创道路，缔造奇迹；从每项技术的创新突破到每个细节的臻于完美，他用埋头潜行的笃定、创新开拓的决心赋予了不同时代不同的意义。

如果你问我“他”是谁？

我会自豪地告诉你，“他”是一代代在奋斗中成长的SEI人，更是每一位奋战在石油石化战线上的中国石化人！

（工程建设公司）

（获“第六届中央企业优秀故事三等奖”）

“留书记，留下来！”

“纯天然的优质北山笋干，鲜香美味，开胃健脾……”2023 年 4 月 29 日，在浙江青田县北山镇箬坑村举办的“三月三”畲族文化节上，一位身穿畲族服饰的大叔正面带笑容不停地叫卖，一阵阵响亮的吆喝声吸引了众多游客。游客们纷纷停下脚步，循着笋干的清香，走向琳琅满目的特色农产品销售台，选购最吸引自己味蕾的北山特色食品。

这位大叔叫留文勇，他有一个特殊的身份——中国石化浙江石油派驻在当地的干部，现为青田县北山镇党委副书记。

今年 56 岁的他，已在湖东村乡村振兴的战场上奋战了 5 个年头。

他今天变身为“摊主”，以青田县北山镇箬坑村举办的“三月三”畲族文化节为契机，在景区内摆摊布点，代言家乡特色产品，为村民卖出农产品 5 万多元。

而这已经不是留文勇第一次为村民卖货了。前两年，由于当地较为闭塞加上疫情反复，农户的桃子、笋干等一直打不开销路。留文勇看在眼里、急在心里，他挨家挨户到村民家里了解滞

销情况，统计每个农户的销量。他利用自身人脉积极联系企业，依托浙江石油易捷便利店网点优势，通过朋友圈、社群营销群等途径进行广泛宣传销售，帮助村民销售蜜桃、年糕、笋干等农产品100多万元。他还带领村民将农产品在侨博会上进行销售，并全程参与北山镇农特产品的布展与营销，仅3天时间，便取得近10万元的销售额，让当地特色农产品逐步由大山走向世界。

然而，他做的还远不止这些……

湖东村，地处浙江滩坑水电站所在的千峡湖湖畔，全村在册人口1431人。2019年村集体年收入不足5万元，是当时青田县贫困村之一。

2019年3月，留文勇被选派至浙江石油结对帮扶点——青田县北山镇湖东村，任北山镇党委副书记，同时兼任湖东村党支部第一书记。由于扶贫成效突出，他连续三年在浙江省农业农村部门考评中获扶贫“优秀”等级，2021年被集团公司授予“脱贫攻坚先进个人”称号。

因地制宜扶产业，5年，走遍村里的每寸土地

刚到村里时，留文勇每周都会花三天时间到村里，挨家挨户了解民情，实地了解村况。“要想让村民脱贫致富，必须因地制宜，才能找到致富的密码。”

千峡湖旅游资源丰富，于是他提出了购置船舶用于游客租赁、包船运营的想法。之后，他多次向千峡湖青田县管理处报告，积极向上级公司申请资金入股购置游船，经多方协调，最终成功申请到资金，并经管理处批复同意在千峡湖经营。在方便村民出行的同时，进一步增加了村集体收入。

经过一年多的努力，2022年2月22日，游船正式在千峡湖启航使用。该船由青田北山镇15个行政村共同投资入股近200万元，通过强村公司购置，其中，浙江石油为结对帮扶的湖东村注入资金60万元，北

山其他村各投资 10 万元，以“多村入股、联合开发”的模式，助力村集体“消薄”。该项目运营后，进一步激发了乡贤参与乡村振兴的积极性，提升了村级“消薄”造血功能。

千方百计增收入，13 个月，乡村旅游综合体建成落地

“如何最大化发挥浙江石油帮扶资金的作用，变‘输血’为‘造血’”，是留文勇每天都在思考的问题。2020 年 6 月，因千峡湖度假区规划限制，前期谋划的农旅项目在湖东村“无疾而终”。为了推动该项目落地，留文勇提出将该项目转移到其他辖区进行。

在选址上，留文勇十分慎重，他不分节假日，10 多次带领团队赴现场考察。雨季的场地泥泞，水库水位变化，码头道路常被冲毁，他便与村干部搬运石块，铺设简易石子路，皮鞋变水鞋、白鞋变黑鞋已是常事。付出终有收获，他全程参与的扶贫民宿项目，终于在 2020 年 9 月 27 日签署项目合作开发协议，中国石化入股建设，该项目于 12 月启动开工建设。

历时 13 个月，北山镇“岭根公社”乡村旅游综合体一期项目已进入营业阶段。这两个“消薄”项目，预计每年将帮助湖东村集体增收 15 万元以上，为该村振兴发展提供不竭动力。

党建引领聚民心，2 家党支部，成功打造党建服务阵地

基层强不强，要看“领头羊”；基层富不富，关键靠支部。来到村里之后，留文勇马上挨家挨户走访，面对面、心交心，摸清湖东村的情况，倾听村民心声。通过多次组织党员、群众开会研究，大家形成共识，确定了以“党建工作为引领、乡村振兴为目标”的工作思路。2020 年正值党组织到期换届，留文勇作为湖东村党支部第一书记，凭借多年的党务工作经验，帮助支部顺利完成换届，选举产生书记、村主任“一

肩挑”人选。

“党支部班子健全了，但党建阵地不能少。”2020 年以来，留文勇开始着手湖东村党支部阵地建设。他积极与上级沟通，帮助湖东村党支部申请到资金 1 万多元用于阵地建设，通过与青田石油党支部开展结对共建，成功打造出一个集学习活动和教育培训于一体的党建服务阵地。

此外，他组织青田石油党支部与湖东村党支部签订了“党支部联学共建”协议书，通过联合开展主题党日，实现资源共享，优势互补，助力湖东村支部建设全面提升。

自开展帮扶工作以来，湖东村的村容村貌有较大改善，村党支部战斗力持续增强，面貌焕然一新。

村党支部连续 3 年获评北山镇“先进党支部”称号。5 年时间，湖东村集体收入提升近 50 万元，位居北山镇首列，村民人均年收入也增长了近 9000 元。

“留书记，留下来！”湖东村村民动情地向留文勇呼唤，这也是数千村民对中国石化的深情呼唤。

（浙江石油）

（获“第六届中央企业优秀故事优秀奖”）

铁梅泵房

有一群姑娘，她们美丽、聪颖，也很倔强；有一群姑娘，她们娇俏、伶俐，也很阳刚；有一群姑娘，她们细致、专注，也很有担当；她们高举工业学大庆的红旗，把《红灯记》里的铁梅作为偶像，把最美的年华献给了 88 台机泵。

【70 年代，铁梅泵房的“铁梅姑娘”在长岭炼油厂铂重整车间装置前合影。铁梅泵房获得全国“三八”红旗先进集体金牌，“铁梅姑娘”们被江泽民总书记亲切接见。】

说起“铁梅班”的诞生，要追溯到 1969 年。那一年，长岭炼油厂破土动工。大批创业者满怀建设毛主席家乡的壮志豪情，汇聚到了洞庭湖畔的驼鹤山脚。符兴珍、丁月娥、龚辉、张素凤等青春少女成了第一批司泵女工。当时，工厂采用军事体制，泵房的 11 位姑娘被编为一个女民兵班。一连两个月的军事训练，这些姑娘被锤炼成了果敢担当、勇挑重任的女汉子。

司泵，简单说就是侍候机泵。姑娘们的职责就是保证机泵不停，正常运转。泵房刚建立起来时，头顶没有挡雨棚，地上也没有铺水泥。严冬，寒风刺骨，姑娘们必须用手扒开积雪擦拭机器，防止机泵或内构件冻裂；盛夏，姑娘们挥汗如雨，在现场不停地来回穿梭巡检，防止冷却系统出毛病。更困难的是雨天，在机房旁蹚着黄泥水来来回回地走，鞋子上的泥巴不断累加，脚底下有十多斤重。

当时，正是京剧《红灯记》走红的时候，大家都称姑娘们是“能挑千斤担，不挑九百九”的当代李铁梅。1972 年，这个民兵班真的被厂里授予了“铁梅班”的称号。

自从有了这个称号，姑娘们的干劲更足了。有一次，车间主任为了考验姑娘们，一连五天，他悄悄将机泵的电压和温度升高，但每次都即刻就被心细如发的姑娘们发现了。车间主任骄傲地说：“我们‘铁梅’班的姑娘个个经得起检验！”

从 1972 年至 1978 年，“铁梅班”年年被评为厂、市、省的“三八”红旗先进集体，1979 年还获得了全国“三八”红旗先进集体的金牌！

铁梅姑娘：剪掉留了多年的长头发

1988 年，我从岳阳纺织厂调到铂重整车间“铁梅泵房”当司泵工。上班第一天，车间党支部书记向我介绍，1973 年公司党委授予工业学大庆红旗岗位——铂重整车间司泵岗“铁梅泵房”的光荣称号，不仅是厂里各岗位学习的标杆，连续多年获得厂先进集体称号，还七次获得省部级先进女工集体和全国三八红旗手的光荣称号。这些成绩是十多年来“铁梅”姑娘们敢于争先、团结友爱、无私奉献高贵品格结下的硕果。

听了这些介绍，我的内心泛起一阵阵涟漪，能够分到这样的先进集体是我的荣幸，但是同时也觉得自己的肩上有了沉甸甸的责任。说实话，我也很担心自己干不好，丢了“铁梅”姑娘们的脸。心里正盘算着是不是要跟领导求个情，换个普通点的岗位时，书记却拍拍我的肩膀，语重心长地鼓励我排除杂念，埋头苦干，守好岗，尽好责，把铁梅泵房的好做法和好传统一直传承下去。

书记又瞅了瞅我过肩的长辫子，笑了笑：“姑娘们都爱美，不过我们泵房是不能留长头发的，那很不安全！”微笑中带着严厉，书记当时的神情和语态，我至今记得很清楚。当天回到家，我就下了狠心，一咬牙一剪刀下去就把留了十多年的长辫子剪掉了。

第二天，一到岗位，姐妹们看到我一头短发，都有点小惊讶。她们在小声议论：“看这小李姑娘也是个倔脾气，跟咱们肯定合得来！”

铁梅姑娘：倔岗长遇上小挫折

学习岗位知识，性子倔、不服输固然是好事，关键还要有耐心、多上心。铁梅泵房的工作是很艰苦的，要维护 88 台机泵、1000 多个阀门法兰，记录 1000 多个数据，每月逢五逢十要全面更换机泵润滑油；每天当班要擦拭一次机泵，清扫 500 多平方米地面卫生，几乎没有时间休息。

上岗前的三个月学徒期，必须练习好仿宋字，熟悉操作规程，还要把《司泵 170 例问答》背得滚瓜烂熟。为了早日顶岗，我虚心地向师傅和其他姐妹们请教，经常在泵区里来回转悠，看电流、摸温度、听声音、擦机泵、记流程、填日志。我觉得要养护好设备，必须了解设备内部的结构，所以每当钳工师傅检修时，我就跑到一边观看，还时不时地问有关原理、构造和部件等专业问题。

回想起来，“机会总是为那些有准备的人预留”这话还真是一点不假。1989年，到铁梅泵房一年多后，我当上了第十一任岗长。没过多久，遇上了厂里第六十次岗检。“沟见底，轴见光，设备见本色。”我一边默念着这些要求，一边带着姐妹们把88台机泵仔细地擦拭了一遍又一遍，连螺丝钉都在闪着光。

我对岗检很有信心，可厂里一位领导来到泵区检查，无意中伸手一摸机泵底下，竟然手上带出一点油渍。领导没有严厉地批评我们，只是含蓄地笑了笑：“各位姐妹们，洗脸的时候也要把脖子仔细地洗洗啊。”一句话，刺痛了我的心，顿时让我面红耳赤。我们当即进行了整改，可很长一段时间里，想起这事，我心里都不是滋味。

我深刻地吸取了那一次教训，以后的工作更加严格细致了。

铁梅姑娘：自己的事情一定自己干

车间领导体恤泵房的娘子军，每次大检修的时候，都会派男同事来帮忙。我们很坚决地跟领导说：“泵房的检修我们自己干！”

要吹扫88台泵，拆卸200多个法兰，泵出口连接管线有几百斤重，力气小了根本抬不动。我根据历年检修积累的经验，巧妙安排：力气大的姐妹拆卸法兰，力气小的姐妹接皮管吹扫管线，把绳子吊在管架上，用一根木杆套在绳子上，利用杠杆的原理把管线撬开，插上铁皮，装进高压风将泵吹扫干净。

姐妹们真是倔得很，太给力了。一股股浓烈的芳烃气味，熏得人恶心又头晕，没有一个人喊苦喊累的。机泵近20年的漆皮要先敲掉然后重新上漆，老漆层很厚，刮不掉，洗不净，只能用锤敲，但力气大了会敲坏机泵，力气小了又达不到目的，经常敲得漆皮四处飞溅，飞到脸上、手上、脖子里，时不时地刮伤皮肤。但姐妹们硬是坚持干到底，把88台机泵重新喷上了新漆后，整个泵房区域面貌一新。

当时才20出头的刘辉，给机泵上油时，左右开弓，两手同时拎起两大壶油，那架势一点不输身强力壮的男子。搞大检修时，她也跟男同志一起在7层高塔里钻进钻出，浑身透着劲儿，倔强得像头牛。

1991年3月14日下午4时，江泽民总书记来长炼视察了铁梅泵房，他亲切地来到姐妹跟前跟大家握手问好，问我们："你们是怎样看护机泵的？"我自豪地向江总书记介绍各种操作法。他看了墙上挂着的图谱，饶有兴趣地说："这样的操作法，是工人自己从实践中总结出来的，很好！"简单几句话，是对铁梅泵房姐妹们多年来成绩的肯定，也给了我们最大的鼓舞和鞭策。

再捧起1991年7月14日出版的《人民日报》，看着当初风华正茂的姑娘们，顿时感慨万千。那些在铁梅泵房的日子又在回忆里愈加清晰，但终究是回不去了，只希望这些石化力量、石化精神、石化传统，能一直传承下去。

小贴士

三勤：勤检查、勤维护、勤联系

三细：摸温度要细、听声音要细、看运转要细

三个坐不住：下雨时坐不住、天热时坐不住、换泵后坐不住

三个不放过：发现疑点不搞清楚不放过、解决问题不彻底不放过、处理问题后不搞好现场规格化不放过

（湖南石化）

“一带一路”沿线 15000 公里跨国搬迁路

中原石油工程公司是中国石化最早走出国门闯市场的石油工程公司之一。多年来，该公司与沙特阿拉伯、科威特、乍得等“一带一路”共建国家的石油能源公司合作了一个又一个项目，始终坚持共商共建共享原则。2023 年初，该公司再次进入乌干达钻井市场，中标 3 部钻机，成为中国石化在该国市场施工的唯一的钻井公司。

“一带一路”沿线 15000 公里跨国搬迁路

2 月的乌干达国家公园，植物繁茂，成群安逸的大象、河马、长颈鹿和其他野生动物吸引着大批游客。与此悠闲场景形成剧烈反差的是，位于乌干达国家公园中部的 JBR-05 井现场，中原石油工程公司乌干达项目 1501 钻井队设备已全部就位，43 名中外员工正在紧张地安装调试。

“尽管做了充分准备，但是白天强烈的紫外线、晚上遮天的蚊虫、饮食差异等，还是让兄弟们难以招架。我看在眼里，疼在心里，但是为了紧扣运行进度也只能咬牙忍住。目前，1502 钻井队设备也已从港口发运，1503 钻井队设备在国内完成运转调试。”参与了跨国搬迁全过程的项目经理严安源说。

准备细致周密——以小时为单位进行倒排

“第一部钻机动迁用了 132 天，但是我们前期的准备足足用了 23 个月，到首台钻机开钻，全部准备时间将达到 35 个月。”中原石油工程钻井一公司国际项目管理中心主任庄义江说。

乌干达市场是中原石油工程公司一直高度关注的新市场。2021 年底，在项目正式启动前，该公司提前对当地整体经济环境、公共安全形势、石油工程服务市场情况、现场基地、运输车辆等方面进行了全面考察，发现乌干达市场前景乐观，可以和非洲乍得形成连片市场。

紧张的设备发运工作，在接到甲方授标函的那一刻便开始了。钻机设备的运输要横跨 3 国，需要甲方、当地政府、运输商、供应商等多方协调和支持，更是涉及人员调配、设备试运行、车辆组织安排、各种手续办理等诸多环节。由于是全新市场，为保证所有设备按节点到达现

场，该公司召开10余次项目协调会，对设备发运的每个细节进行讨论完善。随后，召集相关运输商对道路情况、途经国家城市情况、各路段距离、预计时间等逐项进行调研，再将所有时段节点以小时为单位进行倒排，以确定货物发运时间和顺序，最终敲定了海运和陆运方案。

“Perfect plan，proceed（计划完美，执行）！”2022年10月25日，中原石油工程公司精心制定并提交的JMP（行程管理计划），让一向严苛的道达尔能源公司都在回复邮件中予以高度认可。

跨越千山万水——途经3国1.5万公里

“从厂家出发到施工现场，我们的设备经过海运和陆运，跨越超过15000公里搬迁路，比从世界上最长河流——尼罗河来回走一圈还要远。”1501钻井队平台经理陈日峰说。

此次超远途搬迁，该队的货物总体积超14万立方米，总重量超2560吨，共267件，足足装了152辆板车。主体设备从四川省广汉市厂家发出，走京昆、连霍、日兰高速一路向东，直奔1850公里外的青岛港口，其他设备则分别从河南濮阳、江苏建湖等地发运至港口，经过11900多公里的航行到达肯尼亚最大港口蒙巴萨。

设备没有时间滞留，在蒙巴萨港口负责海关接船验收和设备转运的钻井总监张洪亮马不停蹄指挥运输公司将267件货物从万吨货轮上卸下，从空间有限的港口运至30多公里外的货运公司堆场，再依次运送到指定的堆场进行设备吊具探伤检测。随后，他们安全有序地将所有货物吊装到152辆运输车上。经过全面的车况和货物固定情况检查，对每个固定点拍照存档后，才向930公里外的肯尼亚与乌干达交界处进发。

由于正值雨季，在乌干达境内的621公里路程中，平均每日都有一场暴雨，路途泥泞、车轮打滑、通行困难。为此，陈日峰每日与甲方和运输公司沟通，安排平板车模拟通行，一旦发现难以通行，他就带领人员设备立即修路，确保运输车队安全通过最艰难、最危险，也是最关键的路段。

与自然和谐共生——练就静音、环保、“隐身”本领

“乌干达国家公园植物种类繁多，野生动物更是随处可见。试想一下，一群穿着鲜艳、吵吵闹闹的人突然成了你的邻居，是不是会影响到你的生活？因此来到这里，首先要学会的就是尽可能削弱我们的存在感，‘隐身’融入大自然环境中。”1501 钻井队安全监督任峰说。

为了最大限度降低石油钻井对周围环境和野生动物的影响，中原石油工程公司不仅采用了超静音、零排放钻机，还将色彩鲜艳的钻机设备、车辆营房等都进行了伪装涂色，甚至连标志的红色和蓝色工装也更换为赭黄色。

在搬迁中，百辆运输车接连进入乌干达国家公园几乎未荡起尘烟。除了选择在雨季搬迁外，更重要的是他们做好了降低车速和干土湿润等工作，同时在车辆进入乌干达国家公园前要进行 50 分钟以上的清洗和检查，确保没有一滴油污落地，将降尘、除油和噪声控制做到极致。

“现在我们正在紧张地安装调试，确保在施工中将钻机噪声控制在白天不超 55 分贝，晚上不超 45 分贝，声音相当于台式电脑主机运行的噪声大小，离远了几乎听不到，基本实现了‘隐声’。”该项目电气主管仲崇富说，“为了达到零排放标准，我们进行专门设计，通过钻井废弃物回收处理系统实现废物废液零排放，发电机组尾气排放和能源消耗系统可确保井场所有危险废弃物不落地，碳排放量减少 90% 以上，有效控制了温室气体排放。”

（中原石油工程公司）

“追光者”吕锦叶

32岁进入北京石油，十几年里先后在3座加能站担任站经理，再难经营的油站在她手中都能变个样。同事半开玩笑地说，她就是油站的“福星”。

与“福星”相呼应的是数不清的荣誉，全国劳动模范、全国五一劳动奖章、北京市劳动模范、首都劳动奖章……而荣誉加身的背后是甘当“燃灯者”的精神，是“逢山开路，遇水架桥”的担当。她是中国石化北京朝阳石油东四南片区经理吕锦叶，19年的“追光”岁月，她与北京石油一起走过。

时间回到19年前，那时的她刚从东北一个小山村来京，学历低，年龄大，盘子端过，箱子扛过，她无法想象有一天自己竟然能够进入中国石化这个大平台，一封给儿子的信中满是她难以言喻的喜悦。

儿子：

妈妈给你寄的羽绒服收到了吗？合身吗？天气越来越冷了，上学路上骑车记得多穿件棉袄，妈妈不在身边，一定照顾好自己，千万别感冒了。原谅妈妈的絮叨，我总觉得只有咱们一家人在一起，才能给你更好的照顾。

但妈妈相信离这一天已经不远了，因为妈妈最近干了一件大事，我成为北京石油朝英加能站的记账员了！站长跟我说，中国石化是奋斗者的大家庭，即使起步晚，起点低，也可以在这个平台上大展拳脚，我感觉我真是太幸运了！

最近这段时间虽然压力大，但一想到你，妈妈就总有使不完的劲！儿子，原谅妈妈现在不能陪你，但相信妈妈，再过不久，我跟你爸就能接你来北京了！妈妈一定会为这个梦想而努力！

妈妈

2004 年 12 月 1 日

2006 年，吕锦叶终于把儿子接到了北京。正当一切步入正轨的时候，一场巨大的变故却毫无征兆地向她砸来。2006 年 10 月，老公和儿子突遇车祸，吕锦叶开始了油站和医院两头跑的日子。当时的站长得知后直接提出调整排班时间，带头顶班，并发动站内员工每日多干 2 小时，让吕锦叶能够有时间照顾家庭。公司工会更是专程送去了慰问品，为吕锦叶加油打气。

在那段艰难的日子里，公司和同事默默的关怀和鼓励于她而言像是生活中温暖细碎的光，支撑她在黑暗中前行。也是从那时候起，她下定决心，无论何时都要成为照亮他人的那束光！

她不再满足于记账员的岗位，开始深入学习加油站的各种知识。2014 年，吕锦叶抓住了机会，成为十里河加能站站长。

恰逢十里河加能站升级改造，得知消息之后，吕锦叶“毫不客气”地提出要改就要连便利店一起改造：废弃的锅炉房要打通，扩大便利店空间；便利店要改成 24 小时营业；人行横道处要设置侧门，方便行人进店购物。很快，在公司的支持下，十里河站顺利完成改造。重新开业的十里河，成为北京石油第一个销售额突破千万元的门店。

随着事业的进步，吕锦叶觉得自己要学的东西太多了，但无奈总是力不从心。正好公司与北京市总工会联合举办了农民工大专学历助推计

划，通过学习，她以优异成绩拿到了大专文凭。吕锦叶激动地说：“上大学是我从小的梦想，没想到在42岁这年，我竟然真的圆梦了！”

2022年，吕锦叶代表北京石油成为冬奥火炬手中国石化代表团的一员，短短100米，她跑得热泪盈眶、自豪无比。看着一棒棒火炬在接续传承中燃烧的火焰，她想到了北京石油五千多名员工，在平凡的岗位上，一代代传承石油精神，弘扬石化传统。她当时只有一个念头：“我要将这份荣誉带回去，它属于北京石油每一位员工，我要让更多的人闪闪发光！”

吕锦叶说到做到，她不断开展“师带徒”活动，分享经验，激励新人，给年轻人机会成长成才。多年来她已经带出6名站经理、3名副站经理和数不胜数的优秀员工。当年那个追光的人，如今也成为照亮他人的一道光！

心中有光，脚下有路，为美好生活加油，加油，加油！

（北京石油）

“提灯者”：照亮抗美援朝烈士“回家”路

7 月 27 日黄昏，晚霞满天。

祝璇走出位于临邑县德平镇杨六家村于方兰家的小院，脑海里闪过的全是这位 90 岁老人失声痛哭的模样。她看了一下表，恰好是 18 点。半小时前，她给于方兰送去了抗美援朝烈士王本太的画像。

于方兰是王本太的嫂子，也是王本太在这个世上为数不多的亲人。当年，王本太像无数年轻人一样，义无反顾地跨过鸭绿江，走向朝鲜战场，将生命永远定格在了 21 岁。

除了于方兰家，祝璇还去了抗美援朝烈士烈属岳朝功、魏红海和张宝祥的家。这一天，她花费 9 个小时往返 300 公里，为的是把烈士们的画像和安葬信息带给他们的亲人。

愿为“提灯者”

那天，跟祝璇一起去的，还有田百刚和王学龙，他们三个不仅是临盘车辆管理服务部的同事，还是胜利油田暖阳志愿服务队“提灯者行动”的志愿者。

“提灯者行动”是帮助埋葬在朝鲜开城 12 号公墓和 8 号公墓的志愿军烈士寻亲“回家”，告知亲人烈士的身后事，弘扬烈士精神的志愿活动。这个活动由“感动中国”年度人物孟祥斌烈士遗孀叶庆华女士在

2011 年发起。2021 年，暖阳志愿者服务队的发起人王传江将活动带入临盘。

王传江说，自己在叶庆华朋友圈看到为烈士寻亲的信息时，就很想带着队员们一起加入，但因为不知道该怎么做，也摸不准队员们对这件事情的看法，就一直犹豫。

2021 年是中国人民志愿军抗美援朝出国作战 71 周年。王传江觉得必须行动起来了，毕竟随着时间的推移，烈士在世的亲属会越来越少。2021 年 10 月 15 日，他从叶庆华女士那儿获得了一份名单。上面的 20 余人，多是牺牲在抗美援朝战场的德州籍烈士。

让王传江欣慰的是，当他跟大家沟通这件事的时候，包括祝璇、田百刚在内的 21 名队员立即响应并选择加入。

谢谢你们还记得

做一名合格的“提灯者”并不容易。

祝璇回忆，他们收到的名单上除了烈士的姓名，大多是一些久远且不太详细的地址，其中的很多地方早因为撤并或者改建而物是人非。等他们好不容易找到地方，与烈属联系时，对方却担心上当受骗，不等志愿者把话说完就挂了电话……有时，为了落实一位烈士的信息，他们甚至会花费几个月的时间。这不仅是因为信息久远难核实，还因为他们做这些事，用的都是自己的工余时间。

工作中，他们除了告知烈属烈士如今的安葬之地，也会给他们送上烈士的画像。当年牺牲的志愿军烈士都很年轻，很多没有孩子，他们健在的亲人有些甚至没见过烈士本人。“遇到这种情况，我们就会请叶庆华女士为烈士制作画像。画像制作会结合朝鲜工作人员的描述、历史影像资料以及烈士亲属的模样。”

只要我们记得，他们就活着

让他们最难忘的，是一张在烈属张宝祥家看见的照片。

照片被小心翼翼地插在满是泪痕的笔记本中。照片的旁边一笔一画地写着：亲爱的弟弟毓诚永别了。照片上的人是烈士张毓诚，他穿着军装，不过十八九岁的年纪。张宝祥说，照片是他大伯保存的，张毓诚是他二叔。

“看一眼本子上的泪痕就知道，他的家人当时有多么难过。当时的张毓诚也只是个孩子，却为了我们更好地生活，把生命留在了那片土地。”迟芸说，“我想，只要我们记得，他们就还活着。”

被打动的何止迟芸，祝璇、田百刚……每一个成为“提灯者”的暖阳志愿者都在帮烈士寻亲的过程中被教育、被鼓舞。

迟芸说：“每次走访回来，我的内心都充满了力量。当时敌我力量那么悬殊，他们却义无反顾地把生命献给国家。这种大无畏精神就像是

我人生中的灯塔，在我遇到困难时，给我带来光明，指引道路。”

田百刚说：“当你站在烈属面前，告诉他们亲人牺牲在哪儿，葬在何处时，总会情不自禁地泪流满面。这些眼泪，是几十年来杳无音信的亲人忽然有了消息时的感同身受，是与烈士保家卫国精神的共鸣，是对党和国家的信仰变得更加坚定的决心。”

展现“石油人”的价值和意义

从 2021 年 10 月 15 日算起，7 个多月的时间，暖阳志愿者服务队的队员们先后核实了 24 份烈士信息，走访看望了 10 位烈属。

在为烈属送上烈士消息及画像的同时，他们还搜集整理出了这些烈士生前的故事，他们希望更多的人了解烈士故事、传承烈士精神。

祝璇觉得，每一次的走访都是无声的党史学习教育。田百刚则告诉自己，要把这件事一直做下去，直到找不到为止。王传江说，对他们这辈人来讲，这件事既然知道了并且能够做到，就应该怀着一颗敬仰的心尽力去做、尽快去做，不要让这些历史消逝。如果有一天，这些消息再也找不到了，他们这代人一定会愧疚。

叶庆华说，暖阳志愿服务队的队员特别温暖，他们不仅帮烈士寻亲“回家”，还自己花钱慰问烈属，回访烈属。“在这件事上，他们在全国做得最好！”

王传江觉得，老一辈石油人为胜利油田的发展作出了突出贡献。他们这一代党员、这一代石油人则需要把“石油人”这三个字里蕴含的价值和意义认真地展现出来、传承下去。帮烈士寻亲“回家”这件事与他们之前做过的那些志愿活动一样，是央企员工的社会担当，更是石油精神的另一种延续。

（胜利油田）

铭　记

作为新一代石油人，我们踏着老一辈石油人的足迹走来，聆听着老一辈石油人的教诲走来，铭记着老一辈石油人的不朽功勋走来。

一路走来，总有一种精神在我们心中激荡，总有一种情怀在我们心中涌动，总有一些时刻让我们难忘。

在河南油田 51 年波澜壮阔的历史征程中，曾涌现出一个个时代铁人，他们以“石油工人一声吼，地球也要抖三抖”的冲天豪情，书写出河南油田灿烂辉煌的历史；以“哪里有石油，哪里就是我的家”的家国情怀，描绘出河南油田气势恢宏的画卷。

他们，值得我们铭记。

让我们一起重回历史长河，重温 3 个故事，重走激情燃烧的岁月，汇聚奋斗之力、拼搏之情、超越之志，为新时代河南油田高质量发展增砖添瓦。

用生命“叫板”井喷

在河南油田文化馆，有这样一幅图片：5 位石油人被喷溅的油水浇透，浸满油水的背影令人震撼，难以忘怀。

这张照片拍摄于 1988 年“8.29”井喷现场，故事的主人公是刘继兴、马常文等石油汉子。

1988 年 8 月 29 日 17 时 25 分，泌 1233 井发生井喷，上千米的电缆从井下深处被高高顶出，射孔枪被抛向 70 多米高空，高压天然气裹着

黑色的油雨从地层深处喷涌而出，如同一条愤怒的巨龙吼叫着、嘶鸣着。数百米内的树叶和庄稼全部变成了闪亮的黑色。

现场的工人们一下子蒙了：油气在弥漫，只要有一点火星，这井场就会变成火海，把一切烧成灰烬。

18 时 30 分，作业一队队长刘继兴奉命火速赶到井场。紧接着，厂领导来了，油田领导来了，兄弟单位的领导也来了。

冲天的嘶叫声震撼着原野，也揪着现场所有石油人的心。他们连夜紧急行动，简直是眼都不敢眨一下：研究方案，成立抢险突击队……

8 月 30 日，与井喷的战斗打响了。

刘继兴——这位曾经参加过大庆油田战井喷的钢铁般的汉子，目睹过井喷导致物毁人亡的惨状。此刻，这一幕又摆在了眼前。

他说，抢险队要强而精，能少上一人，就能少牺牲一人。可是，不少同志争着抢着上。一个 17 岁的小伙子要往上冲，刘继兴一把推开他："有我们在，还用不着你上。你还年轻，都没结婚，等我们不行了，把我们拖出来就行了。"突击队员们的腰间都拴上了一根长长的绳子，一旦发生不测，外面的人好把他们拖离井口。

刘继兴在井口时间最长，冲上去的次数最多，接连三次晕倒在地。一阵哇哇呕吐清醒后，他又疯了一样再次冲上去……

还有马常文，他在现场紧急请战："我要上第一梯队。"队长不同意，马常文吼道："如果不让我上第一梯队，我就跟你没完。"队长含泪挥挥手同意了，马常文立即随着大家第一批冲了上去……

27 名石油汉子在这场鏖战中，就这样轮流着，一次次冲锋陷阵：被油气熏倒了，苏醒后再冲；被气浪掀翻了，爬起来再上。原油厚厚地糊满了他们全身，几乎看不见鼻子、嘴巴和眼睛……

先后 5 次冲锋，井喷终于被制住了。

然而，那场战井喷鏖战之后，石油汉子蔡伯新的双耳被气流刺聋了，王明堂的下巴留下了一道深深的疤痕……

危急时刻，敢拿生命和井喷"叫板"。这，是大无畏的精神；这，是共奋进的力量；这，是守平安的气概。我们，永远无法忘怀。

铮铮铁汉开启新纪元

河南油田今年已经 51 岁了，然而它诞生之初的艰难依旧铭刻在我们心中。

1971 年，南五井喜获工业油流，宣告了河南油田的诞生，也拉开了气贯长虹的石油会战大幕。

在会战队伍中，老红军，参加过抗日战争、解放战争、抗美援朝退伍的军人占了一半以上。他们把部队特别能战斗、特别能吃苦的作风带到了石油大军中。在他们的带动和影响下，石油人个个都成了"铁骨硬汉"。

当时，负责生产的副指挥长孙麦则，每天早晨都背着一个工具包，包里装着一个笔记本、一支笔、一个军用水壶，就像行军打仗一样穿梭在井队和试油队的泥泞路上。哪个基层队在哪个区块，打到什么层位；哪个井队搬家安装劳动强度大，有什么困难，他都了如指掌。肚子饿了，他就蹲在井场，就着咸菜啃几口硬馒头，喝几口凉开水，继续到下一个区块开展工作。

会战的日子里，井场上奔忙的都是像他一样的石油硬汉。他们，用乐观征服了困难；他们，用坚韧降伏了"油龙"；他们，用顽强书写了高速建产的辉煌，为国家原油产量上亿吨作出突出贡献，河南油田的名字因此被镌刻在中华世纪坛。

他们，开创了河南油田发展的新纪元。

非常时期，敢和困难“叫板”。这，是“我为祖国献石油”的铮铮誓言；这，是“石油工人一声吼，地球也要抖三抖”的铮铮铁骨；这，是“为了拿下一百万，再苦再累也心甘”的豪迈气概。我们，无法忘怀。

洪魔肆虐又何惧

“石油工人干劲大，天大困难也不怕。”说到这句话，不能不提起河南油田原3249钻井队团结一心、战胜“洪魔”的事迹。

那是1975年8月7日10时左右，周口地区项城县钻探周参5井现场，3249钻井队正在顺利钻探。此刻，一场百年不遇的大洪水，正从相邻的驻马店方向汹涌而至，当地广播站紧急通知：大水来了，加强防范。

队长黄光治马上召集党员骨干商讨对策，大家纷纷说：“不管什么情况，抢救国家财产要紧。”

于是，一场河南油田人和时间赛跑、与洪魔抗争的鏖战开始了。

他们连续作战，到深夜12时，大吊钩开始把钻杆一根根起出地面，洪水不断地涨。一个又一个急切的声音不断传到黄光治的耳中：

“芦席棚宿舍进水了！”“食堂进水了！”“发电机房进水了！”“柴油罐浮起来了！”

黄光治一边双手紧握刹手，一边大声发出指令：“用千斤顶把发电机举高，继续发电保证起钻具！”“用钢丝绳把油罐绑牢，油是国家的，不能冲走！”

凌晨4时，2300多米钻具全部起完，洪水也涨过了房檐。

家属、孩子，以及被钻工们搭救的老乡等120多人全部上了钻台、井架。8日，洪水持续上涨；9日，洪水达到高峰，快要淹没钻台了。此时，钻台上备用的粮食已经基本吃光了，大家只能靠捞水中漂来的玉米、红薯充饥。孩子们饿哭了，有的女人开始抽泣，黄光治吼道：“哭什么？有我们在，天大的事也能扛过去！”就这样，一天一天地相互安慰着、鼓励着、坚守着……

8天后，洪水逐步退却。经查，包括老乡在内的3249钻井队无一人伤亡，井场设备无一台丢损。为了表彰他们与洪水英勇搏斗8天8夜、保全国家财产并勇救受灾村民的壮举，3249钻井队被石油工业部命名为“英雄钻井队”。

如今，3249钻井队已经随着体制的改革并入其他队伍，但他们敢和洪魔“叫板”的大无畏气概永远铭刻在我们的记忆深处。

51年来，从生产一线到生产保障、从科研院所到后勤服务，我们的感人故事还有很多、很多。

即便经历时间洗礼，我们永远铭记——一代代河南油田人逐鹿中原，发现亚洲储量第一的桐柏碱矿、叶县盐矿；跨过黄河，发现中原油田；挺进新疆，建成宝浪油田；砥砺前进，承接春光油田；迎难而上，建成新疆、陕西、河南三大油气开发生产基地，为我国石油工业和社会经济发展作出的积极贡献。

我们永远铭记——一代代河南油田人前赴后继，勠力同心，人拉肩扛，无畏无惧，在保障国家能源安全的战场立下的铮铮誓言，留下的“苦干实干”“三老四严”的宝贵精神财富。

而今，我们已经开启了高质量发展的新征程，我们仍旧会铭记为祖国献石油的初心使命，仍旧会铭记爱国爱企的奉献精神、不畏艰险的奋斗精神、执着不懈的创新精神、追求卓越的进取精神。我们仍旧会铭记习近平总书记视察胜利油田、九江石化重要指示精神，重整行装再出发，努力创造河南油田更加灿烂辉煌的明天。

（河南油田）

小泵房筑起大堡垒

一块镌刻着“党员泵房”的木质牌匾，正悬挂在金陵石化热电部化学工区的泵房门头。虽然看着有些许老旧，却因这份独特的年代感而显得格外醒目，这块牌匾已有34年的历史了。

有人说：“入党誓词全文只有80个字，说完只需几十秒，践行却是一辈子。”的确，“党员泵房”牌匾的制作、上墙很容易，守住它，却需要数十年如一日地将安全生产工作落到实处。对于化学工区的党员们来说，“党员泵房”不仅是一份沉甸甸的责任，更是一代代传承下来的不变承诺。

化学工区的党员泵房初建于1990年，当时金陵石化热电厂刚建成投用，现场环境杂乱，迫切需要整治。化学车间党支部考虑到各项工作刚起步，打造一个标杆十分重要，而水泵机组作为热电生产运行的重要基础，便成了打造首选。时任车间党支部书记徐晓阳与支委们商量，最终确定以化水1号泵房的13台机泵为阵地，设立党员责任区，命名为“党员泵房”。

最初，“党员泵房”的创建目标、活动形式较为单一，就是6名党员承包13台机泵的巡检、清洁工作。

后来有一次，车间碰上了生水水箱不好调整的难题。责任区的6名党员在徐晓阳书记的带领下，扛下了解决这一难题的攻关任务。他们查阅资料、分析讨论、反复验证，最终确定了改生产原水走旁路，利用原水压力直接进入下一装置的技改方案。方案实施后，不仅解决了生水水箱不好调整的难题，而且减少了生水泵的启用次数和时间，提高了装置运行的经济性，年节约成本超过 10 万元。

此次攻坚，发挥了党员责任区在急难险重任务中的战斗作用，让党建成为看得见的“生产力”，也坚定了支部建设好“党员泵房”的决心。

“党员泵房”有三个记录本，不仅记录了不同时期的党员泵房活动，也代表了党建工作的日趋成熟。第一本是 2005 年的记录本。当时以一本练习簿作为党员泵房卫生登记本，里面满是手写登记的痕迹。第二本是 2011 年的记录本，跟第一本相比，我们可以发现这个记录本更加规范了，里面的内容还延续着手写的形式。第三本是 2017 年的记录本，跟前面两本相比，里面的内容更加丰富了，记录方式也逐渐电子化了。

随着党支部建设的日趋成熟和组织力的不断提升，作为组织力发挥重要载体之一的党员责任区，被赋予了越来越多的新内容。“党员泵房”活动从单一的清洁、巡检到设备维保、预防性维修、5S 目视标准化管理，再到与主题党日、专题党课、青工教育培训等相结合的多角度教育

综合体，并逐步形成了一套规范化制度化的创建机制。时至今日，“党员泵房”已经经历了8任党支部书记的创建，责任区成员已增长到13名党员。

2005年，公司党员责任区首次授牌，“党员泵房”入选，随后连续18年被复核授牌。

2017年，化学工区党支部进一步深化“党员泵房”建设，全体党员挂牌亮身份，履职践承诺，以“一看二听三测四比”为标准，开展责任区机泵特护。活动中，他们多次发现设备隐患，并把隐患消灭在了萌芽阶段，有力地保证了工区的安全生产。截至目前，此项活动已累计参与8400多人次，成为“党员泵房”的一项特色。

同样是2017年，“党员泵房”创建案例被评为中国石化集团公司基层党建工作优秀案例，在系统内推广；南京市委组织部远程教育中心、南京电视台《金陵党建》栏目也专访录制了化学工区党支部依托“党员泵房”开展党员教育、发挥党员作用的专题片，在南京市推广。

2022年10月，南京疫情暴发，公司实行封闭管理。化学工区14名党员、群众主动请缨，以厂为家，他们认真监盘、精心操作，坚持完成机泵的日常维护工作，真正挑起了保障装置安稳运行的重担，圆满完成了10天的保供任务。

初心易得，始终难守。三十多年的创建，使“党员泵房”成为热电部化学工区的一张亮丽名片，这背后是党员们不变的责任坚守和勇担当、善作为的精神传承。木牌虽已褪色，但“党员泵房”四个字依然激励着、鼓舞着我们奋勇向前。

（金陵石化）

“螺丝钉”的觉悟

一阵急促的铃声响起，再次披衣而起的阎伟东接起电话，电话那头传来熟悉而急促的声音：“阎师傅开下门，我要找配件儿。”老阎一边将电话夹在耳下一边将胳膊伸进袖子里，等问明了情况，他撂下话筒拿起库房钥匙一把拉开值班室房门，骑上自行车直奔库区大门。

配件库门口，老阎一边找对应的钥匙开门一边对来自凯森的小伙子说：“借条先给我，配件找到了我今天交给保管员，没找到我再给你。”小伙子从工作服胸前的口袋里掏出借条递给老阎，嘴里说道：“我知道配件在哪儿，上回来找一常泵配件时我看见了。”说着直奔配件货架，两分钟后就听他喊：“阎师傅，配件就是在这儿，您来看看。”老阎循声找到蹲在货架中间地上的小伙子，走到跟前弯腰看向货架最下一层。配件很多，每一件都对应着物资名牌，在跟借条内容核对无误后，老阎让小伙子拿上配件，两人快步从货架区转出来走到门边。

眼瞅着小伙子满心欢喜拿着配件就要跨出库门，老阎一把拉住他：“诶……又忘登记了是吧？！”小伙子一脸苦相：“回回都得登记，真麻烦。”老阎把笔塞进小伙子手里：“少废话，这是制度！赶紧写完走，装置上还等着呢。”

送走凯森的领料车，重新锁好库区大门时天已经蒙蒙亮了，老阎深吸口气推起自行车慢慢往回走。这一宿来来回回四五次紧急领料的，都很顺利地找到了，挺好。处里定的制度几个库区执行得都很好，这段时间大家都加班加点儿办理入库质检上架，平时库里就短不了常在半夜紧

急领料，现在到了检修期最紧要的时间段，咱们库里虽忙不乱，可真想给大家点个赞呐！

想到这里老阎不禁环顾左右，料场里一排排钢管整齐地摆放着，在朝阳里等着迎接几小时后的忙碌。库房门口一排大小粗细不等的换热器芯子上都带着金属牌子，这些都是保管员们自己做的防雨防晒的物资铭牌。想着它们很快就要被领走，再被装进各个装置的换热器壳程里打压试漏，老阎就像看着快毕业的孩子要走上工作岗位一样骄傲。

吊车指挥的停止哨声伴着落日的余晖回响在新北库料场上，一个施工单位负责领料的小姑娘急急走到负责吊装监护的老阎身边恳求道："阎师傅，咱们还能再吊两钩吗？"老阎擦了一把脸上的汗水道："现在已经五点半了，我们有制度，下班时间和节假日吊装作业票是需要升级的，你尽快去开票吧，我们等着！"小姑娘道："就还有个两三钩就能装完了，犯不上升级作业票吧。您帮帮忙，别让我再去跑一趟啦。"

老阎挥手制止吊车司机准备收车的动作后扭头对小姑娘严肃道："赵儿，咱们厂里的规章制度摆在那里是为了从各方面保护咱们大家，如果我们今天因为你想偷个懒就开了这个违纪的口子，对得起天天在料场里烤出油儿的大家伙儿吗？！你要是想今天就把这车H钢领回去，就赶紧去把票升级，不然就明早一上班先给你们装。你选吧，先说好没有第三个选择！”

被叫作“赵儿”的小姑娘面红耳赤地说：“阎师傅您别生气，这车钢材确实是装置急用，那我赶紧去找领导升级作业票，麻烦大家伙儿等我一会儿哈！”说完一溜小跑着开票去了。

老阎转回身对警戒线外的大家说：“大家伙儿歇十分钟吧，有喝水上厕所的赶紧去，一会儿升级票开回来咱还有的忙呢！”

夕阳从他身后照射过来，把他的影子在身前拉得老长，看起来怎么那么像一颗大大的螺丝钉呢？正是无数颗这样平凡又坚韧的螺丝钉，演绎出了四十年不平凡的中国石化事业。

（石家庄炼化）

一个人的追光之路

2021年12月29日，位于齐鲁石化总库院内、占地面积240余亩的光伏发电一期项目全面建成投用。自此，光伏发电与CCUS、燃料电池用氢等项目共同成为齐鲁石化绿色低碳发展、助力“双碳”目标实现的“三驾马车”之一。

也正是从这一天起，齐鲁石化热电厂员工刘钊因有新能源电站管理经验，成了光伏发电装置现场唯一的守护员，踏上了一个人的追光之路。“要把这块光伏能量源看好、管好，让更多的清洁能源走进千家万户。”刘钊下定决心。

光伏发电装置的发电量，受太阳能板的安装角度、材料质量、表面光洁度等因素影响，每套都不一样。具体如何影响，由于没有精确的理论公式，很难查找到技术资料得出结论。刘钊边干边摸索，尝试着通过维持太阳能板表面清洁、测量板面温度等办法，找到发电量最大化的有效途径。

2022年3月20日，征得厂里同意后，刘钊在装置区选取了26块太阳能板，作为发电单元的“试验田”。他买来温度计，安装紧固到太阳能板和汇流箱上，实时记录温度数据。与此同时，他还把自家用来洗车的高压水枪拉到现场，随时冲刷，始终保证太阳能板表面光洁如新。

经过一个月的反复测量、试验，刘钊发现，当太阳能板表面温度超过55摄氏度时，发电量就会衰减15%；当太阳能板温度保持在42摄氏度以内时，在同等清洁度的条件下，发电量达到峰值。以每天发电6小时计算，在保证太阳能板面清洁的前提下，一天能多发 3000 千瓦时电。试验证明了“光照越强、发电越多”的说法并不完全准确，这让他兴奋不已，信心更足了。

保持太阳能板表面清洁，就会涉及人工成本。刘钊仔细算了一笔账，人工清理 18824 块太阳能板，按照市场行情，每次清理费用在 1.5 万元，能保持表面光洁 5 至 7 天。也就是说，如果投入 1.5 万元的清洁成本，最多可增发 2.1 万千瓦时电，为热电厂后期生产经营优化和现场管理提供了数据支撑和参考。

作为装置的守护员，不仅要学会精打细算，更要履职尽责，千方百计解决实际困难。夏天雨水多、气温高，装置区内的杂草和树苗生长旺盛，刘钊便购置割草机，随时清除遮挡光伏板的杂草，既保持了现场整洁，又保证了每块板子都能 100% 接受光照。

2022 年，暴雨天气比往年有所增加。个别太阳能板破损进水导致绝缘故障，无法正常发电。刘钊就从网上查找解决办法，不厌其烦地咨询厂家技术人员。综合各种方法，他尝试用一根直流电线制作了 4 条应急连接线，作为临时措施，保证装置正常发电。经过验证，效果超出预期，为厂家更换太阳能板赢得时间。看到太阳能板恢复正常发电的那一刻，他忍不住在空旷的装置现场激动大喊：“成功了！成功了！”

齐鲁石化总库院内有很多大树，栖息着各种鸟儿，但大量鸟粪给光伏板高效运行造成阻碍。如不及时清除，沾有鸟粪的位置很快就会形成晒斑，影响光伏板的使用寿命。为了方便清理，刘钊自制了两根伸缩杆，在杆梢位置绑上刮刀。这样，不管哪块光伏板上发现鸟粪，都能及时清理干净。

自光伏项目投用后，刘钊每天像个梭子一样穿梭在现场，日均步数始终保持在 3 万步。

有人曾经问刘钊：“一个人在空旷的光伏现场值守，孤独吗？”他

笑笑说："一个人巡检，一个人吃饭，一个人看着每天过往的火车来回穿梭……说不孤独是假的。但是，偏远的油井守护员、身处海上的钻探队员，他们的环境不是更艰苦？我每天到现场巡检，清理光伏板上的污渍，检测数据并逐一记录，忙碌而充实。更多时候，还没来得及体会孤独，太阳已经落山了。"

迎着朝阳而来，伴随落日而归。朝夕相伴，让刘钊对这里的一草一木都有了深厚感情。工作之余，他会爬到办公室楼顶的观望台上，在余晖里，眺望整片"黑黝黝"的光伏板。

刘钊说："每名员工就如同那一块块光伏板，虽然面积不大、功率有限，但只要有阳光，就能捕捉到并最大限度地把它转化成电能。这些能量汇集起来，就是企业更加灿烂的明天！"

（齐鲁石化）

雷锋加能站的故事

2023年是全面贯彻落实党的二十大精神的开局之年，是实施“十四五”规划承上启下的关键一年，是中国石化成立四十周年，也是毛泽东等老一辈革命家为雷锋同志题词六十周年。2013年3月5日，辽宁石油依托高山路加能站与沈阳军区雷锋旅共建雷锋站，是中国石化启动学雷锋志愿服务的首批加能站，也是中国石化首座以雷锋同志命名的加能站。

2023年，是雷锋站成立的第十个年头。十年耕耘，雷锋站拿稳接力棒，追寻雷锋足迹；十年征程，雷锋站立足岗位，传承弘扬雷锋精神；十年磨剑，雷锋站用实际行动践行责任与担当。在雷锋同志离开的日子里，雷锋加能站的故事却从未离开。

雷锋站作为新时代的加能站，秉承“传承弘扬雷锋精神，为美好生活加油”的理念，活跃在志愿服务的第一线。十年来，辽宁石油依托雷锋站，从关爱儿童成长到助力春运；从关爱孤寡老人到保护母亲河；从义务种植到助力高考；从自发向地震灾区捐款捐物，到为环卫工人免费提供服务，持续传递爱心与温暖。

2013年，辽宁抚顺地区发生特大洪灾，在辽宁石油的应急指挥下，雷锋站全力驰援抗洪抢险，开辟绿色加油通道，24小时为抗洪救灾车辆加油，第一时间将油品送到抗洪救灾第一线，为营救受灾群众赢得了宝贵时间，得到了省委省政府和沈阳军区的高度肯定和赞扬。2018年，中国石化集团公司在雷锋站举行学雷锋活动启动仪式，掀起了学雷锋热潮，“跟着郭明义学雷锋”成为志愿服务的口号。2021年，辽宁石油成立“中国石化辽宁石油郭明义爱心分队”和8支支队，注册志愿者700余人。各志愿服务队伍立足岗位，回馈社会与顾客，结合属地特色，不断丰富志愿服务内容。

十年间，以雷锋加能站为载体，以郭明义爱心分队志愿服务为平台，辽宁石油不断尝试打造独具特色的学雷锋志愿服务品牌，在全省范围累计开展志愿服务1000余次，收到锦旗、感谢信等500余个，学雷锋志愿者达2000余人，站内员工坚持撰写“雷锋日记”1634篇，将雷锋精神代代传承！

十年来，雷锋站始终将雷锋精神融入企业文化和经营管理，将优质服务融入经营全过程，使雷锋站的销量从开业初期的年百吨增长至如今的年五千吨，真正把学雷锋与经营管理相结合，以文化软实力提升加能站竞争力。三年疫情，雷锋站成品油零售量遭受重挫。时任雷锋站站长孙建主动站出来说：“没困难还要我们党员干什么，没有雷锋精神我们

还坚守在雷锋站干什么。努力把疫情耽误的销量抢回来！”在他的带领下，站内员工向着同一个目标努力着。在那些灰暗的日子里，雷锋站全体员工秉持坚定的信念，凭借着一股闯劲儿、韧劲儿，将足迹遍布市区乡镇，积累了百余家大客户，最终取得疫情期间销量逆势上扬的佳绩。

面对日趋激烈的市场竞争、国道施工封闭、柴油车辆限行等不利因素，现任雷锋站站长刘宇抢抓汽油市场客户资源，通过提升服务质量、评选雷锋岗等活动，最终实现汽柴油销量与日俱增，同时，让员工通过自己的双手为自己加薪。雷锋站仅仅是一个缩影，在全体辽宁石油人的共同努力下，截至2022年底，成品油经营总量同比增长6%，自营机出近百万吨，各项主要经营业绩创历史最好水平。

从春寒料峭到夏日炎炎，雷锋站用它独有的方式书写着“雷锋日记”，坚持十年从未间断，简短的文字记录着不平凡的峥嵘岁月，记录下无数学习成长的故事。在雷锋精神的感召指引下，雷锋站始终保持昂扬的精神状态和勇往直前的干劲，在平凡的岗位上创造不平凡的成绩。

十年来，辽宁石油高度重视员工成长成才，共计培养高级技师15名、技师30名、高级工380余名。雷锋站作为辽宁石油教育培训基地之一，累计为全省培养职业技能型人才数十人，从雷锋站培育输出的青年骨干们在新的岗位上持续弘扬雷锋精神，为企业高质量发展贡献着力量。

“2013年，我担任雷锋站第一任站长，在雷锋站工作了9年，看着加能站从无到有的变化，我学到了坚持、友爱、关心、责任。现在我在新村站担任站长，把岗位学雷锋与经营管理相结合，严要求、严管理，带领新村站突破以往成绩，创造辉煌。”“2012年，我在雷锋站担任管理岗，雷锋无私奉献、全心全意为人民服务的精神一直指引着我，使我受益匪浅。现在我在中华寺站担任站长，在雷锋站的培养下，我工作事事冲在前，带领全站员工一起学习雷锋，让雷锋精神在基层库站持续发扬。”“2019年，我在雷锋站担任计量员，在雷锋站工作的两年中，我从一个什么都不懂的年轻人成长为积极向上、业务精通、能力突出的青年骨干。现在我在高阳路站担任站长，带领员工弘扬石油精神，争做岗位先锋，实现自己的人生价值。”“我是现任雷锋站站长，2018年初到站担任加油员，选择扎根基层、服务基层、奉献基层。我坚定理想信念，脚踏实地，在不断历练中放飞青春梦想。通过雷锋站的培养，我在新的岗位上继续传承弘扬雷锋精神，牢记中国石化为美好生活加油的使命。”

雷锋精神是中华民族宝贵的精神财富，雷锋站是中国石化员工成长的精神驿站，雷锋精神在新时代中产生新的活力，焕发出强大的精神能量。我们将追寻雷锋的足迹持续奋斗，做雷锋精神的传播者和践行者，让雷锋精神在辽宁石油长期传承、落地生根，一起谱写中国式现代化石化新篇章！

（辽宁石油）

一颗奋斗心

沿着历史的印记回忆过往，可以四个字来形容我们的祖国：日新月异。改革开放的政策，促进了社会的不断进步；科技的飞速发展，给我们的生活带来了巨大的变化。作为现代工业“粮食”的石油，一路见证了新中国经济从弱到强，中国石化也在改革开放浪潮中发生着翻天覆地的变化。我与我的妈妈，两代石化人，便是这浪潮的经历者，也是见证者。

三十七年前，我的妈妈在23岁的时候进入石油公司参加工作……那时候，我们县城只有一座加油站，公司有两个油库是以批发油品为主，妈妈在财务科工作。在二十世纪九十年代以后，我国的经济发展非常快，为了扩大市场的零售量，石油公司也紧跟市场需求修建了中心加油站，还承包了私人加油站。当时公司领导安排妈妈到中心加油站当站长。加油站的工作是非常辛苦的，妈妈既当站长又当计量员，还做记账员和报账员。当时为了提高销量，妈妈每天给县城各个单位领导打电话，让他们到中心站加油，还经常出去推销油票代金券，利用家人和社会关系扩大加油站的销售量。功夫不负有心人，中心站的工作在忻州地区名列前茅，并且受到了省市公司的多次表彰。加油站站长是中国石化最基层的一个职务，官不大，责任不小，妈妈在加油站一干就是14年。

那会儿妈妈30多岁，正是奋斗的时候，自然照顾我的重担就落在了奶奶的身上，那个年代的农村老人家里家外的事情也非常多，这给家里带来了很多的困扰。有段时间奶奶生病住院，妈妈在医院和加油站两头奔波，老人心疼儿媳，坚持不让她到医院陪床，但妈妈放心不下，每天都要去医院看望。其实妈妈已经在尽量地平衡工作和家庭，尽可能地给予家里人足够的关心，但在当时小小的我的心里，觉得她是不爱我的。有一次晚上妈妈又去工作了，睡觉的时候我特别想妈妈，爸爸就拿出妈妈的照片让我看，那会儿我竟然拿着照片说：“妈妈你出来呀，出来陪我睡觉呀。”第二天爸爸当一个“笑话”讲给了妈妈听，至今我还记得妈妈眼含着泪花，抿抿嘴没说话，转身去了另一个房间。后来妈妈告诉我，那段时间，她对我真的挺愧疚的。

尽管家庭的责任很重，但妈妈从不后悔她的决定。她看到了加油站的潜力和自己的发展机会。她在干中学，在学中干，十几年如一日地在基层一线工作。经过多年的学习和努力，妈妈一共任职过三个加油站的站长，负责管理过多个加油站的运营。她带出了很多优秀的徒弟，她的经验和专业知识为她赢得了同事和下属的尊重，她也成为加油站其他女性员工的榜样。

我很喜欢听妈妈给我讲那个年代加油站的点点滴滴，在妈妈的回忆中，处处显露着她对石化工作的热爱。妈妈的奋斗故事深深地激励着我，老一代人干一辈子石化、爱一辈子石化的精神，我从小耳濡目染，我对石化也有着别样的感情。2011 年，恰好我也在 23 岁的时候加入了石化的大家庭，现在同样身为石化一员的我，也明白了妈妈为事业所付出的努力。在我抱怨工作辛苦的时候，我妈总会说一句话：“干了的活从来不会白干！”我从加油员干到站长，从初级工考到了高级工，从群众干到了党员。这些进步，无一不在证明妈妈的那句话：“年轻时候多干点儿，吃苦耐劳一点儿没有坏处，只有好处。”

十几年来，我印象最深刻的是一个雨天，雨势越来越大，尽管外面的天气糟糕，加油站的生意却异常火爆。司机们纷纷停下车辆寻找庇护，还要加油。我和同事们不敢有丝毫懈怠，忙碌地为每一位顾客提供加油、擦车窗的服务。寒风不断侵袭着身体，雨水淋湿了衣服，我在忙碌的同时不断地给同事们加油鼓劲，并且始终保持着微笑和热情为司机们服务。正当我为一辆小轿车加油时，我注意到车上下来一位中年妇女。于是我便主动上前与她交流，询问她是否需要帮助。

“您怎么了，有什么可以帮您？”

“我正赶着回家，但是油箱已经空了，手机也已经关机，身上又没带现金，这可怎么办呀？”

“这样吧，我先给你少加点油，够你回家，明天你再把钱给我送过来就行。”

“那真是太感谢了，太谢谢了！”

“没事，您慢走！”

此时夜幕渐渐降临，雨势逐渐减弱，我却没有一丝疲惫，心里充满了满足感：原来再平凡的岗位也能体现自己的价值，原来我担起加油员的责任，就能赢得顾客的尊重和关爱。

从加油员干到班长的时候，正是小站强化管理年，我身兼两个站的班长，为了更好地、更细致地完成工作，每天骑着我的小电摩往返在两个加油站之间数十次，那会儿同事们亲切地叫我“小陀螺”，似乎不知疲倦；后来便利店从形象和商品上开始丰富起来的时候，我进入了便利店工作，我又像发现了新大陆一样，每天研究各种商品，研究怎么摆放更美观、更吸引顾客。

企业的不断创新和发展，让我的工作热情不降反增，也就是这份热爱让我一直在不断地进步。从小时候的石化印象到现在我在加油站的岗位上奋战，几十年间，我见证着石化日新月异的变化。

如今我任忻州定襄蒋村加油站站长，为充分发挥青年人能拼善赢的斗争精神，面对日益激烈的市场竞争，我们坚持“以客户为中心”的经营服务理念，连续多年获得万吨加油站、百万元便利店、优秀发卡网点等称号。

说来也是缘分，妈妈在蒋村站新建的时候当了蒋村站的站长，我在蒋村站改造的时候当上了蒋村站的站长。与妈妈刚工作时的加油站相比，现在的加油站早已大变了模样，妈妈当年不敢想的事，却被我一一见证着。如今的我并没有体验到妈妈当年工作的那种压迫感和紧张感，这都要感恩于改革开放的春风，感恩于科技的进步，感恩于国家对石油事业的重视。

我和妈妈两代人在石化经历着的不同时代，却有着相似的工作感想。几十年弹指一挥间，我与妈妈共同见证着石化的发展变迁，石化也温暖着我们一代又一代的职工。“节物风光不相待，桑田碧海须臾改。”时代在进步，事物在发展，石化多年的不断变迁，都在向着更好的方向前进着。而我也要在以后的工作道路上，坚持责任担当和使命追求，在工作岗位上挥洒汗水，为中国石化作贡献，在未来的日子里，续写新的奋斗故事。

（山西石油）

4533 米，生命线上的“守护者”

在海拔 4533 米，万里长江源头的中国石化青海石油分公司沱沱河加能站，张光亮一干就是 4 年。在这片雪域高原上，张光亮战高寒、抗缺氧、斗风沙，为驻地群众和进藏车辆提供油品保供服务，切实履行着中国石化“爱我中华、振兴石化”“为美好生活加油”的精神和使命，用自己的实际行动谱写着一曲扎根高原、甘于奉献的动人旋律。张光亮先后获得“中国石化劳动模范”“集团公司安全生产先进个人”等荣誉称号，2023 年获得“全国五一劳动奖章”。

勇于挑战担使命

“我们不仅担当着能源保供任务，而且也是生命线上的‘守护者’，帮助那些遇到困难的司机重新启程。”张光亮是这样说的，也是这样做的。

2018 年，张光亮凭借“年轻就不怕失败”的韧劲，踏上了海拔 4533 米的天路。起初他信心满满，认为自己年轻体健，累点苦点没关系，但不到一个月他就发现在这里工作并不是一件容易的事。沱沱河氧气稀薄，终年积雪，低温严寒和强风冰雹是“标准气象”，嘴唇发紫和皮肤发黑是“男儿本色”，头痛失眠和缺氧迟钝是“规定动作”，棉衣棉帽和手套口罩是“四季工装”。张光亮和站上的员工平均每年要服务往返西藏与青海的运输车辆 17 万辆，对青海和西藏两省区的经济发展、民生保障、民族团结发挥着重要作用。

在这里，人走路步伐加快、操作力度大都会导致气喘加重，出现高原反应。沱沱河加能站的员工们想客户之所想、急客户之所急，尽可能减少客户的不便，提高服务质量保障供应，赢得了客户的赞誉。

“叶师傅，您来了！”张光亮边打着招呼边随手接过水壶，麻利地给他灌上了开水。“多年来，我一直在青藏线上往返着，我们现在就跟家里人一样。水热着没？饭吃了没？身体怎么样？这样的问候更多的是一种发自内心的关爱啊！”叶师傅笑着说道。

强烈的紫外线和高原的风沙，给张光亮的额头上、眼角处过早地雕刻上了一道道纵横交错的“经纬纹”，由于长期戴着氧气瓶开展工作，氧气管的印子也深深地留在了他的脸上。更考验他的是在循环往复的缺氧环境下，高原反应并发症的折磨。在沱沱河加能站的 4 年里，他已经数不清有多少个因缺氧头疼无法入睡的夜晚，但张光亮却没有过一丝犹豫和动摇。在离天空最近的地方，他用青春和汗水担负起“天路”的油品保供工作，以默默无闻的坚守和担当书写着一名石化人的初心和使命，用实际行动诠释着青海石油人“缺氧不缺精神、艰苦更能吃苦”的高原石化精神。

生命线上的守护者

自 1954 年通车以来，青藏公路承担着西藏 80% 以上的进藏和出藏物资运输任务，被称为“生命线”。这里不光缺氧，还天气多变，随时得做好准备应对突发状况，周边既无诊所也无道路救援，365 天 24 小时全天候“不打烊”的沱沱河加能站便成为往来司机们的重要“补给点”。提供道路信息咨询、应急救援油品和食品、高原反应救助，早已成为张光亮和同事们的家常便饭。

近年来，往返于青藏线的自驾游旅客逐年递增，他和全站员工加强周边环境巡查，发现有身体不适、旅途遇到困难的游客会第一时间提供援助，并及时做好信息引导，及时和游客沟通周边的旅游景点、路况信息，久而久之，站内员工也和他一样成了旅游客户的“活地图”。

为了能及时给过路的司机提供油品和援助服务，他建立了“青藏线加油群”，每天向过路的司机实时打听天气状况，发布到群里，帮更多司机确认附近有没有下雪、是否适宜通行。他还在站上设立了“爱心应急救援点”，公开站内电话，备好氧气袋、应急药品和热水，提供 24 小时援助服务。在这条通藏“生命线”上，张光亮每年要帮助 300 多人。

有一次晚上 10 点，他接到一通紧急求助电话。由于下雪道路结冰封堵，一位车主在海拔 5010 米的青藏线风火山脚下已被堵了整整 24 小时，天气寒冷，燃油用尽，食物也没了。挂了电话，他立刻打了桶油，拿上食物前往救援，到了地方已是深夜快 12 点。车主感激的神情，张光亮至今记忆犹新。后来，这位车主成为中国石化的忠实客户，只要跑青藏线，一定会来沱沱河加能站停留加油、购买补充物资。

往来的司机朋友们亲切地称他为“生命线上的守护人”。“每当过路遇到困难的司机从我们站再次顺利启程，我的心里比谁都暖。”张光亮用自己朴实的话语说道。点滴的温暖换来的不仅仅是一句简单的“谢谢”，更多的是在这高寒地区朝阳般的温暖，照亮着一片雪域高原。

心系碧水蓝天

在三江源头，张光亮和站上的员工身穿红马甲，戴着氧气瓶，一手拿着夹子，一手拿着大麻袋，捡拾垃圾，与蓝天碧水一起，构成一幅亮丽的风景线。这项“保护母亲河”行动，对张光亮和沱沱河加能站的员工来说，早已成为常态。

2018 年 6 月，张光亮带领沱沱河加能站全体员工，注册成为“守护三江源，保护母亲河”志愿服务行动的志愿者。4 年时间，他带着大家捡拾河道垃圾约 7 吨，用双手让三江源生态保护区、可可西里自然保护区更洁净。

为了号召过往的司机们共同关注三江源地区环境保护，张光亮还在站上开展“垃圾回收”活动，往来车辆通过捐赠垃圾可以获赠易捷商品，以此吸引和鼓励更多的人共同守护“中华水塔”，让一江清水向东流。截至目前，张光亮已回收垃圾 140 袋近 3 吨。2023 年 2 月，此项活动还在全省多个站点予以推广。

“尽管我们的力量是有限的，但我坚信，只要我们一直坚持，我们的环境会变得越来越好。无论将来我走到哪里，干净的源头不会忘记我们，因为我们是长江源头的孩子。”张光亮说道。

坚守就是听起来这么简单、做起来却困难重重的事。因长期在沱沱河加能站坚守，张光亮身体不堪重负，小小的感冒也会发展成肺水肿。2022 年 1 月，公司担心张光亮的身体状况，将他调任至全国“青年文明号”南山口加能站任站经理，但是他的心却留在了沱沱河。现在，他常常用沱沱河的经历激励大家，他知道，沱沱河已经化为他身上的一种力量，那是对三江源头的深沉眷恋，是对肩上责任的永不放弃，是坚守高原的石化本色。

（青海石油）

毛俊：平凡人生讲述不平凡故事

“你知道他是谁吗？”

“不知道……”

“那他知道你是谁吗？”

……

这是毛俊和妻子的对话。毛俊，上海石化一名普通的安全员，也是上海石化第4例、上海市第181例造血干细胞捐献者。他是一位热心人、一名党员、一位安全员，他热爱工作，热心公益，他用平凡的人生讲述了不平凡的故事。

一位热心人，捐骨髓传递生命希望

当时，41岁的毛俊尚未有自己的孩子，正与妻子处于备孕阶段。但在他被告知造血干细胞配对成功，一名白血病患者急需他的救助时，他毫不犹豫地说：“好！”

其实，他分外明白，捐骨髓家里肯定阻碍重重，但他决心已定。回到家，毛俊将此事告知家人，妻子既担心他的身体，也感到压力很大，丈母娘更是竭力反对。家人反对，主要出于对他身体健康和未来是否影响生育健康宝宝的担忧。于是，毛俊去医院体检时请医生对家人科普“扫盲”，特别对家人最关注的是否影响生育健康宝宝进行讲解。这下，妻子安心了，丈母娘也放心了，同意了。

2010 年 9 月 7 日，毛俊的造血干细胞输入一名 17 岁少年的体内，正读初三的孩子得救了！

毛俊成功捐献骨髓后组建了“鑫青年之家”——金山区造血干细胞捐献志愿者团队。在“鑫青年之家”，成功捐献案例达 46 例，金山区非血缘造血干细胞“配对有效率与捐献成功率”数年来保持全市领先。

一名中共党员，毫不犹豫奔赴抗疫一线

“从哪里过来？到过湖北吗？车上多少人？”2020 年 2 月 1 日上午 11 时，在 G15 沈海高速（沪浙）检查站点，毛俊正在对一辆私家车进行检查。这是自 1 月 27 日招募疫情防控志愿者以来，他第三轮次参加志愿活动了。

早上 6 时整，在做好全面的安全措施后，毛俊等志愿者便已整装待发，他们总共分三组，每组四人，带着测温仪，捧着记录表，在各自负责的道口进行新型冠状病毒疫情防控的志愿服务，对过往车辆及人员进行检查。

从道口检查站轮岗下来，毛俊又以党员身份参与到社区居家疫情联防；作为持证的心理咨询志愿者，在社区为市民开展防疫心理疏导；积极参加特殊党费捐款、为战“疫”献血 200CC……累计参与防疫志愿服务时长近 200 小时。

“作为一名党员，遇上这样的大事，奔赴防控疫情一线义不容辞。”毛俊说。

一位安全员，用行动践行郑重承诺

有着一颗博爱之心的毛俊，在安全监督员岗位上却是严格执行制度、坚持原则的“铁面人”。他牢记老领导的一句话：“从事安全工作，就是在救人性命。要敢管，松一松是害人。”

秉持这样的理念，毛俊十年如一日守护着装置的安全，守护着工友的安全。他参与了烯烃部多个大型项目施工、装置停车大检修。他一门心思扎在现场，查违章、除隐患，严格按照规范落实安全措施，不图方便，不讲情面，查管违章行为绝不手软。承包商施工人员碰到不懂的问题，毛俊手把手教，直到符合施工安全要求。装置大修和改造的两个多月里，他加班 160 多个小时，人瘦了一圈，皮晒脱了一层。

这就是毛俊，一位热心人、一名党员、一位安全员的不平凡的故事。

（上海石化）

时间印迹

赵庆新，男，中共党员，中国石化西南石油工程公司湖南钻井分公司科威特项目部党总支书记兼钻井总监。先后荣获劳动模范、优秀共产党员、市场开发先进个人、境外公共安全和HSE先进个人等多项荣誉。从国内到海外，他始终怀揣梦想又脚踏实地，敢想敢为又善作善成，以讲党性、重品行、干实事的实际行动，诠释了新时期优秀共产党员、中国石化人的良好形象。

19天历史跨越

湖南钻井地处人杰地灵、物产丰美的潇湘之地，但地底下却鲜有油气。“找米下锅、生存下去。”从20世纪开始，湖南钻井就外闯市场。为开拓更高端的海外钻井市场，赢得国际市场认可，湖南钻井看准科威特。起步，便与世界同步！2010年，首台钻机抵达科威特，正当他们欢欣鼓舞迎接开钻验收时，甲方那细到一颗螺丝钉的检查，不到一个小时提出的200多个整改项目，给了他们当头一棒。

面对现实，他们没有犹豫，赵庆新和先遣部队在55摄氏度高温炙烤下，顶着沙尘暴，冒着中暑和晒伤的危险，投入问题整改中。55摄氏度是什么概念？室外像是一个大烤箱，呼吸困难，鼻子、嘴唇、面部被灼烧得非常疼。甲方的严苛要求和恶劣的外部环境，对每个人的心理和生理都提出了极限考验。但办法总比困难多，他们将棉T恤剪两个洞，做成简易面罩，打湿后套在头上。营房未到现场，他们一天有12个小时在太阳下暴晒，还要接受沙尘的暴击；没有厨房，连续啃了七天硬邦邦的面包；因为频繁出汗，形成的汗水结晶粘在工装上，硬邦邦的，脱下来之后都能立在桌子上。

经过 4 次验收 5 次整改，第一支入科队伍从清关到开钻，用时长达 85 天。但即便是这样，这一年，就顺利启动了 4 台修井机。

2021 年底，第 11 台钻机启动。为了再次拿到提前开钻奖，赵庆新每天蹲守在甲方办公室，穿梭于各个部门沟通验收流程，不断推演可能影响开钻的各种因素，甚至天天关注天气预报和甲方假期安排，确保进场不受影响。2022 年元旦前夕，SP938 井队顺利开钻，该队从设备清关到开钻仅用时 19 天，刷新了 KOC 新钻机启动用时最短纪录，创造了令人惊叹的“石化速度”。

19 天！从 85 天到 19 天的跨越，他们整整用了 12 年。12 年来，项目也从亏损到年盈利超 7000 万元，科威特项目已成为西南工程发展最快、盈利能力最强的海外项目。

51 天辛酸路程

2020 年初，一场世纪疫情席卷全球，封村、封路，封城、封国，给每一位海外游子的归家路，都拦起了一道道无情的隔离墙！

当年年底，科威特开通了直达广州的航班，送走两批人员回国后，在项目经理卜伟梁的坚持下，为他买了回家的机票。当赵庆新穿上厚厚的防护服走出项目部，踏上的却是这辈子最辛酸、最煎熬的归家路。

从穿上防护服、纸尿裤，到抵达隔离酒店脱下防护服，整整 19 个小时。在极度狭小的空间密闭十多个小时，他的身体发生了些许变化。由于长时间不喝水，说话都困难；不能进食，胃一阵一阵地刺痛；戴着橡胶手套，双手被汗水泡得惨白……更要命的，却是那一道道关卡。出境、入境，查护照、查核酸、查抗原，稍有不慎，就会滞留机场、滞留异国他乡。每到一处，赵庆新顾不上身体的不适，用尽所有力气拖着行李，来回在机场的各个口子穿梭。

15次核酸、4次抗原、5道关卡，这次回家，他足足用了51天。疫情三年，辛酸、艰难一直伴随着回家的路。他曾有过挣扎，但最后都选择了毅然前行。短暂的休整后，他又踏上了使命必达的去异国他乡之路。

300天执着坚守

300天，是赵庆新坚守在科威特的时间。每一个石油人都离不开家人的理解和支持，赵庆新也不例外。由于在家的时间少，家里的重活累活都是妻子独自承担。妻子怀孕产检，他不能陪在她身边；宝宝出生，他也因为忙于现场没能赶上，现在回想起来他依然满心愧疚。二宝出生

那天，妻子在产房前给他发了一张照片，比了个“YEAH”让他不要担心。那一刻，赵庆新再也绷不住了，泪水唰地流了下来。

漂流海外，在家过春节是一种奢望，他已经习惯了，赵庆新潜意识里认为家人也习惯了。有一年公司录制家属拜年视频，视频出来后他给妻子点赞，说她是最漂亮的。而她却说不稀罕，她更羡慕视频里一家三口一起拜年的家属们。

时间的印迹，是日复一日的坚守，是无悔青春的奋斗，更是初心如磐的执着信念！

13 年的坚守，赵庆新从一名安全官成长为项目负责人，还先后获得劳动模范、优秀共产党员等荣誉。时代不负他们，他们也必将不负时代，纵然时间的纹路会爬上他们的前额，那他们也应该给时间留下属于自己的颜色！

“朝受命、夕饮冰，昼无为、夜难寐。”青春当“燃”，未来可期，笃行致远，不负韶华。作为一名党员，一名西南新青年，他将继续带领科威特项目奋进新征程，以“青春之我、奋斗之我”建功新时代。

（西南石油工程公司）

陪伴是最好的礼物

扫码观看视频

柔柔的爸爸妈妈都是天津石油西南分公司芦北口加能站的员工，由于工作繁忙，他们没有时间陪柔柔过“六一”儿童节。懂事的柔柔知道后，决定在站里和父母度过不一样的一天。

（天津石油）

托起生命的希望

扫码观看视频

2011 年 11 月以来，中国石化国勘喀麦隆公司先后向喀麦隆全国 70 余家医院捐赠了急救设备、妇产设备、耳鼻喉设备、手术设备、病患转运设备等。这些医疗设备提高了新生儿的成活率和急救中心的救治效率，让数以百万计的当地居民拥有了更高质量的医疗环境。

同时，中国石化国勘喀麦隆公司还积极改善当地社区居民生活环境，分别在喀麦隆 Littoral 地区、Center 地区、South 地区、South-West 地区、North-West 地区为当地居民建造了 13 口水井以及 1 个输水管线系统，解决了 4 万余人的饮水、用水问题。干净的水为当地居民带来了健康，帮助孩子们远离疾病困扰。

（国勘公司）

“舞龙人”

4月27日，中华全国总工会在北京人民大会堂隆重举行2023年庆祝“五一”国际劳动节暨“全国五一劳动奖”和“全国工人先锋号”表彰大会。福建古雷石化公司生产运行部化工一部荣获“全国工人先锋号”称号。这是公司自成立以来所取得的最高集体荣誉。

如果说古雷石化是台湾石化产业园区唯一的“龙头”企业，那100万吨/年乙烯装置就是这“龙头”企业的“龙头”装置，管理该装置的化工一部员工则是当之无愧的“舞龙人”。

年轻是他们的标签。平均年龄仅29岁的团队，会聚了128名来自五湖四海的青年才俊。100万吨/年乙烯、55万吨/年汽油加氢、35万吨/年芳烃抽提及13万吨/年丁二烯抽提4套装置，在他们的精心管理和细致操作下，正如同翻舞的“龙灯”，不断地舞动出新奇迹、腾跃起新动能。

荣誉来之不易，“舞龙人”为何能吹响“先锋号”？

他们是缔造纪录的奠基者，在“战场”上淬炼成长

早在项目建设之初，他们就深度介入生产准备、“三查四定”等工作，与项目部、参建单位按照“一个现场、两个工地”的创新思路，成功实现国内首创的乙烯裂解炉异地安装及整体模块化转运，破解了设备安装难题，大大缩短了工期。

在装置试车的关键时刻，有些员工连续两个月没回家，为了精准调试设备、消除试车隐患，顶着烈日和暴雨，昼夜奋战在管廊、塔顶上。

在全体成员的共同努力下，2021 年 8 月 17 日，乙烯装置投料，仅 31 小时就产出合格乙烯，创造了国内大乙烯中交开车的新纪录。

“这边出产品，那边出人才。”经历装置原始开车，许多员工在摸爬滚打中迅速成长为技术骨干，整支队伍也展现出了前所未有的战斗力和凝聚力。该部先后荣获 2022 年福建省“工人先锋号”、2022 年漳州市“五四红旗团支部”等荣誉，常建朝、李永前等人被评为公司投料试车“开工功臣”“立功个人”。

他们是装置运行的守护者，为“安稳长满优”生产保驾护航

该部实行安全网格化管理，把党员责任区、示范岗建在现场。党员骨干带头落实安全责任，每周开展专项安全巡查，并形成“五定表”跟踪落实问题整改。得益于扎实的安全管理，装置全面投产以来，整体运行平稳，未发生一起安全生产事故，他们也获得了 2023 年公司“安全先进集体”称号。

部门员工深入践行“人人都是安全员，事事都要讲安全”的理念，积极参与“查患排险、勇扛红旗”等活动。工程师褚井生在 30 多米高甲烷塔平台的非巡检路线上，发现了难以察觉的漏点，及时把安全风险消灭在萌芽状态。急冷岗位的郑睿虎在“查患排险”活动中表现出色，

相继发现供油主管单向阀微量漏油等安全隐患20余条。

此外，该部还常态化开展技能培训，通过副班培训、夜班“微党课”、编发“每日一题”等方式，切实提高员工技能操作水平和应急能力，夯实本职安全根基，为“安稳长满优”生产保驾护航。

他们是提质创效的引领者，为企业发展腾飞沉潜蓄势

该部将装置优化运行作为工作的重中之重，通过强化生产组织、优化原料结构、开展技术攻关等举措，双烯收率等技术经济指标逐步攀升，达到行业领先水准。2022年3月，“双烯”收率成功突破50%“大关”；2022年9月，“双烯”收率创下53.04%的新高。

他们成立技术攻关团队，确定减亏增效项目10项、技术攻关项目13项，先后攻克裂解炉长周期运行、丙烯精馏塔塔压高等一系列运行瓶颈，带动下游装置全面提质创效，为企业和地方带来了巨大的经济效益。

装置的产品还承载着连通两岸、促进融合的重任。2021年11月，公司打通对台湾地区乙烯销售全流程，截至目前，乙烯单体对台销量突破8.5万吨。他们用优质的产品，贯彻落实习近平总书记“突出以通促融、以惠促融、以情促融，勇于探索海峡两岸融合发展新路”的重要指示精神，切实推动两岸石化产业深度融合、共赢发展。

成功并非偶然，荣誉催人奋进！“全国工人先锋号”这份殊荣，既是对以化工一部为代表的古雷石化人的肯定与激励，也是对公司未来发展的鞭策与期许。公司将深入学习贯彻党的二十大精神，充分发挥“工人先锋号”示范、引导、带动和激励作用，在提升盈利能力、提高管理水平上狠下功夫，着力打造国际一流石化企业，为带动区域经济高质量发展、推动两岸石化产业融合做出新的更大贡献。

（古雷石化）

扫码观看视频

水中花

她们的小家 在江南水乡的扬州城
她们的大家 在华东固井的水泥浆实验室

她 是父母膝下的“小棉袄”
她 是丈夫心中的“俏女神”
她 是孩子眼里的“宝妈妈”
她 她 她 还有她……

她们 早出晚归 居小家 聚大家
她们 风雨无阻 舍小家 为大家
在平凡的岗位上 书写着人生华章
在企业的舞台上 唱响了奋斗之歌

中国石化旗下的普通女工 用勤劳的双手 点亮石化红
华东固井的水泥浆实验员 用辛勤的汗水 浇灌科技蓝

奉献至净能源 她们是高质量发展的“半边天”
创造至美生活 她们是咱科技战线的“水中花”

（华东石油工程公司）

当工人就当最好的

2014 年大专毕业后，我选择了回到家乡工作。刚回厂工作，心里还有点委屈和遗憾。当年高考失利，我只考到了大专，想到可能要在装置里当一辈子倒班工人，心里还是很自卑的。

班长看出了我的心思，他对我说："如果你自己都瞧不起工人岗位，谁会瞧得起你？再说，时代不一样了，现在倒班一线也需要高学历、高技能的员工。当工人也有当得很了不起的。"

不管是因为班长激将，还是我想证明自己，我心里一直憋着一股劲。是的，哪怕要当工人，我也要当最好的。接下来，我把所有的休息时间都放在学习上。

车间领导很着重培养我们这一批年轻人，只要装置有检修改造，都会安排我们去学习。

记得那年柴油加氢装置检修，车间安排我在塔顶监护。那天又热又闷，为了不影响监护工作，我在塔顶待了整整一天，连卫生间都没有去。当我从塔顶下来的时候，脚麻得站都站不住。从那以后，我在车间就出名了。有人说我傻，有人夸我真，我倒觉得"三老四严""四个一样"是一名石化人应该遵守的。

2017年，我参加了渣油加氢装置的开工。老师傅带领我们完成了三查四定工作。每查完一遍，我就把流程图画在本子上。开工前夕，车间需要有人在一周内完成装置所有伴热线的绘图工作。我，在开工大会上慢慢举起了手。

老师傅们看到是我，倒吸了一口气。“这工作量这么大，难度这么高，这孩子能行吗？”

行不行，咱们看结果。

我一条线、一条线地梳理、统计、绘图。当我把装置伴热线流程图交到车间时，所有人都大吃一惊。而我，也为自己的快速成长暗自高兴。

车间领导看到了我的努力。2018年6月，车间又安排我去参加烷基化装置的开工。我参与了3个塔175层塔盘内件的检查、114台动设备的试车。渐渐的，我对装置的流程和设备烂熟于心，是大家眼中的“编外技术员”。

在烷基化装置工作的时候，我利用休息时间学完了隔壁MTBE 装置的操作规程，摸透了装置生产流程。为什么学这些？我只知道，一岗多能是大趋势。

果然，2022年烷基化装置和MTBE装置合并，由于表现突出，我很快从主操当上了班长，也成为荆门石化最年轻的班长。车间领导给我出考题：“你年龄最小，准备怎么管理一个班啊？”我想了想说：“带头+高度的责任心+过硬的技能水平+团结协作。”在工作中，脏活、累活、危险活，班长肯定要带头上；在岗位上，要培养高度的责任心和过硬的技能水平；最关键的是要靠团结协作形成一个有战斗力的集体。

我的班组是按照集团公司“大岗位”要求和新的劳动定员标准组建的，要负责三套装置的安全生产，但只有7个人。生产平稳的时候还好，一旦有波动，7个人就转得像陀螺。为确保装置发生生产波动时也能应对自如，每个人都要像一支队伍一样战斗。一有空闲的时间，我就积极组织班员开展岗位练兵和应急演练，提高班组的整体作战能力。

当上班长没多久，我就遇到了“下马威”——烷基化装置突然遭遇紧急停工。听到操作台上刺耳的报警声、生产调度急促的电话铃声，还看到显示屏上断崖式下降的原料量曲线，我虽然有点慌，可很快就稳住了神，脑袋里快速翻阅着紧急停工方案。

我手拿对讲机，沉着冷静地指挥着内操稳住源头，降温降量，又迅速安排外操停运大型机组，快速配合内操调整操作，为恢复生产做好一切准备工作。我马不停蹄地跑，扯着嗓子里里外外地喊，最后在大家的团结协作下，装置快速恢复了正常生产。

也许老天爷觉得一次考验还不够，一个月后，我们班又一次碰上了装置紧急停工。同样的，我和班员沉着应对，冷静处理，装置很快转危为安。通过这两次事故的应急处置，我们班的能力也得到了车间的认可。2022 年，我们班获得荆门市“工人先锋号”称号。

2023 年是中国石化成立四十周年，也是我参加工作第十年。这十年，我付出的努力得到了大家的认可。2021 年获得公司业务竞赛烷基化装置操作工银奖，2022 年获得公司“优秀青年人才”等荣誉称号。

俗话说，十年磨一剑。惭愧的是，我的剑还没磨好，离“要当最好的工人”的目标还很远；幸运的是，作为一名最年轻的班长，在企业的帮助下，我当初的委屈和自卑早已经抛到了脑后，我终于在平凡的岗位上实现了自我价值。

青春因奉献而美丽，因坚持而精彩。我相信，有企业的平台，有组织的支持，有同事的帮助，我终将会成为最好的工人，在这条青春之路上越走越自信，越走越昂扬。

（荆门石化）

半壶“水”的故事

20世纪80年代初，物探测量队队长胡晓林和一群年轻的队员已在“生命禁区”——塔克拉玛干沙漠艰难跋涉了一个多月。正当他们完成地震测量任务、欢呼胜利的时候，一个不是意外的意外，让这些年轻人近乎陷入绝境，也给后人留下了一段感人至深的“半壶水”的故事。

大漠无垠，广袤而荒凉。“胜利了！胜利了！”队员们的欢呼声在空旷的大漠上空回荡，胜利的喜悦印在每张年轻的脸庞上。这是负重前行后的尽情宣泄，这是历经千辛万苦后的如释重负，更是物探队员们特有的庆贺方式。

当时，没有“牛头”“猎豹”，也没有北斗、GPS，只有一辆老式“解放”车和简陋的测量设备，车辆“趴窝”是再正常不过的事了。每每遇到这样的情况，队员们就人拉肩扛，用脚步丈量，让测线在大漠一点一点向前延伸……遇到沼泽，他们光着脚，肩扛沉重的作业工具，怀抱测量仪器，摸索前行，每一次从泥泞里拔出一只脚，都显得那么艰难和无助。走出沼泽，是盐碱滩和戈壁……

一望无际的大漠，地形复杂多变，天气变幻莫测。一个多月的时间，他们爬山丘、过沼泽、战沙暴，困难重重，险象环生，但他们硬是靠着坚强的意志，圆满完成了测量任务。

胡晓林是队长，也是他们中最年长者。听着队员们的欢呼声，望着一张张喜悦的笑脸，胡晓林的心里却一点也轻松不起来。在他看来，现在还不是庆贺的时候，只要还没有走出大漠，什么事情都有可能发生。

他赶紧招呼队员们打点行装，收拾测试工具，整理测量资料，快速装箱上车。

真是怕什么来什么。“糟糕！”司机小王踩了几脚油门，打了好几次火，这台“老解放”就是不动弹，车辆又“趴窝”了。这里距离最近的塔里木河补给点还有近30公里，队员们一下子静了下来，心里也犯起了嘀咕：“这可咋办呢？”

“大风大浪都挺过来了，这点小困难难不倒我们。”胡晓林一边给大家鼓劲，一边想办法，心里已拿定主意，“趁天色尚早，将辎重留在原地，带上测量资料，徒步走出大漠。”

走出大漠，谈何容易？30公里，如果放在平时走平路，对习惯了野外生活的测量队员们来说，只是小菜一碟。可这里是死亡之海——塔克拉玛干沙漠，先说眼下的盐碱滩，一脚踩下去就是一个坑，步步艰难；再说沙丘，爬三步退两步，还得绕着蛇形步走，弄不好还会迷失方

向……即便是有经验的老物探队员，不是万不得已也不敢轻易尝试徒步走出大漠。

物探测量被誉为石油勘探的“开路先锋”，都是单兵作战。由于当时通信、交通欠发达，与前线指挥部的联系主要靠生活补给车传达，而此时施工已经结束，坐等救援风险更大，他们别无选择。

“我们听队长的。”队员们异口同声，语气坚定，向胡晓林投去信任的目光。

抓紧时间，立即出发是当务之急。胡晓林和队员们心里都十分清楚，前路艰险，还有很多不确定性。在胡晓林的指挥下，大家开始分头准备。胡晓林负责清点生活物资，将仅剩的几块馕和小半桶水分发给大家。他均匀地将水倒到每个队员的水壶里，每个人只能分到半壶水，可到自己时，桶里已经滴水不剩。他趁着大伙儿还在收拾随身行李，偷偷地跳下车躲到车背后，快速地将自己的水壶扎到黄沙中，正好填满半个壶，才拧紧壶盖回到了大伙儿身边。

“就剩这么多水了，只能一人半壶，大伙儿省着点喝啊！”胡晓林笑呵呵地说，“咱每人都有半壶水，坚持走到塔河没问题。”看到队长笑盈盈的，大伙儿也立即轻松下来。

沙丘与戈壁相伴，队员们在“死亡之海”穿行。伴随烈日和风沙，队员靠着指南针向塔里木河方向艰难行进。

他们走出盐碱滩，又遭遇沙丘。尽管队员们省吃省喝，但超强度的体力消耗，很快让水壶见底，干粮告急。这时，距离塔里木河还有 10 公里，可天色已晚，他们不得不找一个避风处宿营。限于当时的条件，规定夜晚和发生沙尘暴时，必须就地避险。因为一旦迷失方向，后果不堪设想。

第二天，天刚亮，队员们又打起精神继续前行。由于缺少水和食物的补给，队员们的腿越走越沉，干渴难耐。不少人已接近身体极限，疲惫之色写在脸上。而队长胡晓林因长时间没有进水，身体近乎虚脱，两腿像灌满了铅似的，每挪一步都是极大的考验。

人瘦路途远，包沉志坚高。胡晓林深知自己是这支队伍的“主心骨”，绝不能倒下，必须将队员们完好地带出这片大漠。“大家再坚持坚持，马上就到了。”他始终走在队伍的最前面，不断给大家鼓劲，靠着强大的意志力不让自己倒下，让队员们感觉他仍然精力旺盛。这既是对队友的激励，也是在给自己打气加油。

“快看！胡杨林！”正午时分，队伍中突然传来一阵沙哑的欢呼声。大家都兴奋地举起手来，向那千年不倒、万年不朽的“沙漠传奇”兴高采烈地招起手来，像是面对阔别已久的故人。

胡晓林望向远处，似乎看到了塔里木河的流水奏着动人的乐章，汩汩地向他流淌过来……他的眼神开始迷离，头部眩晕，两条腿一阵发软……“扑通！”一声，他再也支撑不住，倒了下去。

“队长，队长……”大伙儿看到这情形，都吓坏了，赶紧一边大声喊着队长，一边拿出他的水壶要给他补给水。

水壶倾倒的瞬间，流沙扑扑地往外溢出，“浇”到了队长的脸上。“啊！这……”时空仿佛凝固，大伙儿都愣住了，瞬间明白了一切。

队员们心里一阵酸楚，五味杂陈，若不是队长实在支撑不住晕倒，谁都不会发现这半壶“水”的秘密。

大伙儿忘记了劳累、辛苦、疲惫……将队长抬起来，快速朝着塔里木河奔去……

这就是半壶“水”的故事。虽然已经过去四十多年，但那种不畏艰难、锲而不舍、舍己为人的精神，激励着一代又一代石油儿女踏着老一辈石油人的足迹，攻坚克难，创新不止，朝着更高的目标奋力拼搏，勇往直前。

（西北油田）

长大后我就成了你

中国石化江苏石油杏秀桥油库投运于20世纪70年代，2010年光荣退出历史舞台，还记得小时候爸爸第一次带我来杏库，那年我才5岁。他常跟我讲油库的故事，有从“洋油”时代到成品油自主供应的民族工业崛起，有陪伴杏秀桥油库几十年的老油罐的故事，还有实验室里面的油品质检经历。

我最喜欢放暑假的时候陪着爸爸到油库，看爸爸的师傅姚阿姨教爸爸操作实验仪器，十分有趣。爸爸下班后，经常带我去香樟林里散步。那时他常向我夸赞他的师傅是个技能比武冠军，还会维修实验室里的各种仪器，是个特别厉害的人。

“小捷，来油库工作这几年，我把姚师傅教我的都记录在笔记本上，有疑惑的时候就翻看一下。上学的时候我就喜欢将自己新学的知识记录下来，再过一年你就要上小学了，也可以将新学的知识记在自己的本子上，常学常用。”

就这样，在爸爸的言传身教中，我慢慢长大，在油库里度过了一个个无忧的夏天。

2020年，公众开放日活动在通桥油库举办，即将退休的父亲邀请离家多年在外读书的女儿重回油库，看看那座陪伴女儿长大的杏秀桥油库以另一种方式在苏州通桥油库延续着它的生命。

“小捷，还记得我们眼前的这座太湖石假山吗？你小的时候经常躲在下面让我去找你。”

“是这一座吗？好像和以前的不太一样呀！”

“它从杏库搬运过来，经过重新堆砌才呈现出现在的景象。还有这33棵香樟树也是从杏库移过来的，看着它们，我仿佛又回到当年带着你穿过香樟林的情景。过去的几十年对它们来说不过一瞬，而我也到了耳顺之年。”

“时间过得很快，你看我都长大了呀。爸爸，之前听你说白鹭筑巢孵化鸟蛋的地方在哪儿？带我去看看呗！”

“哦，那个地方就在前面的白鹭憩园，那里面种了竹林和各种花木。这个季节傍晚，外出觅食一天的白鹭就会在这片竹林上方‘叽叽喳喳’的。这里不仅吸引白鹭筑巢哺育下一代，还经常能看到野鸡、刺猬、野兔这些野生动物呢。”

“你看，从这里还能看到我们的办公大楼。”

“是你们化验做实验的地方吗？”

“是的。以前师父带着我做硫含量实验，耗时间久还熏眼睛。现在我们实验仪器已经升级换代，用的是硫含量自动检测仪器，不仅检测效率高还非常安全。”

“我记得小时候在杏库，空气中弥漫着浓浓的油气味。但今天我看到的通桥油库，却和我记忆中的油库截然不同，粉墙黛瓦、飞流小瀑，连空气都变得清新舒适了。”

“因为我们现在的油库有油气回收装置，它通过收集处理系统，将油气重新变成液态汽油回收。在理想状态下，回收利用率可达千分之一，处理效率达到98.9%，每年减少VOCs排放1800多吨。所以，现在空气中很难再闻到油的气味了。”

“现在的油库真是绿色又智能。”

苏州石油紧扣国家“双碳”目标，积极践行绿色发展理念，将通桥油库打造成为江苏石油绿色亮丽新名片。目前，通桥油库正在申报“全

国绿化模范单位”。

2023 年，研究生毕业的女儿将简历投给了中国石化，传承父辈的精神，加入石化大家庭中，还邀请了退休的父亲到自己现在工作的鲈乡南路加能站参观。

“您好，欢迎光临中国石化！ 98 加满吗？爸爸，这就是我工作的鲈乡南路加能站。走，我带您逛逛吧！这是加油区，我们现在是汽柴油全品种运营。这是综合体改造后，增设的充电桩，天天都停满了车充电呢！我们还利用房顶空置区增设了光伏电板，实现光伏发电，助力绿色低碳建设。前面就是洗车区和汽修区了。”

“小捷，这儿的洗车机没有人操作？”

“这个洗车机呀，车主只要自行驾车到那个指定的区域里，下车扫旁边的二维码操作后，就可以自动洗车啦。”

“那这样洗一次车要多久呀？污水往哪里排呀？”

“整个过程只需要 2～3 分钟。而且这个洗车机自带污水回收再利用系统，可以减少甚至避免洗车对环境的污染。设备还能回收处理雨水，处理后是达标的洗车用水，大大节约了用水量。”

“嗯，这个不错，加完油后还能洗车、检修。这个洗一次需要多少钱？”

“洗车不用花钱。”

“啊？你们站里还有这个待遇，是不是加油也不要钱？”

“老爸，您想什么呢！我们加油都要付钱！我是说你可以注册成为‘中国石化权益会员’，新用户首次单笔加油成功实付金额满 100 元，就送 5000 积分。洗一次车只要用 100 积分支付就可以啦。”

“原来是这样，我现在就来注册个‘权益会员’，领个积分用。”

“老爸，我再带您去便利店里面看看吧！我们现在有咖啡区、休息区、就餐区等，硬件和服务已全面升级。”

“好！哎！小捷，我刚才看到有人充值加油卡的时候，手机显示既不是支付宝付款，也不是微信，用的是什么付款方式呀？”

“哦，您看到的应该是我们在 2020 年引入的新支付方式——数字货币。苏州是全国首批数字人民币试点城市之一，可以用数字货币给加油 IC 卡充值。”

“对的，之前听隔壁老蒋说，他儿子发的工资就是数字人民币，说是和支付宝、微信一样用，没想到你们这里也能使用。”

“那可不，为了方便客户，我们可是用了不少心思呢！您看，那边还有我们推出的易捷国际电子平台，上面可以选购到全球热销商品。怎么样，老爸，要不要给老妈在上面买个护肤品试试？”

“不错，不错，我来给你老妈选个面霜。马上母亲节要到了，你是不是也要意思意思，给妈妈买个礼物呀！”

“好好好，从小到大，什么节日能缺了我的参与？我来连您送的那份也一起下单，给老妈来个节日惊喜。顺便也让您体验一下，我们的综合加能站运营有多智能、服务有多专业，一起感受一下加能站几十年的发展变化吧！”

（江苏石油）

跨越时空的对话

扫码观看视频

视频以退休员工和新员工、扶贫干部和大山里的孩子的跨时空对话，表现20年来，镇海炼化牢记殷切嘱托，忠诚践行“八八战略”，奋力打造“重要窗口”，推动镇海炼化实现了整体跃升，走上了高质量发展、竞争力提升、现代化先行的快车道。牢记央企责任，推进山海协作，实现共同富裕，镇海炼化与浙江缙云、贵州普安、四川金阳、甘肃东乡等地结对，积极助力乡村振兴，坚定不移地沿着“绿水青山就是金山银山”的路子，聚力升级打造“无废无异味绿色示范基地”。

（镇海炼化）

让每一名员工都成为一股“活水”

这是一个 30 多年前全国劳模梁帝庚创新方法抓培训、为公司发展蓄满人才“活水”的故事。

“让每一名员工都成为一股‘活水’，公司才能成为日新月异的‘大江大河’！”这是梁帝庚的座右铭。他重视每一名员工的成长，想方设法激发员工潜能，让大家成为企业发展的一股股“活水”。

1986 年，梁帝庚调任二蒸馏车间主任。

刚到车间，就有好心人提醒他：“二蒸馏的队伍可不好带。”

梁帝庚微微一笑：“不好带才需要我们用心去带！”

梁帝庚定下了一个大原则：一切从严！车间所有干部员工必须高标准、严要求出色完成本职工作。为了达到这个目标，他规划了“思想教育——制定制度强制执行——习惯养成”的实施路径。他同样按照这个原则和路径抓队伍培训。

在向员工反复讲清练好基本功的重要性后，梁帝庚当考官，对全体操作人员进行了一次操作技能摸底考试。

看着摸底考试成绩单，梁帝庚皱起了眉头：全车间 60 多人仅有 4 名在岗的班长勉强称得上全流程操作手，部分员工连一个岗位的技能都掌握不全。提升全员技能成了刻不容缓的任务！

很快，一份培训方案就在车间正式公布：本岗位考试未得满分的，补短板培训，已经满分的多岗位培训。在员工中开展互为师徒、互帮互教互学，车间技术人员辅导。在规定的时间内，由员工制订适合自己的学习计划，按计划进行学习。学习计划完成后可向车间提出考试申请，考试合格后给予奖励。期满不申请考试和考试不及格的扣奖金。考试合格后安排下一阶段培训，一直到成为全能操作手为止。

对二蒸馏车间的员工来说，考试考核之严，前所未有。应会考试时，考官与考生面对面、一对一考，即问即答不给思考时间。考流程时，考官手拿竹竿在前面走，随意指向哪里就答到哪里。答错一个问题立即停止考试，作“不合格”处理，重新培训后再补考。

“梁主任太严苛了，像个审判官。”一名被梁帝庚考哭的员工向党支部书记“告状”。

梁帝庚却说：“烈火炼好钢，严师出高徒，态度过于严肃我接受批评，但严格要求不会改变！”他主动和这名员工谈心，同时优化考试方式，让大家更易于接受。

经过近 10 年严格培训考核，当梁帝庚离开二蒸馏车间时，车间员工全部实现了精一岗，并有了 29 名货真价实的全能手，车间也一跃成了公司模范车间，后来还长期稳居公司样板车间、模范车间首位。

“梁主任用心良苦！二蒸馏人都应该感谢您啊！”车间员工纷纷表达了对梁帝庚的感谢。

1997 年，梁帝庚担任炼油厂劳资处处长。他的一项重要任务就是抓员工技术培训。

梁帝庚认为，对装置流程做到烂熟于心，是确保安全生产的基础。为了提高全厂操作人员技术素质，他提出“活流程和星级操作手”

培训方案，并对获得“装置活流程”“金星操作手”等荣誉称号的员工给予奖励，每获得一个荣誉称号，就提高相应的奖金系数。

在厂领导大力支持下，全厂很快掀起了学技能强基础的热潮。

梁帝庚反复强调，员工技能是安全生产的基础，必须从严把关。

当时，正值炼油 1350 万吨 / 年改扩建人员培训阶段。梁帝庚给车间提出要求：上岗现场考试提问，答不出来的一律不合格；现场模拟开工，开错一个阀门一律不合格。

有一次，梁帝庚在四蒸馏装置参加一名常压岗位操作工现场考试。

车间工艺员主考。考了整整一个上午，这名操作工除两道阀门的流程回答不够准确外，其他所有问题都答得非常好。

考完后，梁帝庚问工艺员作何评定。

工艺员说：“只错了一点点，可以评 98 分。过关。”

梁帝庚非常生气：“什么 98 分！不合格！实际操作时，改错两道阀门，装置能开起来吗？不仅开不起，还可能会出大事！”

梁帝庚以此为案例，对全厂车间管理人员进行教育：“安全生产不可能有 99 分，永远只能是 100 分！确保 100% 正确，才是对装置生产安全负责，才是对员工生命安全负责！”

正是在梁帝庚等人的高标准严要求推动下，炼油新区装置全部开出了系统同类装置高水平，其间没有出现任何误操作。

经历了这轮严格培训洗礼的吴金源、刘汉森等一批骨干，在各自岗位上成长成了技能大师、高级技师。

如今，“活流程竞赛”依然是炼油分部培训新员工的重要法宝。

（茂名石化）

油库与他的故事

有这样一则管理寓言，有个人经过一个建筑工地，问那里的石匠们在干什么。三个石匠有三个不同的回答。第一个石匠回答：“我在做养家糊口的事，混口饭吃。”第二个石匠回答：“我在做很棒的石匠工作。”第三个石匠回答：“我正在盖世界上最伟大的教堂。”这三个石匠虽然做着同一样工作，人生的境界却不可同日而语。

在安徽芜湖石油油库，有这样一位“85后老人”，他叫白小鸽，现任芜湖公司油库主任。虽然岁数不大，但自2008年入职就与油库结下“不解之缘”，如今他已在油库工作了16个年头，成为油库工作年限最长的一批“老员工”。从亲眼见证芜湖石油老油库的关停拆迁，到亲身参与芜湖石油新油库的新生成长，白小鸽在平凡的岗位上绘就了不平凡的青春篇章。

2020年，时值新油库主体项目进入全面施工阶段，作为项目现场负责人，“每天到场最早，不在施工作业现场，就是在去现场的路上”是白小鸽在施工现场的真实写照。

勇拓荒，库区建设平地起。芜湖石油新油库工程包含库区和码头，涉及土建、储罐、工艺管道、给排水及消防等多个环节，参建单位多、设计层面广，过多的交叉作业环节加之临江作业的施工属性，增加了高质量建设的难度。新库施工奠基后，白小鸽就把现场当成了自己的第二个家，2021年驻守现场达330余天。核查施工方案、现场安全巡查、监督施工进度、协调施工单位……从一片荒芜到油罐屹立，从10平方米

不到的简易办公房到新办公楼拔地而起，新油库项目建设的每一个进展都见证了白小鸽的付出。2022 年底码头输油臂至库区管道对接安装，因分属不同的施工区域，涉及不同的施工单位，白小鸽轮番往返施工单位沟通协调，最终实现了工艺管道的平稳导通。

严管理，规范标准抓进度。作为建成后的皖南成品油调运集散中心，芜湖石油新油库施工伊始就定位“精品工程”。为确保项目建设质量和施工进度，尤其面对常态化疫情防控和长江汛期等客观环境挑战，白小鸽积极配合项目部探索“项目业主 + 项目管理 +HSE 监督 + 设计 + 监理 + 施工承包商”的管理模式，稳步推进现场管理制度建设，切实推动标准化、程序化和科学化的项目管理。他每周组织召开项目例会，对施工进度进行及时检查、比对、纠偏，建立动态把控机制，实现问题及时发现、及时分析、及时纠正。白小鸽盯住每一处关键环节，破解一个个施工难题，项目开工至今已签发各类作业票 1000 多张，这些数字背后承载了太多的艰辛付出，也见证了油库施工的安全高效。

暖人心，参建各方一家亲。芜湖石油新油库施工先后有 5 支主体施工队，施工工人 300 多名，在抢工期的高峰时段，现场最多有 400 位工作人员同时施工。作为现场“大家长”，统筹做好参建各方的生产、生活是白小鸽始终放在心头的事。尤其是新冠疫情期间，施工地所在的繁昌县高安镇发现一例新冠患者，油库实行全封闭施工，保障工人的食宿和健康迫在眉睫。白小鸽积极与属地防疫部门取得联系，组织人力物力，协助施工单位把滞留在管控区的工人及时集中到库区；休整改造发油管理室，向上级单位申请调配物资，确保施工队伍食宿无忧，并把自己的床铺腾出来给施工工人；联系社区防疫人员，每两日组织一次全员核酸检测，“在现场，有事找白主任，准没错！”项目建设在白小鸽的组织下，全员心往一处想，劲往一处使，拧成一股绳，大家秉持一个信念：安全、保质、保量完成施工任务，确保早日实现新油库建成运营。

人生是单程票的航船，我们可以后悔，但青春不会回来。一个良好的目标就像一座灯塔、一个领路人，为每个人指明前进的方向，产生拼搏的动力，只要有一个明确的目标、一个清晰的定位，就一定能成功。如果你觉得选择对，那你就坚持一步一步走下去，就像汪国真说的那样，既然选择了远方，便只顾风雨兼程。

（安徽石油）

“指环王”的电焊成长之路

一名电焊工成长为中国石化特级技师，享受湖北省政府特殊津贴。集各项殊荣于一身的巾帼工匠屈晓红，经历了怎样的淬炼，才能走上这人生辉煌的领奖台？

走进石化机械四机公司，翻开屈晓红 26 年的工作履历，她不仅仅攻克了一个个“不可能完成的任务”，更用巾帼不让须眉的豪情与斗志，在石化机械挺进国际市场的征途中，为中国制造焊上石化机械的烙印。

“指环王”的由来

“焊接是个苦活儿累活儿，要干好可不容易。”1997 年，刚进厂的屈晓红就被师傅打了预防针。从此，她对焊接有股莫名的敬畏，也激发了她骨子里那股不肯服输的犟劲儿。

“电焊电焊，蹲得腰酸，举到手软”，一同进厂的员工都很怵电焊这个工种，工衣被焊花烫得到处都是麻麻点点不说，一个半跪的姿势要坚持十几分钟甚至更长。屈晓红却笑着跟师傅说：“越是艰苦就越能成才。”

屈晓红嘴上说得轻松，私下里却暗暗铆上了劲儿。为了练蹲功，吃饭都不坐板凳；为了练手稳，她在手腕上悬挂扳手和管钳，拿着铅笔对着墙纸画直线。骨子里的韧劲和勤奋刻苦的态度，让她的实际操作水平提升很快，成为同行们学习的标准和榜样。

“袜上有洞，手上留疤”是焊工们的真实写照。然而，屈晓红却有

一个与众不同的焊疤。在一次海洋修井机甲板导轨焊接过程中，一滴铁水不慎钻进了防护手套，落在她左手无名指的铂金戒指上，戒指被高温瞬间熔断，屈晓红一阵刺痛，用力甩掉手套。

为了赶任务，这个烫伤一直在手套里捂着，创可贴贴了揭，揭了贴。7 岁的女儿问她：“妈妈，你不疼吗？”屈晓红拉着女儿的手说：“当专注于某件事时，就不疼了。”一个月后，屈晓红的伤好了，却在无名指上留下了一个环状疤痕。同是焊工的丈夫开玩笑：“戒指没了，你却成了永久的‘指环王’。”

10 年间，凭着这股不服输的精神，屈晓红成为公司第一批取得国家锅炉压力容器焊接证书和挪威国际船级社电焊资格证的焊工，在湖北省首届焊接技能大赛上，更是斩获电焊组银奖。屈晓红破格由中级工晋升为焊接技师，一步一步走向人生的高光时刻。

要当“更硬的刺”

四机公司是国内出口钻机修井机数量最多的企业。曾经，美国纳伯斯工业公司订购了 76 台 BE550 及 4 台 BE770 快移快装钻机。他们对质量检测十分严苛，每一道焊缝都要用手电筒一寸一寸地仔细查看，不仅要求焊缝外观排列规整，而且焊面周围都必须打磨干净，不允许有锈迹和灰尘。

“一定要做到尽善尽美。要让别人无刺可挑，你就必须比刺还要硬。”面对严苛的检测标准，屈晓红带领班组成员一个字一个字地抠质量标准，在原有标准上再拓宽标准，连打磨除锈区域都拉皮尺来精确测量。当洁净平整的焊缝摆在监理面前的时候，监理一边竖起大拇指，一边说“Beautiful”。

近年来，深层、超深层油气资源已成为国内外油气发现的主阵地。要揽瓷器活儿，得有金刚钻。四机公司启动了9000米钻机研制工作。为满足钻机在零下35摄氏度的作业要求，他们首次采用了某型号高强度、高韧性、高性能低温钢材。然而，如何保证焊缝和热影响区的低温韧性成为一道很难逾越的难题。面对“不可能完成的任务”，很多资深焊工沉默不语。

“我来！”屈晓红勇敢地揭了榜。作为新材料焊接工艺评定电焊主操作手，屈晓红和技术工程师一道查阅大量国内外资料，反复实验各项焊接参数。为寻找最佳参数值，屈晓红一遍遍地焊、一遍遍地记录，手臂累到不能动弹，眼睛被弧光灼得通红。

137次实验之后，他们最终找到了最佳参数值，圆满完成新材料焊接评定工作。屈晓红长舒了一口气。

“一定要心怀家国”

多年来，屈晓红一边工作，一边带团队，承担了大量的技能培训任务，为公司培养了一批又一批的焊工，帮助他们学成本领，在工作岗位上独当一面。

林元是屈晓红的徒弟，跟了师傅16年。“她身上有我的影子，很是灵活。”屈晓红这样评价自己的徒弟林元。而信晓雯则是林元的徒弟，“讲一千遍不如示范做一遍”，信晓雯在刚上手学电焊时，林元总是手把手地在旁边指导，“师傅当年就是这样教会我的。”

师傅带徒弟，徒弟再带徒，这样的师承关系在四机公司一脉相传。

为了让传承有据可依，屈晓红开办“晓红微课堂”，制定推行焊工“岗位驾照12分法”考核制度，改变了部分焊工“唯进度”的心态，产品一次交检合格率提升了8%。屈晓红创新工作室成立8年来，完成技能创新及工艺攻关29项，技术革新11项，推广先进操作法5项，提出合理化建议300多项，创效500多万元。

在屈晓红的带领下，焊工人才辈出。5名焊工代表四机公司参加省第八届职工技能大赛获团体第4名，3名焊工先后获石化机械和荆州市焊工技能大赛第一名，2名徒弟获荆州市五一劳动奖章。

“一定要心怀家国。”看着徒弟们都能独挑大梁了，屈晓红不忘叮嘱他们向花木兰学习。木兰替父从军，为家国而战，新时代的石化机械工人应该心怀天下，爱国爱家，爱企爱岗，为祖国的油气装备制造事业而战。

（石化机械）